本书课题研究由民政部社会福利和慈善事业促进司委托，由民政部本级福利彩票公益金资助

康复工程系列精品丛书

国际康复辅助器具产业与福利政策

喻洪流　孟巧玲　石　萍　欧民辉　编著

东南大学出版社
·南京·

内 容 提 要

本书介绍美国、日本、德国、英国、瑞典、澳大利亚、加拿大等9个国家的康复辅助器具业发展情况及经验，包括行业发展基本状况（包括制造业、配置服务与康复医疗服务业概况、产品与从业人员等概况）、管理体制、政策法规及其主要内容（含社会保险及社会福利制度）等。通过对我国与发达国家在推动康复辅助器具行业发展相关制度和政策比较，本书分析了中国康复辅助器具行业发展相关政策存在的问题，总结了发达国家的产业促进与福利政策特点与经验，提出了我国相关政策的对策建议。附录介绍了部分主要康复辅助器具的技术与行业发展概况。本书是国内第一本较全面介绍国际康复辅助器具行业发展现状的论著，可以供大专院校师生、政府管理者及康复医疗工作者作为参考书。

图书在版编目(CIP)数据

国际康复辅助器具产业与福利政策 / 喻洪流等编著. —南京：东南大学出版社，2015.3
（康复工程系列精品丛书）
ISBN 978-7-5641-5483-7

Ⅰ.①国… Ⅱ.①喻… Ⅲ.①康复训练—医疗器械—工业产业—世界 ②康复训练—医疗器械—福利政策—世界 Ⅳ.①F416.4 ②D57

中国版本图书馆CIP数据核字(2015)第023527号

国际康复辅助器具产业与福利政策

出版发行	东南大学出版社（南京市四牌楼2号 邮编210096）
出 版 人	江建中
责任编辑	丁志星
经　　销	全国各地新华书店
排　　版	南京凯建图文制作有限公司
印　　刷	南京玉河印刷厂
版　　次	2015年3月第1版
印　　次	2015年3月第1次印刷
开　　本	700mm×1000mm 1/16
印　　张	15.5
字　　数	300千字
书　　号	ISBN 978-7-5641-5483-7
定　　价	58.00元

（凡因印装质量问题，请直接与营销中心调换，电话：025-83791830）

序　言

　　康复辅助器具可以用于预防、改善、补偿、增强或替代人体功能（结构），帮助功能障碍者进行康复评估、治疗及生活辅助，是人体康复不可或缺的重要支撑与手段。我国拥有数量巨大的残疾人、老年人及伤病人，已经成为世界上康复辅助器具市场潜力最大、需求增长最迅速的国家。

　　2013年8月份，国务院常务会议在研究部署加快发展养老服务业、健康服务业的任务措施时，对加快康复辅助器具行业发展提出了明确要求。相关部门也正在研究制定促进康复辅助器具行业发展的政策措施。我国康复辅助器具业将迎来崭新的发展历史时期。

　　他山之石，可以攻玉。西方发达国家康复辅助器具业起步较早，发展相对成熟，在制造技术、康复服务体系、支付相关的社保体系及相关法律等方面有许多值得借鉴之处。然而，我国由于之前相关专题研究甚少，缺乏足够的调研与资料。

　　在上述背景下，民政部社会福利和慈善事业促进司于2013下半年，委托上海理工大学康复工程与技术研究所开展了"发达国家康复辅助器具业发展状况及经验"的课题研究。该项目成果从制造业、服务业及社会保障政策等三个层面，论述了美国、德国、日本、英国、澳大利亚、加拿大、瑞典、意大利、瑞士等9个国家的康复辅助器具行业状况及发展经验，展示了主要发达国家康复辅助器具业的较完整概貌。该研究成果，为了解发达国家康复辅助器具业发展现状提供了一个途径，也为制定我国相关产业促进与社会保障政策提供了有益的决策参考。我们认为这项有意义的研究成果值得分享给更多康复辅助器具工作者及政策制定者参考，因此，我非常高兴看到这项成果的公开出版。

加快康复辅助器具业发展，既有利于保障和改善民生，又有利于拉动新的社会消费热点、培育新兴业态，是全面建成小康社会、促进经济转型升级的重要举措之一。希望更多人能投身于康复辅助器具业发展，让更多更好的康复辅助器具产品服务惠及广大功能障碍人士！

中国人民共和国民政部副部长

2015年2月于北京

目 录

前 言 ·· 1

第一章 美国 ·· 1
1.1 康复辅助器具制造业发展现状 ·· 1
1.2 康复辅助器具服务业发展现状 ·· 2
1.3 社会保险及社会福利制度 ·· 8

第二章 日本 ·· 13
2.1 康复辅助器具制造业发展现状 ·· 13
2.2 康复辅助器具服务业发展现状 ·· 18
2.3 社会保险及社会福利制度 ·· 23
2.4 其他产业促进相关政策 ··· 25

第三章 德国 ·· 27
3.1 康复辅助器具制造业发展现状 ·· 27
3.2 康复辅助器具服务业发展现状 ·· 31
3.3 社会保险及社会福利制度 ·· 39

第四章 英国 ·· 44
4.1 康复辅助器具制造业发展现状 ·· 44
4.2 康复辅助器具服务业发展现状 ·· 51
4.3 社会保险及社会福利制度 ·· 55

第五章 加拿大 ·· 58
5.1 康复辅助器具制造业发展现状 ·· 58
5.2 康复辅助器具服务业发展现状 ·· 65
5.3 社会保险及社会福利制度 ·· 69

第六章 澳大利亚 ····· 76
6.1 康复辅助器具制造业发展现状 ····· 76
6.2 康复辅助器具服务业发展现状 ····· 79
6.3 社会保险及社会福利制度 ····· 83
6.4 其他产业促进相关政策 ····· 86

第七章 瑞典 ····· 88
7.1 康复辅助器具制造业发展现状 ····· 88
7.2 康复辅助器具服务业发展现状 ····· 90
7.3 社会保险及社会福利制度 ····· 93

第八章 瑞士 ····· 97
8.1 康复辅助器具制造业发展现状 ····· 97
8.2 康复辅助器具服务业发展现状 ····· 104
8.3 社会保险及社会福利制度 ····· 108

第九章 意大利 ····· 111
9.1 康复辅助器具制造业发展现状 ····· 111
9.2 康复辅助器具服务业发展现状 ····· 114
9.3 社会保险及社会福利制度 ····· 117

第十章 主要国家康复辅助器具支付体系分析 ····· 122
10.1 美国康复辅助器具支付体系分析 ····· 122
10.2 德国康复辅助器具支付体系分析 ····· 132
10.3 英国康复辅助器具支付体系分析 ····· 140

第十一章 总结 ····· 144

附录一 国际康复辅助器具业发展概况 ····· 151

附录二 发达国家康复医疗服务业考察报告3例 ····· 206

参考文献 ····· 227

前　言

随着人民生活水平的提高与老龄化社会的加剧,我国正面临越来越巨大的康复服务需求。由于康复辅助器具在康复服务业中具有重要的特殊支撑作用,因此,康复辅助器具产业的发展对满足我国康复服务需求、提高康复服务质量具有决定性作用。

我国潜在的康复对象包括老年人、永久性失能者及临时失能者,至2013年底总人数分别达到2.0亿、0.83亿及1.53亿,人群数量巨大。预计未来5年内,我国将新建立600万张养老机构新床位及数万个日间照料中心,有约1万家综合医院需新建康复科。家庭康复辅助器具市场规模也将从2013年的260亿元,在未来五年内迅猛增长到近900亿元,在未来十年内达到2 500亿元。因此,康复辅助器具行业在我国社会事业发展中具有重大的战略意义。

国际上康复辅助器具标准的名称应该是"辅助产品(Assistive Products)",这已在最新出版的ISO 9999：2011《Assistive Products for Persons with Disabilities—Classification and Terminology(失能者辅助产品——分类与术语)》国际标准中作为标准名称。2001年世界卫生大会通过的国际残疾的新分类《国际功能、残疾和健康分类》(简称ICF)认为,个人因素和环境因素对残疾(失能)的发生、发展,以及对功能的恢复、重建都密切相关。而在环境因素中,该标准首先列出了"辅助产品(Assistive Products)"的概念,并定义为："为改善失能者功能状况而采用配置的或专门设计的任何产品、器具、设备或技术"。在我国,"辅助产品"的概念通常被称为"康复辅具"(如国家康复辅具研究中心)、"康复器具"(如中国康复器具协会)或"辅助器具"(如中国残疾人辅助器具中心),并没有统一的名称。我们认为在中国,"辅助器具"、"辅助产品"等均不太适合中国人的文化习惯,且从字面上理解这两个名称含义是作为"辅助功能"的产品,但是实际上这种器具不仅是"辅助"的作用,还有结构与功能"替代"（如假肢等）、"增强"（如助听器、动力矫形器等）乃至治疗作用（如理疗设备及康复训练设备等），在康复中起着主要作用，而不是"辅助"作用，总体上来说应该是"康复器具"或"康复器械"。因此，上述两个含"辅助"的名称在中文中含义是不甚确切的。为了明确本书的研究对象，便于论述，特别是鉴于约定俗成的原则，我们这里仍保留"辅助器具"主体名称，但在前面增加"康复"，以便在中文中有更确切的含义。因此，除了在各个国家引用的资料中大部分还是保留原始资料的名称直译，这里在一般叙述中统一把国际标准中的"辅助产品（Assistive Products）"称为"康复辅助器具"。

在目前我国各项社会事业高速发展过程中，如何制定康复辅助器具的产业促进与社会保障政策，是摆在我国政府面前的一项重大挑战。然而，由于我国康复事业起步晚，基础薄弱，特别是康复辅助器具行业及相关政策完善相比国外存在巨大差距，因此，急需研究发达国家在康复辅助器具行业发展的情况与先进经验，以便更好地制定我国相关政策，促进康复辅助器具制造业与服务业的快速发展。

由于康复辅助器具不同于一般的医疗器械，其不但可以用于康复医疗服务，还可以直接给患者配置，提供个性化配置服务，因此，本书主要从两个方面论述各国的康复辅助器具行业状况：（一）康复辅助器具制造业现状。（二）康复辅助器具服务业现状。其中康复辅助器具服务业又主要从两个方面分别来描述：（1）配置服务业（主要是假肢矫形器的配置服务，其中包括假肢矫形器装配机构数量、专业人员情况、执业制度等。此外也有部分国家涉及其他康复辅具，如轮椅车等配置服务）。（2）康复医疗服务业，主要论述各国康复医疗体系，从而间接了解康复辅助器具（如康复评估、理疗、康复训练类设备）的应用与社会保障概况。在此基础上，本书对各国的康复医疗保险与社会福利制度进行了专门综述。

由于各个国家社会发展水平、康复医疗、社会保障与福利、辅助器具管理体系等不同，本书中各国的具体内容形式可能会稍有差异，但均在统一形式的大纲框架下论述。本书旨在通过较全面地展现各国康复辅助器具业及社会保障体系概貌，为制定我国相关产业促进与社会保障政策提供决策参考。

本论著是中华人民共和国民政部社会福利与慈善事业促进司委托上海理

工大学开展的一项课题研究成果。全书由喻洪流总负责及统稿,其中前言、第一章、第五章、第十一章及附录部分由喻洪流负责编写,第七章、第八章、第九章由孟巧玲负责编写,第二章、第四章、第六章由石萍负责编写,第三章由欧民辉负责编写,第十章由孟巧玲、石萍及欧民辉共同编写。陈爽、雷毅分别参与了第一章、第五章的部分编写工作。本书涉及成果的研究及出版得到民政部社会福利与慈善事业促进司及其残障人福利处、上海理工大学医疗器械与食品学院的支持,在此一并表示衷心感谢!

由于康复辅助器具在国内外发展历史较短,可查询的公开数据、资料有限,加之课题研究时间仓促,本书可能还存在许多不足,希望读者批评指正。

编著者

2015.3

第一章 美 国

1.1 康复辅助器具制造业发展现状

1.1.1 美国康复辅助器具市场规模

根据美国残疾人协会 AAPD(American Association of People with Disabilities)统计,美国共有 5 700 万残疾人,占人口总数的 19%。其中,8% 的 15 岁以下儿童存在功能障碍;21% 的 15~21 岁青年人存在功能障碍;17% 的 21~64 岁的成年人存在功能障碍以及 50% 的 65 岁以上老年人存在功能障碍。为了适应这种数量巨大的功能障碍者的康复需要,美国的康复辅助器具近年来的发展是非常迅速的。据 2010 年美国辅助技术合作组织 ATP(Assistive Technology Partnership)预测,随着人口的老龄化加速(预计 2035 年美国每 5 人就有 1 名 65 岁以上的老人),辅助技术产品(Assistive Technology)在美国的市场会从 2010 年的 395 亿美元在 2016 年时增长到 550 亿美元。在另一项统计中(图 1.1),仅视觉与阅读辅助产品从 2010 年的 280 亿美元增加到 2011 年的 293 亿美元,预计在 2016 年将增加到 392 亿美元(复合年增长率为 4.9%)。仅次于这类辅助技术产品的日常生活辅助产品(2011 年约 40 亿美元),以及沟通辅助产品(计算机除外)、移动辅助产品都将会进一步增

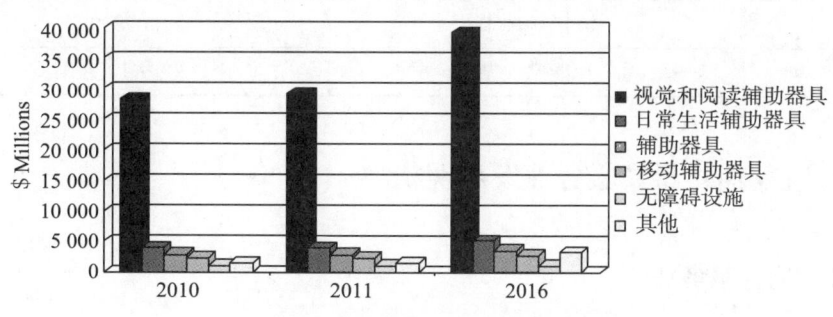

图 1.1 美国康复辅助技术销售概况

加。此外,在最近发表的《北美家庭医疗保健(Home Healthcare)市场调查报告》中显示,2012 年北美家庭医疗保健用品(血糖仪 Blood Glucose Meter,心电监护 ECG,静脉注射设备 IV Equipment,营养设备 Nutrition,轮椅 Wheelchair,健身器材 Fitness,心率监视器 Heart Rate Monitor,妊娠试验成套工具 Pregnancy Test Kit)、相关保健服务(呼吸治疗 Respiratory Therapy,康复治疗 Rehabilitation Therapy)以及远程医疗(Telehealth)市场价值约为 909 亿美元,年均增长率约为 7.5%,预计到 2017 年可达 1 304 亿美元。

目前,美国是世界上最大的康复辅助器具市场,根据美国政府的统计数据显示:美国在 2012 年从事康复与养老相关的企业、公司及机构约有 24 000 余家,从业人员约有 1 093 万。根据 AbleData 最新的统计,2013 年美国在售近 4 万种康复辅助器具。表 1.1 列出了部分康复辅助器具及其价格。

表 1.1 美国市场上部分康复辅助器具售价

序号	种 类	价格区间($)
1	辅助餐具	15～20
2	自动翻页器	150～300
3	特殊鼠标	30～40
4	普通拐杖	17～30
5	智能拐杖	90～200
6	普通轮椅	100～500
7	电动轮椅	1 000～9 000
8	膝关节矫形器	90～200
9	护理床(手摇床)	400～600
10	护理床(电动)	700～8 000
11	储能脚	160～200
12	液压膝关节	500～800
13	智能膝关节	1 200～10 000

1.2 康复辅助器具服务业发展现状

1.2.1 配置服务业

假肢矫形器配置是辅助器具配置服务的主要内容之一。截至 2012 年合计有 14 000 余人和 7 000 余家机构获得了美国矫形、假肢和足部矫形认证委员会 ABC(American Board for Certification in Orthotics, Prosthetics and Pedorthics)的认证。

在美国,假肢和矫形器的配置需要由具有美国矫形、假肢和足部矫形认证委员会认证资格的从业人员进行操作。根据每个专家的工作内容,美国有 5 大注册认证,分别是注册假肢矫形器师、注册足部矫正师(Certified Pedorthist)、注册助理(Certified Assistants)、注册技师(Certified Technicians)以及注册装配师(Certified Fitters)。其中,注册假肢矫形器师包括注册矫形器师(Certified Orthotist)和注册假肢师(Certified Prosthetist)。

图 1.2 为 2012 年 ABC 统计的持有认证资格的美国假肢与矫形器从业人员的数据。如图所示,在美国共有 14 037 人从事假肢与矫形器配置工作,其中通过假肢矫形认证的从业人员有 5 676 人,持有注册足部矫正师的从业人员有 2 708 人,持有注册装配师的从业人员有 4 263 人,注册技师和注册助理分别为 627 人和 763 人。据统计,2011 年共有 400 余人通过认证,2012 年共有 1 269 人通过认证,比 2011 年增加了近 3 倍(表 1.2)。

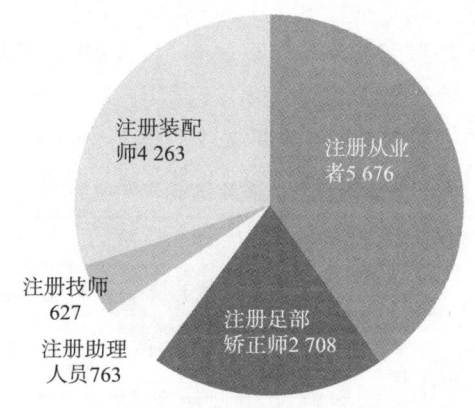

图 1.2 2012 年美国假肢与矫形器从业人员注册情况

表 1.2 2012 年通过 ABC 认证的人员

序号	通过的注册内容	人数
1	假肢师	68
2	矫形器师	113
3	假肢与矫形器师	98
4	足部矫正师	184

续表1.2

序号	通过的注册内容	人数
5	假肢技师	13
6	矫形器技师	11
7	假肢与矫形器技师	12
8	假肢师助理	93
9	矫形器师助理	149
10	假肢与矫形器师助理	114
11	矫形器配置师	85
12	术后照料产品配置师	100
13	矫形器与术后照料产品配置师	13
14	矫形鞋配置师	216
	总和	1 269

美国对各高校设立此专业要进行资质认可。目前全美国共有15所高校（表1.3）获得了国家假肢矫形器教育委员会（NCOPE）的认可。这15所高校基本是培养职业假肢矫形技术人才，只有这些有认可资质的大学培养的学生才能取得实习假肢医生资格，进而参加假肢矫形器师的职业资格考试。

表1.3 美国设立假肢矫形器学专业的高校

序号	学校名称	学制、学位	备注
1	California State University	4年学士 6个月研修证书班	健康科学专业（假肢方向）每年招收32人
2	University of Washington	4年 学士	
3	University of Texas Southwestern	4年 学士	
4	Oklahoma State University-Okmulgee	2年 准学士	
5	Baker College of Flint	2年 准学士	
6	Century College	2年 准学士	
7	Francis Tuttle Institute	2年 准学士	
8	Median School of Allied Health Careers	2年 准学士	

续表1.3

序号	学校名称	学制、学位	备注
9	Spokane Falls Community College	2年 准学士	
10	Eastern Michigan University	继续教育证书班	学士学位后的进修
11	Rancho Los Amigos Medical Center	6个月研修证书班	学士学位后的进修仅有矫形器学专业
12	Century College	6个月研修证书班	学士学位后的进修
13	Northwestern University	6个月研修证书班	学士学位后的进修
14	University of Connecticut	6个月研修证书班	学士学位后的进修
15	Georgia Institute of Technology	Entry-level 硕士	

从上表可知,实际上美国共有9所高校设立了假肢矫形器本、专科专业,其中3所院校有本科专业。另外有6所学校提供本科毕业后的进修和攻读硕士(一种 Entry-level 硕士)。这么多学校同时培养假肢矫形器学人才,若按每所学校每年30人毕业生计,则每年可培养此专业大专以上学历的职业假肢矫形器人员450多名。实际上这些学校除了培养本科、专科学生外,还大量培养假肢矫形器技术员,这些学员高中毕业后只经过一年半左右的培训。同时,美国的许多高校还培养相关专业的研究生,这些学校中西北大学被认为在假肢矫形器方面是最好的。

由于美国有职业认证制度,特别是假肢矫形器专业的认证制度非常规范,上述学校毕业的学生可获取实习医生资格到相关康复医学机构工作一定年限,然后向美国假肢矫形器师认证委员会(ABC)申请资格考试,合格后发给相应的职业资格证书,其具体程序可描述为如图1.3所示。

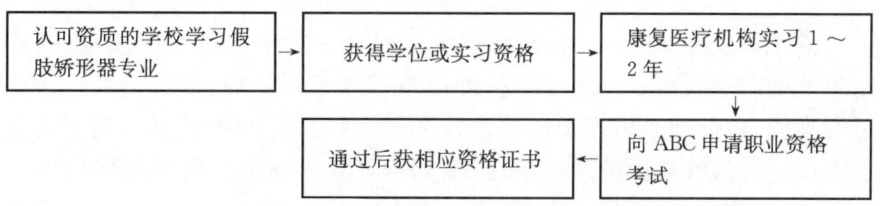

图1.3 美国假肢矫形器职业资格获取流程

此外,从事假肢和矫形器配置的机构也要通过 ABC 的认证后才有资格进行营业。截至2012年底,美国共有7 470项机构通过 ABC(American Board for Certification in Orthotics, Prosthetics and Pedorthics)认证。表1.4显示了这些机构具体的从业内容情况。

表 1.4 通过 ABC 认证的机构

序号	机构类型	数量
1	综合的假肢矫形配置机构	3 171
2	术后照料机构	534
3	矫形鞋配置机构	179
4	视力康复机构	7
5	提供矫正服务的药房	3 579

除了假肢矫形配置专业人员认证外,美国针对其他类的康复专家也有相应的认证。北美康复工程与辅助技术学会 RESNA(Rehabilitation Engineering and Assistive Technology Society of North America)提供辅助技术专家认证(Assistive Technology Professional),康复工程技术专家认证(Rehabilitation Engineering Technologist)和坐姿与移动专家认证(Seating and Mobility Specialist)。其中只有具有辅助技术专家认证的人才可进行康复工程技术专家师或坐姿与移动专家认证。截止到 2013 年,全美共有辅助技术专家 3 640 余人,康复工程技术专家 35 人,坐姿与移动专家 158 人。这种认证是美国在国际上率先进行的专业人员认证,值得我国借鉴。

1.2.2 康复医疗服务业

总的来说,美国的康复医疗可大致分为急性期康复(Acute Rehabilitation,AR)、急性期后护理(Post-Acute Care,PAC)和长期护理(Long Time Care,LTC)三个阶段康复。

1. 急性期康复(AR):床边康复和急性病康复医院治疗都属于急性期康复。

2. 急性期后护理(PAC):此期更关注患者急性期后的功能提高,一些患者在急性期出院后需要急性期后护理而不需要长期护理,但对于某一些特别的患者来说,急性期后护理是医院治疗和长期护理之间的桥梁。美国共有四类医院可进行急性期后护理的治疗,他们是亚急性康复医院和机构(rehabilitation hospitals and units),技术性护理机构(skilled-nursing facilities,SNF),急性长期护理医院(long-term acute care hospitals)和家庭保健机构(home health agencies)。这四种机构都提供康复治疗,如言语治疗、吞咽治疗、心理治疗、支具和矫形器治疗等,但是治疗的强度和密度不同。

亚急性康复医院和机构以及技术性护理机构拿的都是技术性护理机构执照,需要较多持有认证资格的护士和治疗师,但不需要医生 24 小时在院。它们的区别在于,技术性护理机构的患者有较多的护理需要,而亚急性康复医院和机构的患者需要更多的康复治疗,能够达到更高的功能康复目标。

急性长期护理医院(long-term acute care hospital)的大多数患者是从重症监护病房(ICU,即 intensive care unit)转入,情况比在重症监护病房稳定,但仍存在未解决的复杂医疗状况。大多数患者需要呼吸机支持,或是气管切开术后,患有心肺系统疾病或其他两个以上系统的疾病,存在神经肌肉损伤、感染、复杂伤口。患者的预后较好,预计经过治疗可以恢复回家;平均住院时间超过 25 天,医师每日查房,也接受康复治疗如 PT(physical training 物理疗法)、OT(occupational therapy 作业疗法)和言语治疗,但康复治疗不是患者入院的目的,内科积极治疗才是主要目的。

家庭保健机构给居家患者(需很大帮助才能离开家)提供非全天、间断(每天不超过 8 小时,每周不超过 28 小时)的护理,以及一些康复治疗(PT、OT、言语治疗和吞咽治疗)和医疗服务(如伤口处理、营养支持等)。

3. 长期护理:主要提供日常生活护理,也有一定的康复服务。患者为一般医疗情况稳定,不伴复杂的未解决的医疗状况。可进行长期护理的机构有老人护理院(nursing home)、老人护理康复院(convalescent home)、成人日间复健中心(adult day healthcare)、成人日间护理中心(adult day care)和居家上门护理(home care)。

老人护理院主要是为那些不需要在医院治疗而又不适合在家里独立生活的老年人开设的机构,提供生活照顾和简单的医疗护理服务,但也有一定的 PT、OT 等。护理院一般没有专职医师,只有少量的兼职医生和专业护士,主要是护理助手(nursing aid),还有社会工作者等专业人员。相对于其他长期护理机构,老人护理院提供更多的医疗护理服务,患者以阿尔茨海默病或痴呆居多。

老人护理康复院类似于老人护理院,但其提供更积极的康复治疗,针对手术后患者、老人和慢性病患者,目的是使患者能够通过康复治疗后可以回家正常生活。

成人日间护理中心为居家患者或家里有人照顾的患者提供服务。患者可在日间来该类中心进行康复治疗。该类中心提供健康护理服务、康复治疗(包括 PT、OT、言语治疗和吞咽治疗)和社交活动,或提供专门针对阿尔茨海默病或痴呆患者的护理,通常有车接送。

据统计,美国目前共有 5 724 家注册医院,其中包含 3 300 多家提供康复护理等服务的医院或者机构。从事康复治疗及护理的人员都需要经过美国相关机构认证才具有上岗资格。

作业治疗师由 NBCOT(The National Board for Certification in Occupational Therapy)进行认证。据统计,美国共有 22 300 余人拥有注册职业治疗师(OTR—Occupational Therapist Registers)或执业治疗助理认证(COTA—Certified Occupational Therapy Assistant)的认证(2013 年数据)。

物理治疗师由 FSBPT (Federation of State Boards of Physical Therapy) 进行认证。根据美国劳工部公布的数据,2010 年美国在职的物理治疗师(Physical Therapist)有 198 600 人,物理治疗助理(Physical Therapist Assistants and Aides)114 400 人,大多数工作于医疗保健和理疗机构。

美国的言语治疗师(Speech-Language Pathologist)需要通过 American Speech-Language-Hearing Association(ASHA)的认证,共有听力学 Audiology (CCC-A) 或言语病理学 Speech-Language Pathology (CCC-SLP) 两种资格,适于不同的临床状况,截止到 2013 年,美国共有 166 000 余言语治疗师通过上述认证。

美国提供康复治疗师认证的机构是 AOBPMR(American Osteopathic Board of Physical Medicine and Rehabilitation)和 ABPMR(American Board of Physical Medicine and Rehabilitation)。目前,美国共有 11 047 名康复医师通过资格认证。

1.3 社会保险及社会福利制度

1.3.1 社会保险

美国的社会保险(Social Insurance)是与一般盈利性私人保险公司所提供险种有重大区别的特殊保险,是政府举办、个人投保的一种收入保险计划。在美国,社会保险项目种类很多,大致可分为:就业保障与失业保险,老年、残废与遗属保险以及健康保障。

社会保险项目多种多样,它们都具有以下共同特征:

第一,社会保险具有强制性。不同于私人是否参加保险出于完全自愿,社会保险项目政府依照法律强制执行。

第二,享受社会保险福利金的资格和程度在一定程度上取决于个人过去的贡献,这一点与收入再分配项目完全不同,再分配项目考虑的是收入水平是否低于某个标准,需要进行生计检验。

第三,只有能够清楚鉴别的事件发生,如失业、患病或退休,才能获得有关福利。

第四，无需进行"生计检验"，即与收入水平无关。社会保险项目不需进行生计检验。例如在美国，医疗保险(Medicare)项目中的"住院医疗保险(HI)"部分就是不必征得本人的同意，由政府依法以医疗保险工薪税的形式筹集资金。有关个人需要享用医疗保险福利时，也不必进行生计检验，他本人是富是穷与享用医疗保险的程度完全无关。

这里仅介绍如下几类与康复辅助器具有关联的社会保险。

1. 老年与残疾人保险

社会保险中最主要的一项就是为老年退休者、残疾和遗属提供救济。根据社会保险法规定，凡缴纳社会保险税的年满 65 岁的公民都可享受养老退休金；而 62～65 岁间退休者只能享受部分养老退休金。此外，对于参加保险的因伤残退休者和其未成年的子女、配偶也给予一定的保险费。这项退休保险与失业保险一样，也是强制性的，每月在投保者(雇主与雇员)工薪中扣除。在业者每人都有一张个人社会保险卡，上面注明应缴纳款额，一般为工薪的 7%。

在此简单介绍有关老人的几项保险制度。

(1) 社会安全保险(Social Security)

这种保险针对 60 岁左右，已经没有社会收入的老人，是在当本人或家人因退休、伤残、死亡等因素收入减少时，由政府提供能够继续提供生活保障的一种方法。这种保险需有一定资格，需累计满 40 点(或工作时间满十年)，一般而言与积累的点数以及领取福利的种类有关。一般在 600 到 800 美元之间。

(2) 长期护理保险(Long Term Care)

这对许多年老力衰和患有无法独立生活疾病的老人有非常大的帮助。这包括疗养院护理(Nursing Home Care)、协助性护理(Assisted Living)、退休社区的持续护理(Continuing Care Retirement Communities)和家庭健康护理服务(Home Health Care Services)。长期护理保险能减轻很多老人的负担。

(3) 医疗照顾保险(Medicare)

美国联邦政府所主持的全国性与强制性社会医疗保险制度，包括所有缴纳社会安全税与老人医疗保险税工作人员，凡年满 65 岁符合资格领取社会安全的老年退休金者(Old Age Retirement Insurance)，可自动获得老人医疗保险服务保障。不过"医疗照顾"对住院有严格限制，首先必须有医生的证明，病人需要住院治疗或护理。其次所住的医院必须参加联邦医疗保险计划。再就是获得医院的效用评估委员会 UPC 或医院复评组织 PRO 批准。通常参加者还要准备"预先指示"，告诉医院你希望获得哪种服务，不希望获得哪种服务，因为有些服务自己将承担费用。"预先指示"的作用是当病人在医疗急救中失去交流能力时供医生参考。

(4) 贫民医疗计划(Medicaid)

这是联邦政府保险为低收入家庭以及资产有限的人设置的医疗保险计划。对于接受现金救助的贫困老人、儿童及其父母，或是残障失能和盲人，均由联邦政府通过各州政府负责推行医疗救助。凡是接受联邦政府补充安全收入(Supplemental Security Income)包括老人救助福利金(OAA)、残障救助福利金(ATD)、盲人救助福利金者(AB)的人员、还有接受各州政府救助的贫苦家庭临时救助金(TANF)人员，均可列入贫民医疗救助之对象。

2. 健康保险

健康保险主要包括医疗保险、医疗援助与工伤事故赔偿三个内容。

1965年7月美国国会通过医疗保险法，根据这一法律，强制雇主为员工缴纳1.4%的薪金作为住院费用的保险，凡参加住院保险者65岁以后因病住院可享受2个月内的免费住院治疗。法律对医疗费用保险不加强制，凡自愿参加投保的居民每月需交保险金3美元，65岁后就可享受80%的医疗费用。1981年美国住院费用保险与医疗保险总支出为434亿美元，全国96%～97%的老人由此而受益。

医疗保险法还规定联邦政府有责任对贫困居民实行医疗援助，受援助者主要是其他援助计划中受惠者，如上面所说的老年人、残疾者、未成年子女家庭的贫困者等。在援助基金充裕的情况下，对一些未被包括在受援助计划内、但却付不起医疗费的人，也给予一定的援助。医疗援助基金由联邦政府提供。为保障在业人员的健康，1970年国会通过了职工安全健康法，根据该法劳工部设立职工安全健康局，负责制定企业安全措施与职工健康标准，并监督这些条例的贯彻执行。依据规定，各州须对因工致伤、致残、死亡者给予赔偿，联邦政府则对政府雇员、海港雇员、哥伦比亚特区私人雇员的伤亡给予赔偿。

美国医疗保险福利金分为两个部分。A部分为"住院医疗保险(HI)"，属于强制性保险。它允许参与者每年享受90天的住院治疗和100天的技术护理。如果两者都在同一年发生，病人则要承担少量费用。B部分为"补充性医疗保险(SMI)"，用于支付院外医生诊费，医生指定的药品和其他院外医疗服务等方面的费用。与强制性的住院医疗保险不同，补充性医疗保险是自愿性的。参加补充性医疗保险者每月需要支付一定的保险费。实际上，几乎所有(99%)的老年人都参加了补充性医疗保险。在美国的老年人全部医疗保健支出中，医疗保险(Medicare)，包括住院医疗保险(HI)和补充性医疗保险(SMI)，二者合计约占44%。医疗补贴(Medicaid)约占12%，个人自付和私人保险公司支付合占约44%。

3. 残疾人保险

残疾保险包括 SSDI(Social Security Disability Insurance)联邦残疾保险、联邦雇员退休项目中的残疾雇员部分(Federal Employee Retirement System，FERs)和公务员退休项目中的残疾雇员部分(Civil Service Retirement System，CSRs)，这些残疾保险项目保障参保者在致残后，部分或全部丧失工作能力而导致收入减少时，得到直接而且稳定的收入津贴，并有配套的医疗服务，保证参保者的再生产能力。

1.3.2　残疾人社会福利

联邦的残疾人保障项目分为残疾保险和残疾福利两大块。残疾福利包括 SSI(Supplemental Security Income)联邦生活补助金、老年残疾人在长期护理服务中得到的医疗救助、政府为残疾学生开发潜能提供的基金等等，这些残疾福利不需要缴纳任何费用，缓和了残疾人在医疗康复费用和就业压力增加的情况下而出现的社会矛盾，从而保障了社会的稳定。

美国公民享受残疾人福利(Social Security Disability Insurance)的标准如下：发生肢体障碍，满足社会保障局认定的无法工作状态，残疾后收入不足一定标准，并且残疾发生前缴纳的社保份数满足资格要求。残疾人福利一般以现金形式发放，发放标准与美国官方生活成本和之前缴纳的社保金额有关。2007年，美国残障人士每月获得人均财政补贴为623美元，截至2011年底共有1 060万美国人获得此项补贴。2013年统计发放金额从每人每月1 132美元到2 533美元不等。

另外还有美国社会保障局也会发放补充保障收入(Supplemental Security Income)，只发给月收入较低符合标准的残疾人或65岁以上老年人，截至2009年，合计有767.68万人获得此项补贴，共发放449.06亿美元。

1.3.3　康复辅助器具相关的保险条文

美国现行的政策中对残疾人辅助器具的补助采取分段式，即由不同的部门，如教育、就业、医疗等共同承担。美国的《残疾人法》和《残疾人辅助技术法》全面性和法律的强制性保障残疾人使用辅助技术的权益，各级政府在预算中纳入残疾人获得辅助器具的补贴资金，并提供就业的辅助技术；纳入教育部门的预算落实接受教育的辅助技术；纳入其他保障体系的预算落实生活辅助技术。对于残疾人如何获得辅助器具的资金支持，美国国家残疾人委员会在其向国会和总统提交的一份报告中确认了7个不同的向残疾人提供资金支持的渠道：公共项目、其他筹资、美国税法、私人医疗保险、公民权利、普及高等教育和电信。其中公共项目又包括 Medicare、Medicaid、母婴健康、教育、职业康复、社会保障福利、发展性残疾项目、退伍军人事务部项目、老年人法案项目。美国政府于 1918 年、1920 年先后颁布了《士兵康复法》《职业康复法》,规定给残疾人提供相应的职业康复服务,政府提供 50% 的经费。之后,随着美国工业的发展以及第二次世界大战的影响,美国政府又陆续颁布了《社会保障法案》《职业技术康复法案》等,以保障残疾人的康复权利。在 1968 年《职业技术康复法案》的修订中,把政府出资比例从 1920 年的 50% 提高到 80%。

关于康复辅助器具被美国社会保险所承担的部分,目前还没有具体的法律条文,保险或政府救济所承担的份额根据具体的康复辅助器具来定额。对于残障人士来说,大部分康复辅助器具只需要承担一小部分或者完全免费。表 1.5 列出了美国公共服务计划对辅助技术产品数量覆盖的情况。

表 1.5 公共卫生计划对辅助技术的负担情况

辅助技术	公共卫生计划			
	联邦医疗保险	各州医疗补助计划	医疗减免	退役军人法案
个人日常生活辅助技术	部分	全部	部分	全部
个人移动辅助技术	全部	全部	部分	全部
矫形器与假肢	全部	全部	部分	全部
听力、视觉、言语辅助技术和辅助沟通	极少	部分	部分	全部
认知辅助技术	无	无	部分	全部
交通辅助技术	无	无	无	全部
居家改造	无	无	部分	全部

美国的公益事业基于各种政府项目和基金会的支持,残疾人在残疾发生后,只要能满足一定的条件(家庭、年龄、收入情况等),并且向有注册的治疗师提出购买必要性申请,就能获得免费的假肢或其他申请的辅助器具。

第二章 日 本

2.1 康复辅助器具制造业发展现状

日本2013年人口总数约为1.26亿,是世界人口第十大国;65岁及以上老年人占全国人口总数的21.6%,55岁及以上人群占全国人口总数的40%,预计到2025年和2050年日本65岁及以上老年人占到总人口的27.4%和32.3%。因死亡率大于出生率,日本是世界上人口老化最严重的国家之一,人口老化成为日本人口领域中最突出的问题。预计在2025年需要护理照料的老年人口达到520万人。日本非常重视人民的健康和医疗服务。日本GDP中的70%为人口服务。据日本内阁2010年《新发展战略》发布的信息,日本在医疗、健康和看护领域的市场规模到2020年将达到59万亿日元,康复服务领域的市场规模有望达到19万亿日元,同时创造200万个新的工作机会。

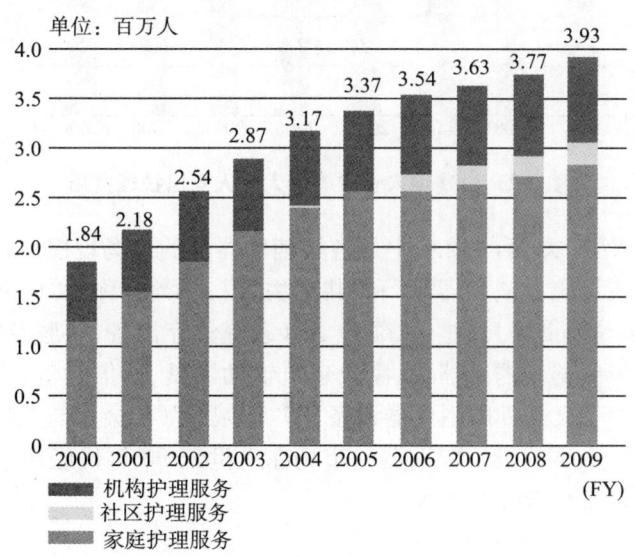

图 2.1 在保险系统资助下接受长期照料的残障人及老年人口数

据日本社会保障统计年报显示,2011年日本各类残疾人约421万人(其中身体障碍者有366万人,智力障碍者有55万人)。对于残障及老年人口的照料,日本政府也相当重视,有超过90%的残障人口及老年人在长期照料方面获得政府保险系统的支持,这其中的绝大多数是基于家庭的长期照料,从2006年起有部分人群获得基于社区的长期照料,如图2.1。相关看护和护理费用持续增长,2009年达到7.43万亿日元,如图2.2。据日本辅助器具协会(Assistive Products Association)统计,日本2009年康复辅助器具在日本国内市场规模为1.08万亿日元。近年来,个人护理产品(包括尿布和冲洗式坐便器)的销售方面持续增长,达到了3 210亿日元;除此之外,信息交流产品和假体类辅助器具的市场规模也较大;以上三类辅助产品占据了日本康复辅助器具市场的半数以上,见图2.3。

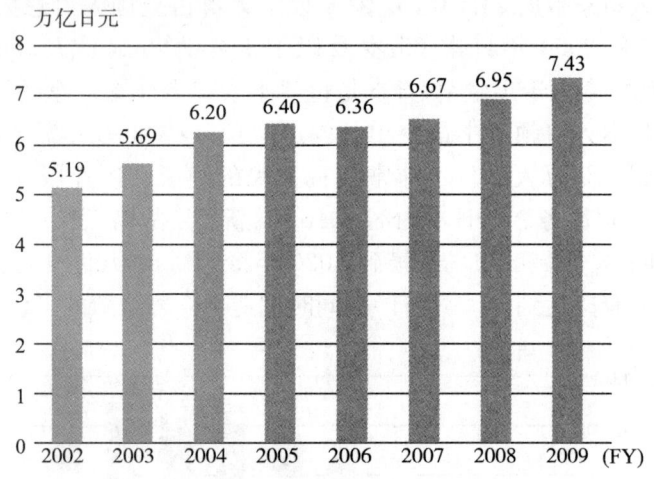

图2.2　由残障人士或老年人个人支出护理费用

在具体的产品方面,表2.1中是各类辅助器具的市场规模。日本的康复辅助器具分为"狭义康复辅助器具"和"共用物品",两类合称为"广义康复辅助器具"。"狭义康复辅助器具"是由"领域A"(家庭治疗设备、假肢及矫形器、个人护理相关的器具、移动辅助器具、家具建筑辅助器具、通信设备、家庭护理相关仪器)、"领域B"(康复机构用仪器设备)和"领域C"(社会参与支持设备)组成。值得注意的是,日本的康复辅助器具市场在上世纪90年代经历了较大规模的增长,近年来趋于稳定。

第二章 日 本

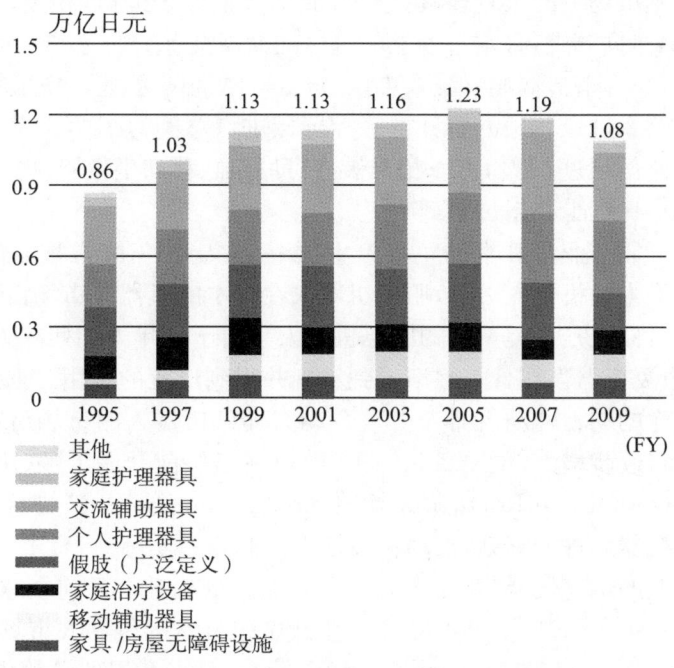

来源:"福祉设备的市场规模调查报告(2009)",日本辅助产品协会

图 2.3 日本辅助器具市场规模

表 2.1 各类辅助器具市场规模 （单位:亿日元）

分 类	2009 年度	2010 年度	2011 年度	2012 年度
康复辅助器具(狭义)	11 069	11 652	11 738	12 346
领域 A	10 653	11 239	11 323	11 919
家庭治疗设备	1 012	739	708	675
假肢,矫形器	1 790	1 713	1 707	1 920
个人护理相关器具	3 210	3 346	3 475	3 680
移动辅助器具	954	975	1 026	1 183
家具建筑辅助器具	736	788	847	949
通信设备	2 536	3 255	3 123	3 102
家庭护理等相关领域及其他	395	403	417	390
领域 B(康复机构用设备)	40	40	55	67
领域 C(社会参与支持设备等)	376	373	360	360

15

日本市场上的康复辅具器具产品部分依赖于进口,相关产品的进口比例如图 2.4。据调查,日本市场上的进口辅助器具有 71% 来自中国大陆和中国台湾地区,18% 来自瑞典、德国、英国、丹麦等欧洲国家,3% 来自北美。日本的康复辅助器具进口总额占到日本医疗器械进口总额约 15%。从产品来看,手杖的进口比例超过 60%,汽车抬升装置、助行器、移动坐便器、楼梯升降机和购物车的进口比例也都超过了 25%。

  机械制造业是日本的主导产业之一,它定位于非常核心的国家制造业。日本是最大的机器人市场,服务机器人在日本的机器人市场占据半壁江山,其中康复机器人是一类重要的服务机器人。由于老年人和残障人士的护理人员缺乏,康复机器人在日本逐渐受到重视并得到广泛的应用。据预测,日本作为护理用途的动力辅助机器人占整个动力辅助机器人的市场份额在未来 20 年的比重将逐步增长,见图 2.4。日本政府在三年前开展了"家用机器人实践应用计划(Home-use Robot Practical Application Project)",拨款 76 亿日元,推动康复机器人进入家庭,推动相关标准的制定。实际上,日本希望借此标准推动该产业的迅速发展,并使之成为国际通行的标准。目前全球 70% 的工业机器人由日本公司制造,日本经济产业部希望日本的机器人市场规模能在 2025 年增长至 6.2 万亿日元(约合 635 亿美元)。日本意识到老龄化的加剧和未来劳动力的严重短缺,政府在此领域投入了大量的财政资金。日本在康复机器人研发领域走在世界前列,有不少已经进入临床测试或已投入市场使用的康复机器人。表 2.2 介绍了几个比较有代表性的康复机器人。

表 2.2 部分已经进入临床测试或已投入市场使用的康复机器人

序号	康复机器人名称	特点	阶段	研究单位	售价
1	Honda 助行装置	穿戴式,步行助力,重 2 kg 的,续工作 2 小时,步行速度达到 4.5 km/h	可批量生产,已在多国大规模临床测试	本田电机公司	
2	混合辅助肢体（HAL）	帮助使用者完成站立、步行、爬楼、举重物等日常生活中的几乎一切活动	日本约 160 家医院及福利设施引进了该机器人,约 400 台已投入使用。奥地利及瑞士市场正地起步阶段,并正准备在美国发售 HAL	Cyberdyne 株式会社	17.8 万日元

续表2.2

序号	康复机器人名称	特点	阶段	研究单位	售价
3	护理机器人 RI-MAN	具有视觉、听觉、嗅觉等能力,而且还能背起人,能照顾老年人	临床测试阶段,未来五年,该系列将陆续上市	日本理化研究所生命技术控制研究中心	

2013年5月,日本经济产业省对24家企业拨款补贴开发护理机器人,用于帮助老年人在房间内移动、如厕及追踪行踪。补贴额达到开发费用的一半至三分之二。指定企业中,丰田汽车工业公司主要开发搬动老年人的机器人,积水家电公司负责移动冲洗厕所,托利公司将开发用于记录老人行踪的无线传感器垫。日本政府希望开发出价格在10万至20万日元(1 000至2 000美元)间的廉价机器人,形成大规模市场。并计划至2018年,每个老年人家庭或超过四分之一的家庭能够使用护理机器人。日本政府预计,护理机器人市场2015年将达到167亿日元(1.67亿美元),2035年将增至4 043亿日元(40.4亿美元)。2012年日本经济产业省与厚生劳动省确定了今后开发实用化的重点领域包括:移乘看护、移动辅助、排泄辅助、老年痴呆症患者的看护等。表2.3是日本康复机器人目前的市场规模和未来几年的预测。

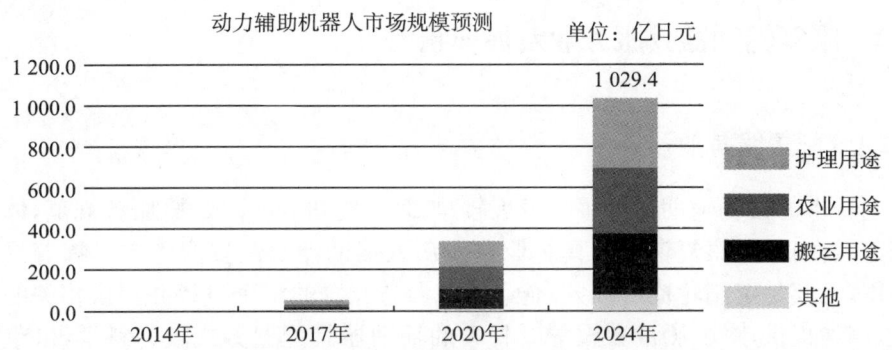

图2.4 日本未来20年动力辅助机器人市场规模预测

表2.3 日本康复机器人目前市场规模和未来几年的预测(单位:亿日元)

使用领域	2012	2015	2020	2025	2035
医用康复机器人	5~7	—	—	—	—
医用照看系统	2~3	—	—	—	—

续表2.3

使用领域	2012	2015	2020	2025	2035
护理和福祉机器人（包括医用康复机器人）	6～13	167	543	1 239	4 043
健康监护	1～2	54	161	440	1 480
接待和引导	1～2	2	9	39	465
个人移动	2	71	1 160	8 843	9 656
家务	—	46	98	157	213

日本的政府相关机构、康复辅助器具生产和研发企业积极通过各类展会扩大影响力，宣传康复和健康理念，进而推动相关市场的发展。国际家庭护理与康复展会（International Home Care and Rehabilitation Exhibition, HCR）是日本境内最大、最具规模、最具号召力的国际家庭护理及康复展览会，被列为世界第三，仅次于美国的 MEDTRADE 和德国的 REHACARE。到 2013 年，已经举行了 40 届，超过 500 家企业和 12 万人参加，是当之无愧的护理及康复行业盛会。该展会吸引着致力于开拓日本市场和购买新产品及了解前沿产品信息的来自政府部门的官员和私立医院、医生、诊所、采购商、代理商等。

2.2 康复辅助器具服务业发展现状

2.2.1 配置服务业

日本的康复辅助器具服务发展较早，理念先进，技术成熟，服务规范，体系完善。在日本，康复辅助器具企业在残疾人辅助器具配置服务中发挥着重要作用，尤其是定制轮椅的服务，企业几乎参与配置的整个过程并提供相关的服务，例如提供建议、测量数据等。日本的辅助器具配置方式较为科学，以租为主，以售为辅。虽然这样增加了管理成本，但对自然资源并不丰富的日本来说，资源的合理配置和有效利用更加重要。租用或购买辅助器具的费用都是可以使用社会保险基金的。

日本全国有 276 家假肢矫形器制作公司，分布较多的地区为东京都 39 所、北海道 19 所、爱知县 16 所、福冈县 13 所、京都府 11 所、广岛县 10 所。

日本假肢与矫形学会（JSPO, Japanese Society for Prosthetics and Orthotics）、日本矫形与假肢协会（JOPA, Japanese Orthotics and Prosthetics

Association)以及日本假肢师与矫形器师学会(JAPO,Japanese Academy for Prosthetist and Orthotist)是日本假肢矫形行业的三家专业及行业协会。

在日本从事假肢矫形行业需要进入专门学校学习,并通过考试。根据日本法律规定,凡是从事假肢适配相关职业,都要通过《假肢装具士》的资格考试。截至2011年,日本有3 899人通过相关考试。日本有多个学校培养假肢矫形专业人才,相关情况见表2.4。

表 2.4 日本培养假肢矫形专业人才的学校

序号	学校名称	相关专业获批时间	每届招生人数	学制
1	国立身体障碍者康复中心专门学院(The College of National Rehabilitation Center for the Disabled)	1988	10	3年
2	日本康复和福祉专门学院(Japan College of Rehabilitation and Welfare Professionals)	1988	30	3年
3	日本熊本医学科学和社会福祉专门学院(Kumamoto College of Medical Science and Social Welfare)	1989	25	3年
4	神户医疗福祉专门学院(Kobe College of Medical Welfare Sanda Campus)	1997	30	3年
5	西武营养与医疗技术专门学院(Seibu Gakuen Bunri College of Nutrition and Medical Technology)	2005	28	3年
6	北海道高新科技大学(Hokkaido High-Technology College)	2006	30	3年
7	北海道技术研究院(Hokkaido Institute of Technology)	2006	30	4年
8	新潟健康与福祉大学(Niigata University of Health and Welfare)	2007	40	4年
9	神户医疗福祉专门学院(Kobe College of Medical Welfare Sanda Campus)	2008	30	4年
10	人文艺术与科学大学(University of Human Arts and Sciences)	2011	30	4年

在轮椅装配服务方面，日本以"轮椅安全使用和防止意外事故"为宗旨，2010年制定了《轮椅安全整备制度》，规定由日本福祉用具评估中心（JASPEC）制定轮椅安全整备（注：整备，即维修）制度以及设立"轮椅安全整备士"资格认定考试，颁发轮椅安全整备士资格证。JASPEC是为提高康复辅助器具的安全性而设立的日本第三方评定机构。虽然有拆装经验的人都有可能会分解组装轮椅，但是对于使用"安全"的轮椅方面，日本规定必须由"轮椅安全整备士"进行组装和检查。在日本掌握维修知识和技能的"轮椅安全整备士"所属的轮椅销售店及轮椅出租店会被注册为"轮椅安全整备店"。目前日本全国约有300名"轮椅安全整备士"。

轮椅安全整备士的工作是对产品进行检查及维修，确认是否达到安全轮椅的标准，或通过维修使其达到标准。轮椅安全整备士对手动式标准型轮椅的检查维修与安全使用指导具有专门知识及技能，对于轮椅的安全整备制度的推进具有核心作用。JASPEC对从事轮椅销售和出租相关人员的从业资格也进行必要的教育与相关推进工作，以为残疾人及患者提供"可安心使用的轮椅"作为奋斗目标。

2.2.2 康复医疗服务业

日本具有比较完善的康复专业技术人员的教育和培训制度。早在20世纪60年代，日本就制定了物理治疗师及作业治疗师相关法律。物理治疗师和作业治疗师需通过国家资格考试。毕业者需通过考试后方可授予相应职称。国家考试科目包括解剖学、生理学、运动学、病理学概论、临床心理学、康复医学（概论）、临床医学概要和理学疗法实际问题等，每年有数千人参加考试。作业治疗师的国家考试学科基本上和物理治疗师相同，只是把理学疗法改为作业治疗科目，还有口试和实际操作试验。参加日本理疗师协会的理疗师已由1966年的110名增加到现在的近5万名。同时为提高在职人员的技术，协会定期或不定期举办短期的研修班、学术讨论会等。由于完备的教育培训体制，日本培养的物理治疗师、作业治疗师是直接被国际所认可的。其他的治疗师培训有的虽然还没有国家资格认定考试，但是也有正规的学历培养和完善的继续教育。培养体系完善、资格认证严格，使得在数量众多的康复医院中康复治疗师发挥着非常重要的作用。治疗师有较高的社会经济地位，大多享受公务员待遇。

日本培养康复治疗师的学校有3年制和4年制两种，日本教育部管辖的康复治疗师4年制大学25所、3年制大专9所，日本卫生部和劳动部管辖的培养康复治疗师4年制高等职业学校51所、3年制高等职业学校65所。以上共计150所学校每年招生超过6 000名。日本教育部管辖的25所大学中有12所招收研究生,7所培养博士研究生。

  从专业职务者上看,日本在残疾人康复专业人才的培养和任用上具有较为成熟且严格的规定,日本康复队伍采取的是团队工作的方式。其中,康复医师在团队中居于核心地位,有较高的经济和社会地位,他们也组建了专门的康复医师协会。日本的康复医师分为两大部分:康复专科医师和认定医师。前者要求具备较高的资格,一般从医科大学毕业后应具有五年以上的实践经验。康复专业技术人员大多享受公务员待遇。很多具有高学历、高素质的人员有志于从事康复工作。如身体障碍者更生咨询所的职员有:所长、事务职员、身体障碍者福利员、进行医学评估的医师、进行心理学评估的心理评估员、进行职能评估的职能评估员、答复咨询和进行生活经历及其他调查的社会福利工作者、作为医生助理进行医学评估的保健师或看护师等。但是,职能评估员也可兼任心理评估员。而其他职员,在不妨碍更生咨询所事务情况下,也可兼任其他咨询所、更生援护设施等的职务。必要时,物理治疗师、作业治疗师、假肢安装师、语言听觉师等,在医生的指示下可从事医学性评估等事务。身体障碍者的专业职务者主要分为身体障碍者福利员、身体障碍咨询员和民生委员。智力障碍者的专业职务者主要分为智力障碍者福利员、智力障碍者咨询员和民生委员。

  日本康复医师与治疗师职责分明。医师的工作是会诊患者、功能评定、诊断、确定障碍的程度、开具康复处方。治疗师的工作是根据医生的处方进行相关专业的功能评估及治疗,按照处方实施康复治疗。日本康复医学书刊种类多、范围广、专业化程度高,往往在康复机构都设有专门的图书和专业书籍存放房间,供康复服务人员随时查阅。日本康复医疗机构的各种小型学术讨论及会诊是经常进行的,主要由康复医师选择迫切需要解决问题的病例,陈述病情(训练)的进展、目前的功能水平及问题,各方面的康复人员做适当讨论。日本康复医学界学术活动相当活跃,这对促进康复医疗的整体水平起到了积极的作用。日本康复从业人员最低的学历要求是大专,并且从业人员需要具有学历和资格水平的双重要求,这些保证了日本康复医疗服务业的较高的服务水平和服务质量。

  日本的残疾人康复机构或中心的建设方面具体情况见表2.5。可以看到,随着社会的发展,残疾人康复设施也在不断地完善与发展,而在1970年至2010年,更生设施数基本上保持在一个平均的水平,20所左右。身体障碍者的更生援护设施则是得到了大力的发展,与总数的发展趋势一致。

表 2.5　日本残疾人康复设施数量

年　份	1970	1980	1990	2000	2007	2008	2009	2010
总数	23 917	41 931	51 006	75 875	61 804	61 778	57 502	50 343
更生设施*	22	16	18	19	19	20	20	19
医疗保护设施	78	68	68	64	64	60	60	60
障害者支援设施	—	—	—	—	2 233	2 898	3 334	3 764
身体障碍者更生援护设施	183	419	694	1 050	1 188	972	715	498
身体障碍者社会支援设施	80	155	339	716	377	374	351	337

* 注:更生:重建,即康复;设施:基建建筑

在日本的康复医疗机构中,肌电图是必备的诊疗技术。康复医师亦被要求需要掌握假肢、支具、轮椅等方面的知识和相关技术,这和日本的康复者多为因老年性疾病造成的运动功能障碍患者相关。日本的康复机构中,声、光、电、热、磁等物理因子治疗仍是常用的康复治疗之一。近年来,日本的物理治疗师对于运动疗法的重视程度已经提到了相当的高度。

日本的康复机构中都有辅助器具专职人员,他们不但为康复机构中的患者提供辅助器具咨询服务,还帮助辅助申请者进行身体评估和资格审查,并在现有的相关规定下完成辅助器具的租赁和购买,同时,这些辅助器具专职人员还对使用者定期随访,根据康复的进程和用户的身体状况调整辅助器具。日本辅助技术网上推出了可申请的辅助器具产品列表,见表2.6。截至2014年12月,日本本土公民所能申请使用辅助产品的数量中,个人移动辅助产品、住家和其他场所的家居及其适配件的数量占可申请总数比例超过70%。

表 2.6　日本公民可申请的辅助器具产品情况表

大　分　类	种　类	构成比
个人医疗辅助和训练技能辅助产品	637	7.2%
矫形器和假肢	18	0.2%
个人护理和防护辅助产品	1 333	15.1%
个人移动辅助产品	3 609	40.8%
家务辅助产品	18	0.2%
住家和其他场所的家居及其适配件	2 844	32.1%

续表2.6

大　分　类	种　类	构成比
沟通和信息辅助产品	309	3.5%
处理物品和器具辅助产品	17	0.2%
环境改善辅助产品、工具和机器	38	0.4%
休闲辅助产品	10	0.1%
其他	16	0.2%
合计	8 849	100%

自2000年,《介护保险法》实施以来,社区康复在日本获得了大力的发展,几乎所有的残疾人和高龄老人都能得到优质和全面的康复医疗服务。对于健康老人,社区会定期组织各类活动,如书法比赛、游园等,创造老有所乐的生活。对于自理能力较差或丧失的残疾人和老年人则依据相关保险制度提供不同等级的支援和协助,包括洗澡、排泄、饮食护理、身体机能训练、家庭看护等康复服务。

2.3　社会保险及社会福利制度

二战后,日本残疾人康复保障体系逐步完善,有多达217部与康复保障相关的法律制度。总的来说,这些法律可以分成3个部分:一是宪法中的有关规定,这是最为基本的法律,也是根本大法。二是被称为"福利六法"的基本法律,包括残疾人基本法、身体障碍者福利法、智力障碍者福利法、精神障碍者福利法、残疾儿童福利法、寡妇福利法。三是一些相关的配套政策,如残疾人住宅、促进就业等方面的法律。健全的法律制度为残疾人康复事业提供了强有力的"安全网"和"减压阀",也进一步促进整个社会形成和发扬助残扶残的良好风气。

在以上诸多法律和制度条例中,对日本康复服务和辅助器具支付现状影响最大的一部法律是日本国会于1997年12月9日通过的《介护保险法》。《介护保险法》于2000年4月开始正式实行。《介护保险法》所涵盖的对象不局限于某一社会职业群体,而是全体国民,带有广泛性。该法第一条规定,本法的目的在于提升全体国民的保健医疗及增进国民的福利。2011年3月,《介护保险法(修正案)》在内阁会议上获得通过。根据近十年的实践经验,对部分介护项目做了修正,例如,按照旧的《介护保险法》规定,"引痰"和"外管营养摄取"属于医疗行为,只有医师和护士可以从事这个行为,但新修正的《介护保险法》指出只要护理员接受研修,就可以实施操作。此外,《介护保险法(修正案)》中,启动了24小时居家访问这项新服务。此外,老年人或残疾人购买《介护保险法》中所覆盖的康复辅助器具和康复医师认定的特殊辅助器具,大多数情况下仅需支付价格上限10%的费用。

随着日本社会经济的发展,日本逐渐建立起由政府承担主要责任,个人和社会团体共同负担的残疾人康复经费保障机制。轮椅方面,普通轮椅多在康复辅助器具的专卖店和部分家居用品中心销售;电动轮椅则多按照残疾人的个人特点,由专卖店特别定制销售。手动轮椅的价格多为1万~50万日元,电动轮椅的价格多为30万~300万日元不等,销售价格不含消费税。购买轮椅主要由以下几种类型的支援制度(但支援对象不含为体育活动等设计的特殊轮椅)资助:(1)《残疾人自立支援法》,规定了相关的支付政策;(2)《介护保险法》,规定了相关的租赁制度;(3)劳动灾害对象支持政策。

假肢及装配方面,日本有多种保险为假肢和相关装配支付一定的费用。表2.7为部分相关保险信息。

表2.7 支付假肢和装配费用的保险

保险类别	被保险者资格	保险费支付方	支付率
健康保险	在具有健康保险适用范围内的企业工作人员(私人公司的劳动者)或退休后以个人名义加入保险的人	日本全国健康保险协会、健康保险公会	70%
船员保险	以船员身份在船舶所有者处工作的人	日本全国健康保险协会	70%
各互助公会	国家公务员、地方公务员、私立学校教职工	各互助公会	70%
国民健康保险	普通住民	市(区)镇村	70%
国民健康保险(退休者医疗)	领厚生养老金退休者	市(区)镇村	70%
老人保健制度	加入医疗保险制度,年龄高于75岁的老人及65岁以上长期卧床不起的老人	市(区)镇村	70%或90%
工伤保险	适用于所有雇佣劳动者的企业、公司、营业部门。其被雇佣的所有劳动者都属于被保对象	政府厚生劳动省	100%

在无障碍环境方面,日本越来越重视相关领域的建设和改造。日本公共

场所设施的设计非常重视使用轮椅的人士及视觉障碍者进入和使用的便利性。具体如下：(1) 考虑轮椅使用者的设计：消除段差（超低底盘的电车和巴士、无台阶巴士、设倾斜面的台阶、轮椅专用电梯、搬运机）各种扶手和栏杆、大空间洗手间及电话亭、残疾人及孕妇专用停车位等。(2) 考虑视觉障碍者的设计：凸点地面砖、改良的容器包装、具有切口设计的牛奶盒开口部、各种具有触感设计的包装表面、控音式信号机、盲导铃。(3) 其他：小便器和洗手池近旁的扶手、对讲机（门、入口、洗手间）等。日本有多项法律和法规对无障碍环境建设做出了相关规定，这些法律和法规包括：《残疾人基本法》、《关于促进使老年人，残疾人等移动顺畅法律（移动无障碍法）》、《关于适用于老年人，残疾人居住及建筑的法律（建筑无障碍法）》、《关于老年人，残疾人交通手段的法律（交通无障碍法）》等。

2.4 其他产业促进相关政策

日本新能源与工业技术发展组织（NEDO）是日本规模最大的核心性研究开发机构，成立于1980年，隶属于通产省，它起初是为了开发能够替代石油的新能源技术而设立的，1998年将研究范围扩大到产业技术，其中包括生物和医疗技术。NEDO 在机器人领域的项目支持为推动康复机器人的发展起到了积极的作用。具体研究项目如表2.8。

表 2.8　日本 NEDO 机械系统技术研究项目

领域	项 目	时间（财年）	近年预算（亿日元）		
			2005 财年	2006 财年	2007 财年
新的制造和机器人技术	高度集成和复杂的 MEMS 产品技术开发项目	2006—2008	—	10.5	11
	人类支援机器人的实际应用基础技术开发	2005—2007	8.4	8.6	8.5
	先进机器人基本技术战略开发项目	2006—2010	—	10.5	10
	新一代机器人共同基础技术开发项目	2005—2007	3.8	3.8	3.8
	先进加工系统开发项目	2005—2007	4.3	4.3	3.7
	生态管理生产系统技术开发	2005—2009	0.8	0.8	0.7
	中小企业技术转化的支撑项目	2006—2008	—	4.8	2.7

续表2.8

领　域	项　目	时间（财年）	近年预算（亿日元）		
			2005财年	2006财年	2007财年
福利设备及其他技术	实用福利设备研发	1993—	1.2	1.1	1.2
	医疗和福利设备信息的收集、分析和发布	1993—	0.3	0.3	0.3

近年来，NEDO为积极发展高级技术或实用成熟福利设备的公司提供财政支持。所资助的项目期限最长可达3年，补贴率高达总成本的2/3，项目实施过程中批准资助的金额可达3 000万日元。从1993财年首个资助项目批准到2007年4月，共有163个项目得到了实施。截至2007年4月，共有84项设计取得商业化，NEDO从其中9项的销售利润中获得了回报，分别是盲文阅读器、声音语言训练设备、为老人和残疾人设计的地面高尔夫球用具、高度可调的洗澡车、尿布套、驾驶杆控制的机动轮椅、安装在头上的阅读放大器、散步鞋、残疾儿童安全座椅。

此外，NEDO积极收集、分析和发布医疗和福利设备信息，为企业和相关机构提供参考。NEDO通过判断技术发展趋势、调查分析用户需求以及为开发者提供医疗和福利设备信息来推进相关设备的开发。作为福利设备调查的一部分，NEDO通过参加国际家庭护理与康复展会（International Home Care and Rehabilitation Exhibition，HCR）、日本西部国际福利设备与装置展会（West Japan International Welfare Equipment and Devices Fair）、无障碍展会（Barrier Free）、制造类产品进口促进会儿童展会（MIPRO Kids Fair）来介绍新产品和收集、发布信息。这些措施都为各福祉企业和机构提供了有益的信息参考。

第三章 德 国

3.1 康复辅助器具制造业发展现状

康复辅助器具(Hilfsmittel)在德国社会法法典第九卷第31条中被解释为可由使用者穿戴、携带或者可随移居带走的、并依不同情况是必要的辅助物品，用来预防致残、保障治疗效果或者弥补残障以满足日常生活的基本需要（但非一般生活耐用品）。其包括视觉、听觉辅助器具（如眼镜、助听器），身体替代物件（如假肢），矫形辅助器具(Orthopädische Hilfsmittel)（如矫形鞋、轮椅）、失禁及开口产品(Inkontinenz-und Stoma-Artikel)以及其他的辅助器具。辅助器具也可以是用于将药物或其他治疗物带入人体的技术产品（如特定的注射机、呼吸机等等）。康复辅助器具具有替代、支撑或者减负等作用。

3.1.1 康复辅助器具制造业发展现状

随着技术的进步、人口进一步老龄化、人们对生活品质要求的提高以及对健康投入的不断增加，德国整个医疗器械技术产业得到快速发展。据德国医疗技术协会(BVmed)数据，2012年行业总销售额为223亿欧元，继续保持继美国（900亿欧元）和日本（250亿欧元）之后世界第三大国家和欧洲（700亿欧元）第一大国家的地位，销售额几乎是法国的两倍、英国和意大利的三倍。50名员工及以上的企业数量从2008年的362家发展到2012年的392家。

其中，康复辅助器具这一分支产业发展快于医疗器械行业平均水平。比如2012年，50名员工以上规模的矫形产品生产厂商销售额增长率为11%，远高于医疗器械行业4%的增长率。德国整个医疗器械技术产业是一个高度依赖出口的产业，康复辅助器具也不例外。医疗器械技术产品的出口率（出口额/销售总额）从上世纪九十年代中期的40%上升到近年的60%～65%，2012年高达68%。康复辅助器具的主要出口产品有假肢、臭氧治疗仪、氧气或气雾剂治疗仪器和装置、复苏用呼吸机和用于矫形或治疗骨折的其他装置。

德国对康复辅助器具的支出近些年来不断增加。法定医保中对康复器具的支出在 2004 年至 2012 年间保持了 5%～6.5% 的年增长率,8 年间总支出增长了 24%,2012 年支出总额达 65 亿欧元(图 3.1 和图 3.2)。

数据来源:德国法定医疗保险基金最高联合会 2011 年、2014 年数据,BARMER GEK 图示,本文作者翻译

图 3.1　2004—2012 年德国持续增长的治疗及辅助器具支出

德国辅助器具产品品种多样。国家法定医疗及护理保险最高联合会编制的辅具产品分类目录中列出的康复辅助器具产品数量为 21 989 种,包括配件共有 3.2 万多种(表 3.1)。

表 3.1　德国各类康复辅助器具产品数量

种　　类	产品数量
主类 04 个人医疗辅助产品	3 216
主类 05 训练技能辅助产品	605
主类 06 矫形器和假肢	4 468
主类 09 个人护理和防护辅助产品	3 167
主类 12 个人移动辅助产品	3 151
主类 15 家务辅助产品	343
主类 18 住家和其他场所的家具及其适配件	3 261
主类 22 沟通和信息辅助产品	1 767
主类 24 处理物品和器具的辅助产品	348
主类 27 环境改善辅助产品、工具和机器	15
主类 28 职业康复产品	1 396
主类 30 休闲辅助产品	252
总计	21 989

数据来源:德国法定医疗保险最高联合会《康复辅助器具分类目录》

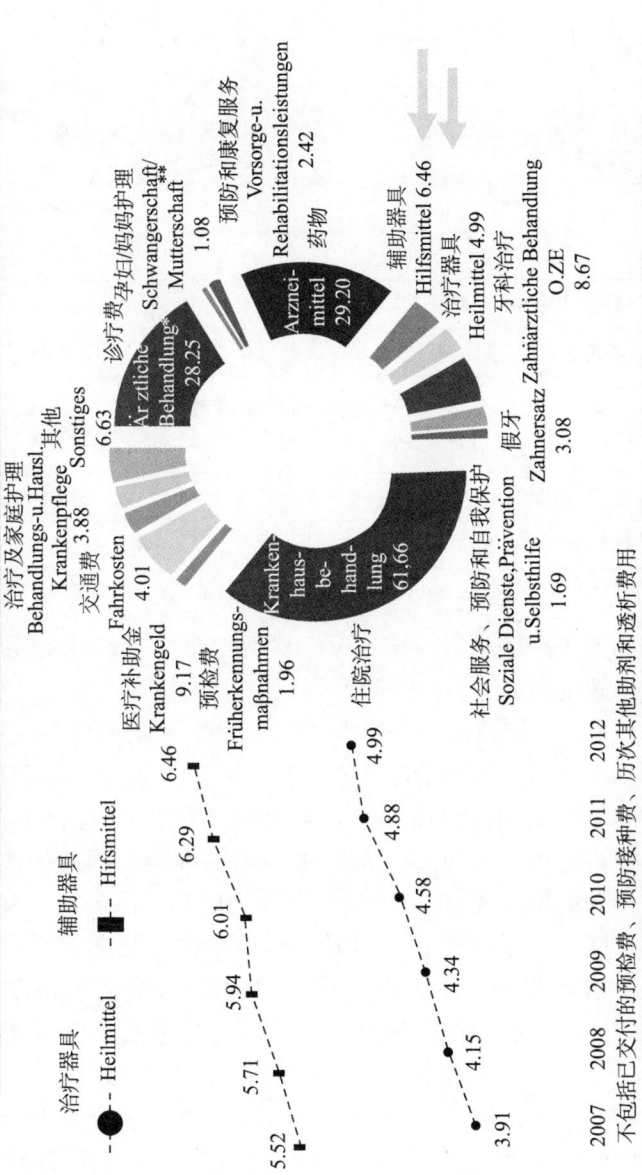

图 3.2 2012年德国法定社会医疗保险各领域支出分布图（10亿欧元）

部分典型产品及价格见表3.2。

表3.2 部分康复辅具产品及价格

序号	产品种类	价格区间(欧元)
1	呼吸治疗仪	65～230
2	普通轻便轮椅	220～420
3	电动轮椅	2 000～6 000
4	胳膊肘矫形绷带	55～85
5	矫形用腹腰支撑绷带	20～35
6	膝关节矫形固定箍	45～80
7	手动护理床	260～1 200
8	电动护理床	650～2 800
9	家用盲文阅读器:扫描阅读系统	370～7 600
10	专业用盲文阅读器:扫描阅读系统	3 200～7 600
11	家用屏幕盲文阅读器:从微型电子放大镜到可变可移动照相阅读系统	130～3 500
12	专业用屏幕盲文阅读器	1 800～3 500
13	盲人手杖(多段折叠式长手杖)	130～195

数据来源:根据德国法定医疗保险最高联合会《康复辅助器具分类目录》整理

德国康复辅助器具市场结构应该与医疗器械行业类似。很多医疗器械生产商也都生产康复辅助器具。2013年,德国医疗器械技术产业有12 600家,从业人员190 000人。医疗器械产业由少数几个大型企业和众多的中小企业构成。95%以上的企业就业人数少于250人。

德国康复产品生产商和供应商奉行差异化生产和经营,提供的产品从失禁护理品、康复护带、轮椅到随处可见的视力听力辅助器。厂商的形式多样,可以小到只是矫形鞋的供应商,也可大到综合性的医疗用品商店。同时,市场上还存在着掌握价格和产量决定权的各种同业会和类卡特尔联合。此外,一些医院、康复中心、医疗用品商店也设置自己的辅助器具生产加工部门或车间,并配备相应的专业工程师、技师和技工,专门为患者提供高质量的、专业的个性化服务。

德国的医疗器械技术产业是一个极具创新性的行业,处于世界领先地位。2010年,该行业的专利数量位于世界第二,仅次于美国。近年来创新投入强度

（研发投入占销售额的比例）处于9％的高位，高于德国(3％～4％)和欧盟制造业平均水平。该产业中有15％的人员从事研发活动。行业销售额的1/3都是由推向市场不满三年的新产品创造的。德国政府对康复辅助技术产品创新的资金扶持力度也相当大，扶持资金不断增加。康复辅助器具产业是联邦政府发展高科技的一个领军行业。

德国大型或较大型康复辅助器具生产厂家有奥托博克医疗（Otto Bock Healthcare Deutschland）、西门子医疗（Siemens Healthcare）等等。规模不大但在细分市场上占技术领先地位的企业有 Meyra Ortopedia、etac、Gorlo&Todt 等。

Otto Bock 有90多年的发展历史，其高品质、高技术产品和服务享誉全球。2012年 Otto Bock 集团销售额为7.92亿欧元，其中 Otto Bock Healthcare 销售额达6.65亿欧元。旗下产品包括假肢、轮椅和康复辅助设备、矫形器和神经植入产品。公司在全球有42家分公司从事康复辅具的研发和销售，有10个研发中心，450名人员从事假肢、矫形、移动解决方案、神经刺激以及患者护理等领域的研发。集团研发投入较高。Otto Bock Healthcare 2012年研发投资为4 000万欧元，占销售额的7％，该比例远高于同行业平均水平。

Meyra Ortopedia 是世界著名的中小型轮椅和康复辅具生产厂家。主要产品包括各种轮椅（标准轮椅、轻便轮椅、多功能轮椅、电动轮椅、儿童轮椅及各种轮椅附件、座椅）和康复护理类、矫形类产品。康复护理类产品包括浴室厕所用具、行走用具、坐卧用具、日常生活用具以及（家用）上下台阶电梯。该企业在2013年9月被波兰一家公司收购。

Lifta 是轮椅专业生产商和行业领军企业，提供德国最多的轮椅种类，至2012年已售出10万部轮椅。德国每个地区都有其100多员工提供服务。该品牌多次获得德国各种协会等组织的奖项。Alber 是可携带式轮椅的专业生产厂家，为该领域的世界著名领军企业，拥有50个国际专利和使用标准。主要产品分为电动轮椅、轮椅附加动力装置、移动上下阶梯辅具、推拉及闸辅具等几大类。Geccomed 是德国著名的轮椅坐靠垫专业生产厂家。

3.2 康复辅助器具服务业发展现状

3.2.1 配置服务业

德国的康复辅助器具服务发展较早，配置服务体系完善、专业化程度高。康复服务主体发展完善、服务内容和范围各有侧重、相互弥补。企业在各类配置服务主体中有着重要的位置。至2005年12月,德国有假肢矫形企业1 914家。假肢矫形领域有雇员36 366人,其中50%为假肢矫形师。德国有4 100名假肢矫形专家,10 650名假肢矫形技师,1 500名实习生以及8 400名销售人员。

康复配置服务主体中除了企业外,还有大量的专业机构提供广泛的康复辅具配置服务,包括医疗用品商店、医院、专科诊所、物理治疗诊所、急诊诊所、医疗中心、预防与康复中心、养老院、儿童医院及残疾人护理机构等。此外,运动馆和养生馆等也提供一定的甚至专门的康复服务。

康复辅具配置服务在人员配备上实行专业化分工与协作。以假肢矫形为例,假肢矫形康复服务配备有两大类专业人员。一类从事对康复人员的诊断、处理、康复训练等服务性工作,包括物理与康复医生、专业(儿童)康复护士及护理员、康复治疗师等。另一类负责假肢矫形产品的设计、加工和制作,包括假肢矫形技师、假肢矫形技术机械员、矫形鞋技师和矫形鞋技工等专业技术人员。他们构成专业生产厂家的核心人力资源。医院、康复中心、医疗保险等单位的相关部门也配备假肢矫形与康复技术工程师。这两类人员之间进行密切合作。

德国假肢矫形业中,矫形鞋业发展尤其突出,形成了一个专门的行当。有专业的矫形鞋店和受到专门的矫形鞋职业教育和培训的矫形鞋专业人员。按技术和管理水平,专业人员分为矫形鞋制作技师和矫形鞋技工两个等级。除此之外,矫形鞋也可由假肢矫形工程师或技师、或者由假肢矫形技术机械员来制作。

德国假肢矫形技师在联邦劳动代理处(原联邦劳工局)公布的职业分类中归属于精细技工技师,包括假肢矫形工、整形外科工、工业仪表工、工具机械工等等。

以假肢矫形为例,康复辅助器具服务所配置的人员包括假肢矫形技师、假肢矫形技工、矫形鞋技师、矫形鞋技工等等。下面介绍这些职业配置辅具的具体表现。

假肢矫形技师根据测量结果设计、制造用于假肢矫形的治疗和辅助器具,并承担假肢矫形企业的专业领导和管理任务。生产的产品有假肢、假膝盖、矫形器、轮椅、康复床垫、康复坐垫、护腰带、束身衣、护膝护腕、矫形鞋垫、医用长筒袜或护脚踝、残疾人专用耐用物件等等。

假肢矫形技师的工作流程一般是先对患者进行测量,必要时要采集印记,然后选择和设计合适的辅助器具。为了制作完全符合患者要求的产品,他们要与负责顾客的医生进行合作,同时向患者提供咨询服务,让患者了解产品的特点、使用方法和作用方式等。他们在后续的使用中，还要检查和维护产品，必要时将其重新调整，以适合使用。

专业上有特殊要求或者需掌握较高技能、丰富经验的工作，要由假肢矫形技师亲自完成。他们要保证按时、符合专业要求地供货，并负责遵守法规，满足企业质量要求。

假肢矫形技工自2013年8月1日起取代了之前的"假肢矫形技术员与康复护带员"（Orthopädieme-chaniker/in und Bandagist/in）的专业职业教育名称。他们掌握更现代的知识和技能，并更注重个性化配置生产和服务，根据医生处方生产种类繁多的假肢矫形技术辅助器具，并使它们符合病人的要求。根据专业重点不同，假肢矫形技工制作人造躯干（假肢）、支撑躯干和上下肢的构架（矫形器）以及特殊的康复护带或康复技术产品，如轮椅或康复用床。此外，假肢矫形技工的工作还包括对已有的零部件进行个别加工配置，对成品和个人辅具进行加工和个性化配置，指导病人使用产品并对产品进行优化，安装和调节特种机械控制的、液压和电子控制的人造关节，进行轮椅的个性化配置，组装站立、行走和坐卧辅具，安装和维修浴室及厕所用辅具，维修和保养假肢、矫形器及康复仪器，对患者和患者家属说明产品的使用方法和作用原理，同时，从辅具技术层面向医生和治疗师提供咨询服务等等。

矫形鞋技师承担专业和领导职责，负责按医生处方布置制作任务、领导专业人员、协调各个环节。使鞋店能按医生处方要求按时、保质、保量完成任务。需要有特殊技能和丰富经验的工作须由矫形鞋技师亲自完成，这些工作包括用计算机辅助测量仪和分析仪（如脚扫描仪或脚印测量仪）精确测量患者脚型和尺寸、分析患者在跑步机上和录像中的行走特点、设计和制作模型、选择制作材料、微调鞋及鞋垫等等。矫形鞋技师也承担对顾客的咨询服务工作。

矫形鞋技工在技术和职称上比矫形鞋技师低一级，参与矫形鞋整个制作过程，包括按照医生处方采集患者脚印（一般用石膏或橡皮泥等材料），测量、分析、选择适当材料，手工单件制作矫形鞋及相关辅助器具，如鞋里、鞋垫层、鞋垫、矫正板、康复护带或加长假腿等等。他们掌握广泛的医疗知识，向顾客提供相关咨询服务，同时还提供各种足部医疗护理服务，比如剪脚趾甲、去除茧子等。

德国在康复辅助器具的配置服务中，很重视个性化配置服务。康复诊断、处理、训练人员（如康复医生）与康复辅具的设计、加工和制作人员以及患者三方之间有着密切的合作。比如假肢矫形技工要与治疗医生及治疗师进行合作，共同商定给患者的变形、畸形、手术后遗症等找到最佳方案。据此用量尺或计算机辅助对患者进行测量、咨询患者选择合适的辅助器具、并用CAD系统设计草案,之后制作石膏实物模型或用电脑制作三维模型,然后加工模型,直到精确符合要求,同时要对病人说明使用方法。

假肢矫形鞋的设计和制作,也要符合每个客户的特殊要求。例如用特殊材料为糖尿病患者的脚制作缓解压力的鞋垫和鞋只,选用合适的矫形器平衡半身不遂、脚骨变形或双腿不等长的病患者的行走,根据患者个性化需要,对成品矫形鞋进行再加工和修理。

德国康复辅具服务的从业人员具有较高的专业素质。他们一般要接受专门的专业教育和培训,并须通过严格的从业资格考试。比如,假肢矫形技师要接受手工行业协会规定的职业继续教育,获职业职称须通过国家统一的从业资格考试。手工业组织和其他教育机构提供这一技师考试培训。全职学习学制约1年,兼职学习需15至24个月。但培训不是获取考试资格的必要条件。

假肢矫形技工须接受手工行业提供的专业职业教育。联邦统一规定学制为3年。专业重点有个性化矫形器、个性化康复技术、假肢。假肢矫形技工要掌握各种材料(金属、塑料、木头)的特性及其加工技术,同时要有机电、气动力学和液压方面的知识,因为现代的假肢和矫形器往往是电子控制的,比如装有电子零部件和生物机械技术。获职业职称须通过技工考试。

矫形鞋技师是在矫形鞋技工或相关工作年限的基础上通过继续教育获得的职称。矫形鞋技师必须通过国家举行的从业考试。手工业组织和其他教育机构提供从业考试培训。全职学习学制约9个月,兼职学习约3年。但培训不是参加从业考试的必要条件。矫形鞋技工同样需要参加专业职业教育,并通过手工行业认证的技工考试。

在德国,受到良好教育的康复辅具服务人员可在康复辅助器具生产加工企业以及相关的服务机构就业,依工作责任和要求获得相应收入。仍以假肢矫形康复服务为例。假肢矫形技师主要在假肢矫形企业车间以及为假肢矫形技术辅助器具生产商工作。此外,他们也可就职于有假肢矫形部门的医院和康复机构以及有假肢矫形车间的医疗产品商店。从事与此类工作相近的矫形鞋技师也可以作为假肢矫形技师专门从事糖尿病患者鞋底的矫形制作。假肢矫形技师可以独立开店,但受到名额限制。假肢矫形技师的工资收入与工作要求、经验和职责相关。除了基本工资外,还可获得津贴和其他报酬,如13个月的工资、休假补贴、住房公积金等。该行业全国收入不统一。月基本工资在2 458～2 950欧元之间。

假肢矫形技工一般在假肢矫形和康复工厂以及在有假肢矫形车间的医疗

产品商店工作。工资收入与工作要求、经验和职责相关。除了基本工资外,还可获得津贴和其他报酬,如 13 个月的工资、休假补贴、住房公积金等。该行业全国收入不统一。月基本工资在 1 350～1 765 欧元之间。

假肢矫形鞋制作人员主要在专业假肢矫形鞋厂工作,康复医院、康复中心以及有假肢矫形部门的医疗产品商店也提供相关岗位。此外,修鞋店、矫形鞋的工业生产厂家也有就业机会。矫形鞋技师可独立开业,但独立生产经营许可有名额限制。从事类似工作的假肢矫形技师也可从事矫形鞋行业。矫形鞋技师的收入在很大程度上依赖于工作要求、经验和职责。月收入在 2 412～2 685 欧元之间。矫形鞋技工的收入也与工作要求、经验和责任直接相关。除了基本工资外,根据情况还可有附加工资和奖金,如一年 13 个月的工资、休假补贴、住房公积金等。各地收入不等。小时工资约为 13 欧元。

3.2.2 康复服务业

(1) 康复体系

德国的康复体系发展成熟、完善,奉行"预防为先康复为后"的理念。康复体系由康复服务、康复机构和康复费用承担者构成。有关康复费用承担者及对康复服务的支付情况在第十章中详细介绍。此处介绍德国康复服务和康复机构状况。

德国康复服务处于世界领先地位。随着康复服务业的发展,康复服务的概念从身体的康复服务延伸到职业和社会生活方面的康复服务,由此,康复服务分为大三类:一是医疗康复服务,目的是预防或避免致残、消除产生需要他人护理的可能性,或者防止残疾恶化以及防止护理需求加大;二是职业康复服务,指通过继续教育、改行培训等康复活动,使人能够重新进入职场;三是社会康复服务,促使患者进入正常的社会生活,以应对日常生活的挑战和再次进入社会,包括住房补贴、家政服务、促进相互理解、提供社会与文化生活帮助等等。

在德国,康复服务被理解为治疗的一个重要环节,与医生诊治一样,是治疗的一个固有的组成部分。只有将康复和医生诊治这些环节紧密地联系在一起,才能祛除很多病的病痛。康复不仅要保持、恢复以及提高患者身体、职业和社会等方面的能力,还要促进发挥各种能力,利用各种可能性去战胜疾病,获取正常生活。所以,全部的医疗性康复都属于法定医疗保险承担的范畴。

康复治疗分为住院治疗和门诊治疗。住院康复机构的治疗质量必须经独立的第三方认证。住院预防与康复要在专门的机构里进行。患者可自行选择特定的、符合医疗要求的康复中心。门诊康复也可在住址附近的专门机构进行。康复机构的选择同时要考虑到经济性、实用性。住院预防和康复一般需三周,门诊康复最长 20 个治疗日。十四岁以下儿童住院预防一般需六周。必要时可一次性延长预防和康复时间,但患者为此要提出申请。

(2) 康复机构

① 康复机构分类

德国的康复机构形式多样、服务内容各有侧重。传统上,康复机构有康复医院、疗养院、疗养所,后来发展为康复中心、专科康复医院,现在机构的名称已经不重要了,重要的是康复机构与康复费用承担者之间有关康复机构装备的谈判,购置装备的依据是诊断结果、各种指标以及康复需要和康复目标。除以往的名称外,康复机构新的名称还有混合型医院、职业合作社医院等等。

按照专业分工,康复机构可以分为职业康复机构和医疗与职业康复机构。

职业康复机构包括:

职业教育学校(BBW):开办此类学校的目的,是为了向受到普通劳动市场歧视的人提供职业教育,促进他们的就业。这些人包括在学习上有障碍、在精神上及社会生活中受到伤害的人、失业者、再就业者、愿意提高职业素质的从业者和求职者。服务内容包括职业规划、求职准备、扶持措施、素质教育、职业教育。教育培训覆盖 50 个行业,分为首次入职、继续教育和更换职业教育三个方面。

职业促进学校(BFW):是一种企业外的教育机构,是公立或私立的社会公益组织,一般专门向由于健康原因受到限制而不能从事之前职业的成年人提供的职业教育和再教育。这种康复服务属于重返职场康复。此费用由养老保险、职业合作社、联邦劳动代理处和法定医疗保险承担。

残疾人学校(WFB):常年为参加社保的身体或精神残疾人员提供培训。

医疗与职业康复机构包括:

所谓的"阶段Ⅱ康复机构":是为特定的疾病或残疾种类提供服务的特殊康复中心,弥补了急诊及首次医治(阶段Ⅰ)和职业康复(阶段Ⅲ)之间的空当。这些康复中心同时提供医疗和入职两种康复服务。服务费用除自付内容外,主要由养老保险、人身意外保险、联邦劳动代理处和社会救济机构承担。

社会康复机构包括过渡性机构和各种康复所。

从预防或康复机构的所有制成分看,私立机构占多数,2012 年有 54.4%;其次是非营利机构,占 26.5%,再就是公立机构,占 19.1%。在公立机构中,非独立法人占到近一半(49.1%),排在第二位的是私法形式的机构(33.6%),最后是独立法人(17.2%)。

② 预防及康复机构数、床位数、病例数及治疗时间(1991—2012)

近二十多年,德国预防或康复机构在数量上只有很小幅度的增加(2%),从1991年的1 181家增加到2012年的1 212家。康复机构数量虽在上世纪九十年代末显示出较大幅度增长,但之后又开始回落。

床位数同机构数变化一致,有起有落,但最终增长幅度不大。从1991年的144 172张床位增加到2012年的168 968张床位。22年间的增长幅度为17%。按照所有者提供的床位分,私人机构的床位比重最大,2012年占到65.8%,其次是公立机构的床位,占18.1%,最后是非盈利机构,占剩余的16.1%。公立机构中各机构床位的组成中非独立法人、私法形式机构和独立法人的床位比分别是59.4%、26.7%和13.8%。

服务的病人数量各年不一,平均为1 860 985人次/年。按德国人口为8 000万计算,平均每年每百人中有2.33人次到预防或康复中心护理和治疗,时间平均为每千人50 246天。治疗时间从90年代上半期的30天左右缩短到近年来的25天。床位使用率约为80%。

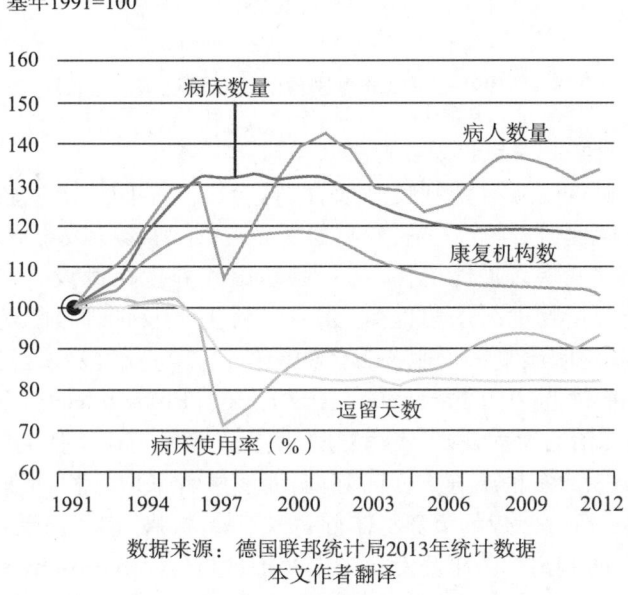

数据来源:德国联邦统计局2013年统计数据
本文作者翻译

图3.3　1991—2012年德国预防或康复设施数量增长状况

③ 预防与康复机构工作人员

预防与康复机构的专业人员可分为医护人员和非医护从业人员。从1991年至2012年,人数有小幅增加,即从89 088人增加到119 312人。其中,医护人员的数量增长稳定,非医护人员增长缓慢(图3.4)。

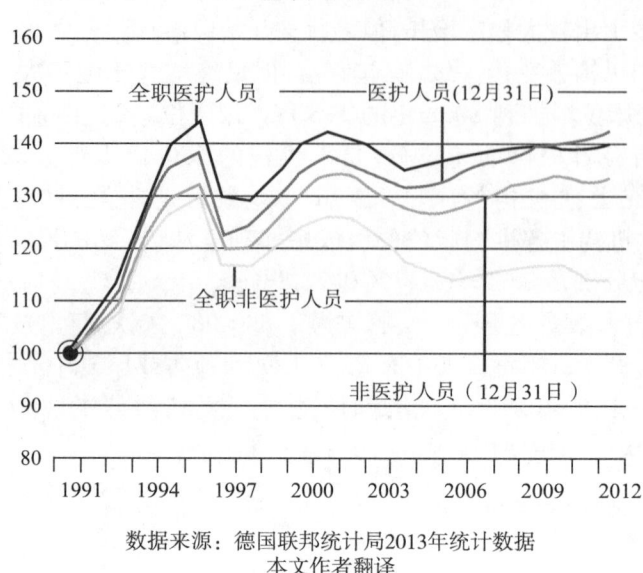

数据来源:德国联邦统计局2013年统计数据
本文作者翻译

图3.4　1991—2012年德国预防或康复机构就业状况

(3) 康复医学服务岗位设置与资质要求

德国康复机构配备有受到良好教育、符合康复不同要求的较高素质的人才。无论是住院医院、综合医院、专科诊所、物理治疗诊所或急诊诊所,还是养老院、康复中心、残疾人护理机构,甚至运动馆和养生馆都设置专业的康复服务岗位。人员包括物理与康复医生、康复专科护士及护理员等等。下面以这三种人员为例,说明康复医学服务具体的岗位设置与资质要求情况。

物理与康复医生(Facharzt/ärztin für Physikalische/Rehabilitative Medizin)专门诊治后遗症、避免疾病复发,使病人恢复健康。他们向康复病人提供有关生活方式、康复措施等方面的咨询,促使患者采取各种物理治疗措施,并监控治疗过程。康复治疗师负责身体行动因年龄、疾病、伤残而受到限制的病人的康复服务、预防和治疗。康复专科护士及护理员(Krankenschwester/-pfleger in der Rehabilitation/Langzeitpfleg)负责患者,尤其是神经科、老年内科和骨伤科患者康复过程中各时期的护理工作,帮助患者进行康复训练。

德国具有较完善的康复专业技术人员的教育和培训制度。物理与康复医生的教育是州医师公会以联邦医师公会的继续教育规章制度为基准规定的继续教育,在大学、高校医院或其他医疗机构进行,学制一般为5年。康复护士或护理员的教育与培训也是州立法规定的继续教育,在国家承认的医疗职业继续教育机构进行,学制2年。

德国对康复服务人员的从业资质有非常严格的要求。物理与康复医生这一职业有名额限制。从业必须获得国家职业许可,或按照联邦医生条例获得医生从业许可,同时必须按照州相关医生协会的继续教育条例完成专科医生及物理与康复医学专科医生的继续教育,以及必须得到州相关医生协会医生资格的认可。为了提高专业水平,在职专科医生还必须在其专业领域定期参加继续教育。此外,为了能够加入到法定医疗保险结算系统,物理与康复医生还必须在医生登记簿注册,之后必须获得合同医生的准入资格。另外,依不同的行医领域,还必须按照相关条例出示学历证书。公立医院医生月毛收入依工作时间和绩效不同为5 310~6 819欧元。

康复专科护士及护理员的职业也有名额限制。从业条件是必须完成康复和长期护理领域的康复专科护士及护理员继续教育,并必须获得相关政府部门的从业许可。在公共机构工作的护士及护理员收入分成不同的等级,月毛收入为2 929~3 435欧元。工资与工作时间和成绩有关。

此外,德国还设有儿童专科康复护士及护理员岗位,主要在高校医院、预防院和康复医院的儿童护理病房、急诊或者长期及短期护理机构。从业条件除了要满足普通康复护士的规定外,还必须按照联邦中央档案法第30a条出示品行证明。收入与普通的康复护士相同。

3.3 社会保险及社会福利制度

德国康复产业以社会福利保障制度为基础和依托得以发展。德国是世界上最早建立社会福利保障制度的国家,经过100多年的发展,已经建成一个种类丰富、涵盖面广、体系完备、法律健全、运行良好的社会保障制度体系,成为社会福利保障最发达的国家之一。

德国社会福利保障体系由社会保险制度(以缴费为基础)、社会救济和社会补贴制度(以普通税收为资金来源)构成,其中,社会保险制度是社会保障体系最大的组成部分。

3.3.1 社会保险制度

德国社会保险制度包括养老保险、医疗保险、失业保险、工伤事故保险和护理保险五大保险项目,保险费的征收具有强制性。

养老保险分为法定养老保险、企业补充养老保险和私人养老保险三种,所支付养老金的比例大约为70%、20%和10%。根据法律规定，所有的工人和职员都要参加法定养老保险。自由职业者如医生、律师、艺术工作者等一般参加私人养老保险。

法定养老保险是德国社会福利保障的最大支柱，旨在保障年老、丧失工作能力或死亡的员工及其家属的基本生活。除退休养老金外，养老保险还用来支付职业康复等费用，以资助采取相应措施，避免雇员过早地结束职业生涯，为投保者工作能力的保持、提高和恢复而服务。

德国是最早实行强制性医疗保险的国家。医保系统的突出特点是组织多元化、市场竞争性强。按强制性不同，医疗保险分为法定医疗保险（约占医疗保险的90%）和私人医疗保险（10%）。医疗保险的覆盖范围非常广，所有的职员、工人、学徒、退休人员、大学生都有义务参加法定医疗保险。医疗保险是重要的医疗康复、职业康复和社会康复的费用承担者。

法定工伤事故保险旨在对遇到意外事故的人提供保护，主要针对员工在工作场所、上下班途中或因公出差所发生的意外事故及职业病进行保险。

失业保险是一种强制性的保险，只有义务保险一种形式。原则上，雇员都要参加失业保险，费用由雇员和雇主各承担一半，政府提供一定的失业保险以外项目的补贴。除失业保险金外，失业保险还支付与职业培训相关的费用、支付旨在维持和创造就业岗位措施的费用、开展职业介绍和职业咨询、进行对残疾人的职业促进等等。各种自由职业者、不能被解聘的公务员、养老金领取者，都不属于义务失业投保人范围。

护理保险是德国于1995年引进的义务险种。自1995年1月1日起，所有参加法定保险的人员都有义务参加社会护理保险，从1995年4月1日开始，护理保险为需要护理服务的参保人提供家庭护理；从1996年7月1日起，护理保险开始提供住院护理。护理保险的主要目的，是保障那些失去自理能力的人（如老年人及病弱人员）在需要护理时享用护理权利。法定护理保险的覆盖范围与法定医疗保险的覆盖范围相同。费用主要通过雇主、雇员向医保机构缴纳保险费来筹集，雇主和雇员各负担一半，政府给予资助。按照护理的地点不同，护理分住宅护理和住院护理两类。按护理所需强度的不同分为三级。

图3.5为德国社会保险体系各主体及其保险待遇。表3.3为德国2014年社会保险缴费比例。

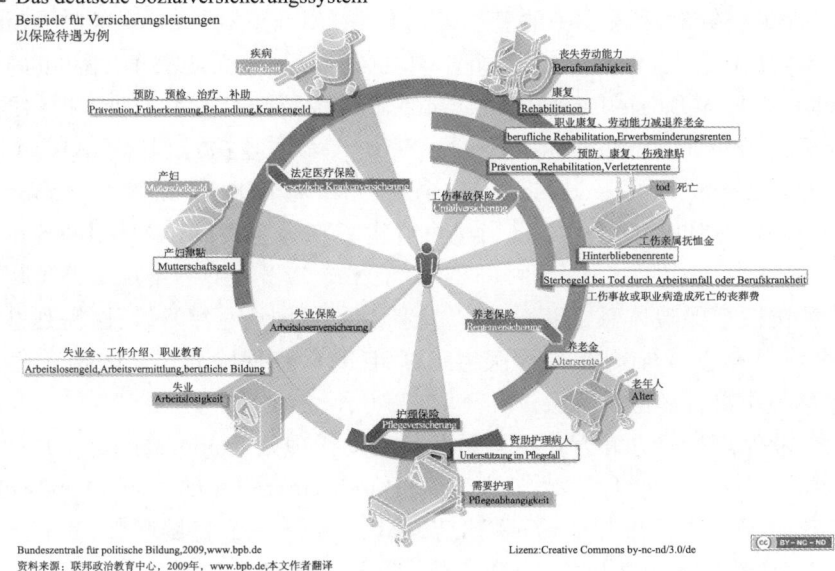

图 3.5 德国社会保险体系主体及其保险待遇

表 3.3 2014 年德国社会保险缴费比例

	2014 年			保险月最高限额（欧元）	
	总共	雇员	雇主	西部	东部
医疗保险	15.50%	8.20%	7.30%	4 050.00	4 050.00
护理保险	2.05%	1.025%	1.025%		
养老保险	18.90%	9.45%	9.45%	5 950.00	5 000.00
失业保险	3.00%	1.50%	1.50%	—	—

数据来源：http://www.lohn-info.de，本文作者整理和翻译

上述不同的社会保险项目分别由专门的机构经办和管理。法定养老保险机构自 2005 年 10 月 1 日分为联邦和州两个层级的养老保险和分行业养老保险。联邦层面的养老保险具有最高协会职能，称作"联邦载体Ⅰ"，约占法定养老参保人数的 45%；州层面的养老保险，称作"地区载体"，约占法定养老参保人数的 50%；铁路、海洋、矿工养老保险称作"联邦载体Ⅱ"，约占法定养老保险人数的 5%。

德国医疗保险的管理以法定医疗保险公司为主体、私人医疗保险公司为补充。2014 年德国共有 132 个法定医疗保险（GKV）机构分为"原始保险公司"（Primärkassen）和"辅助保险公司"（Ersatzkassen）两类。原始保险公司包括 11 个主要针对社区居民的基层基金组织 AOK（Allgemeine Ortskrankenkassen）、107 个主要为特定大型企业职员（如西门子、大众汽车）承办的企业医疗保险 BKK'n（Betriebskrankenkassen）、6 个为特定行业手工业者提供医疗保险的机构 IKK'n（Innungskrankenkassen）、1 个农业医疗保险 LKK'n（Landwirtschaftliche Krankenkassen）、1 个矿工和海员医疗保险（Knappschaft-Bahn-See）。辅助保险公司共 6 个，并组建了联合会 VDEK（Verband der Ersatzkassen）。

德国医疗保险体系的运作可以概括为：诊所医生管门诊、医院医生管住院；医疗保险公司与医院、门诊医生结算费用；医疗保险公司之间相互竞争；医疗保险公司自负盈亏。

失业保险的经办和管理机构是联邦劳动代理处（Bundesagentur für Arbeit），2004 年 1 月以前称为联邦劳动局（Bundesanstalt für Arbeit）。不同于隶属于政府部门的联邦劳动局，联邦劳动代理处是一个直属联邦、实行自治管理、有团体性质的公法机构，受联邦劳动与社会部的法律监督。

法定工伤事故保险机构按行业划分为手工业职业合作社、农业职业合作社和工伤事故保险。工伤事故保险人是公共机构保险人，负责联邦、州、镇各级政府的行政机构和企业，负责高校、学校和幼儿园，负责救火、救生及志愿者等救助服务企业。职业合作社和工伤事故保险机构的共同最高协会是德意志法定工伤事故保险联合会。农村职业合作社联合构成联邦农村职业合作社联合会。

法定护理保险的主要管理机构是法定医疗保险公司附设的护理保险公司。私人医疗保险的参保人参加私人护理保险。

3.3.2 德国社会救济与其他社会福利

在德国，社会救助制度也称社会救济制度，是指当公民因各种原因无法维持最低生活水平时，由国家和社会按法定标准向其提供满足最低生活需要的无偿救济制度。社会救济是保障社会安全的"最后一道防线"。社会救济的对象包括需要专人照料或需要长期特殊护理的残疾人和老年人。根据《社会救济法》，每一个处于此类困境中的居民——无论德国人还是外国人，都可要求提供社会救济，包括生活费用补助、伤残、疾病或照料等特殊补助。社会救济的资金来源于政府税收，由德国最低一级行政机构及城镇负责管理，无偿发放。社会救济组织在没有其他承担者支付康复费用、而且康复者自己（在经济上)无法支付费用的条件下,支付辅助性康复费用。

社会补贴制度也称为社会促进制度,包括家庭负担补贴、住房金以及儿童救助和青年救助。与职业康复相关的补贴为就业与培训补贴和青少年救济。青少年救济在儿童或青少年有精神障碍的前提下支付康复的费用。社会补贴制度由各级政府管理机构负责。公共青少年救济由各市、县以及州青年福利局承担。

社会赡养和赔偿制度。社会赡养和赔偿是政府用于战争受害者抚恤或者对因暴力行为而受损害者进行补偿而采取的一系列措施。战争受害者的赡养由州赡养局负责。有些州也将这类机构称作"家庭与社会事务局"或者"赡养与家庭扶持局"。救济署是战争损害的赔偿机构。自1975年5月15日起,战争损害赔偿法对因暴力行为受损害者及其家庭给予救济。战争受害者的照顾由战争受害者照顾中心或照顾所负责。

另外,德国残疾人保障局必要时为了支持重度残疾人获得工作岗位,向重度残疾人和雇主提供资讯、技术帮助等职业康复服务。

德国是世界上第一个通过议会立法建立社会福利保障制度的国家。它的整个社会保障制度的发展以社会保障立法为基础。德国政府制定了社会保障法典,目的是为了实现社会平等和保护社会安全。它是一部覆盖面极其广泛、内容十分细致的法典,发展至今共有十二卷,涉及社会成员生老病死以及教育和疗养的各个环节,残障人员是其中受惠者之一。第一卷至第十二卷内容分别为:《总论》《求职者基本保障法》《就业促进法》《社会保险通则》《法定医疗保险法》《法定养老保险法》《法定工伤事故保险法》《儿童与青少年救助法》《残疾人康复与参与法》《社会管理程序与社会信息保护》《社会护理保险法》《社会救济法》。有关社会保障的纠纷德国设有专门的、独立的社会法院来裁决。

第四章 英 国

4.1 康复辅助器具制造业发展现状

4.1.1 发展现状

(1) 英国康复辅助器具市场规模

据2012年统计数据,英国大约有6 300万人口,其中65岁及以上的老年人口占17%,老龄化程度较严重。英国的康复辅具市场(disability equipment market)规模在2007年为13.4亿英镑,2008年为14.6亿英镑(注:不包括康复医疗及家用设备等),在过去的10年间增长了92.6%。据British Healthcare Trades Association (BHTA) 2010年的调查,英国各类康复辅助器具市场销售规模见表4.1。

表4.1 英国各类康复辅助器具市场销售规模

分 类	市场规模(2010年底,英镑:人民币=1:10.3)
移动辅助器具	2亿英镑
生活辅助康复器具	2.7亿英镑
防压疮产品	1.05亿英镑
矫形器	9 000万英镑
假肢	5 500万英镑

此外,英国多个市场调查机构对康复辅具器具市场规模也给出了相应的数据。Plimsoll Publishing推算英国整个残疾人用品市场规模为16.7亿英镑,其中轮椅车及各类电动助行车为8亿英镑,占整个市场规模的近一半。Keynote Ltd推算英国2008年的辅具市场规模16亿英镑,其中移动辅具规模达5.01亿英镑,这其中轮椅车1.4亿英镑,代步车8 100万英镑,各类助行器2.8亿英镑。英国卫生部推算英格兰地区的"社区辅具"店的市场规模达2.48亿英镑。至少700万人从社区辅具中受益,这其中300万人的社区辅具服务由

政府买单。英国各调查机构都承认,鉴于康复辅具的分发渠道众多,涉及英国国家医疗服务体系(NHS)的多个机构以及市场中的各级零售商,故市场规模难以准确测算。

(2) 英国康复辅助器具市场特点

英国对生产康复辅助器具的企业从未进行过全面的统计和专门的调查。市场中的产品有很多为进口品牌。英国的康复辅助器具市场高度碎片化,辅具种类繁多,康复辅助器具企业间及与相关企业间常有兼并收购等行为。大型企业提供的辅具产品种类广泛,服务涉及政府购买和个人消费。消费者可通过辅具销售连锁机构、网络、福利机构购买部分类型的辅具。像假肢和矫形器这类由政府买单的辅助器具使用者需要在医师等专业人员的评估后使用或装配指定的产品。

4.1.2 主要企业与产品种类情况

(1) 移动辅助器具

在英国,使用轮椅的人口约为 140 万,每年新增轮椅使用者 2 万人。轮椅使用者中年龄低于 60 岁和超过 60 岁的人群比例分别为 28% 和 72%。由于英国的公共基础设施的无障碍环境建设十分完备,在英国使用轮椅出行可以很方便地进入各类公共设施。早在 2005 年的一次调查中,大部分英国轮椅使用者表示对电动轮椅、电动助行设备的相关信息尤为关注。据英国卫生部 2006—2007 年度数据,政府在轮椅车服务方面的财政支出为 1.26 亿英镑,其中 5 400 万为轮椅车及配件的支出。英国年销售手动轮椅车 12.5 万至 17.5 万辆,电动轮椅车 1.1 万至 1.4 万辆。据 BHTA 在 2010 年的调查数据显示,轮椅车和代步车的市场大约 2 亿英镑,另有商业报告推算目前的英国轮椅车市场规模在 7 500 万至 1.55 亿英镑之间。2011 年,Office of Fair Trading (OFT) 推算移动辅助器具的总体市场规模为 4.3 亿~5.1 亿英镑。

表 4.2 英国市场上的各类移动辅助器具价格

种　类	价格区间(£:英镑)
手动或电动站立架	£1 578~£4 645
四轮助行器	£60~£529
金属拐杖	£5~£23
儿童手动轮椅	£995~£1 730
儿童家用电动轮椅	£2 200~£2 500

续表4.2

种　　类	价格区间(£:英镑)
具有站立功能的儿童电动轮椅	£8 500～£10 750
护理者驱动型轮椅(11.5～15 kg)	£99～£509
非折叠式手动轮椅（11.5～15 kg）	£795～£1 730
折叠式手动轮椅(11.5～15 kg)	£860～£1 450
自行驱动型轮椅（15.5 kg and above）	£84～£3 875
2类室内/室外电动轮椅（承重 126 kg 以下）	£765～£6 955
可躺卧的电动轮椅	£3 465～£7 500
2类四轮代步车	£299～£3 495
3类四轮代步车	£649～£4 495
户外电动轮椅、代步车、轻便手推车	£3 645～£10 000

　　Invacare 英国分公司和 Sunrise Medical 英国分公司是英国市场轮椅销售量最大的两家公司。英国市场上移动辅助器具较为知名的生产企业包括：

- Invacare(中文名:英维康)：总部在美国。英维康成立于 1856 年，其发展过程中兼并了众多小型企业，包括于 1976 年收购了轮椅企业 Easi-Glide。1885 年公司为肢体有障碍的人们开发了第一条轮椅生产线。英维康为残障及老年人士提供各类康复辅助器具，在英国的市场份额为 55％～65％。
- Sunrise Medical(中文名:日升)：总部在美国。公司成立于 1983 年，专门提供老年人及行动不便者相关医疗器械，业务遍布世界 90 多个国家。公司生产各种轮椅及助行设备系列，在英国的市场份额为 15％～25％。
- Remploy：英国本土企业。公司成立于 1945 年，早期雇员大多为煤矿事故后的残疾人，1988 年开始为残疾人进行辅助器具供应方面的服务。Remploy 是手动轮椅的重要供应机构，在英国的市场份额为 5％～15％。
- Pride Medical：总部在美国，英国设有其最重要的子公司之一。
- Days Healthcare：英国本土企业。日用生活辅具的领导品牌。
- Meyra：总部在苏格兰。专门生产各类手动、电动和运动轮椅。
- Rome Medical：英国本土企业。公司成立于 1978 年，2002 年开始生产代步车。其代步车是英国市场的领导品牌，年销量超过 2.5 万台。
- DriveMedical：2000 年成立于美国。生产各类康复辅助器具，包括手动、电动轮椅和代步车。
- Simile Rehab：成立于 1998 年。各类轮椅及轮椅附件是其主要产品。

1999年开始进行电动轮椅和智能轮椅的开发。该公司的智能轮椅集合了各种高科技技术。

英国有专门的零售商进行助行设备的销售,比较知名的零售商包括:

- CF Hewerdine Ltd:与 Sunrise,Invacare,德国的 Otto Bock 合作广泛,主要销售高端和高科技含量的辅助器具。
- Hewerdine:与英国慈善机构 Whizz-Kidz(最大的儿童及青少年轮椅提供机构)合作紧密,以销售较为简单的辅助器具为主。

近年来,英国移动辅助器具零售商有减少门店的趋势,分析指出这与产品的价格较高、与国外品牌的较低售价无法形成竞争优势有关。

英国通过 NHS 的轮椅服务部门(Wheelchair Services)对轮椅等助行设备进行公共分发和供给。申请者经过一列评估后即可在政府指定的供应商处领取相应的辅助器具,使用过程中的维修和保养费由政府买单。近年来,英国政府对轮椅使用者的资助力度不断扩大。英国卫生部数据显示,2006—2007年度英格兰地区登记注册的轮椅车使用者为90万人,其中18.5万人从政府处获得轮椅,而到2010年,在英格兰地区有120万的轮椅车使用者是通过政府获得的。

2008年,英格兰地区有各类政府性质的轮椅服务机构150家。轮椅车的费用主要通过保健信托基金(Primary Care Trusts)进行支付(注:PCT 目前是 NHS 的核心,控制了80%的 NHS 经费)。轮椅车通过各种途径提供给使用者,除了隶属于 NHS 的医院和社区保健服务部门外,还包括众多的地区供应商、第三方机构和私营企业。通过英国政府部门获得免费的轮椅需要通过各方评估和申请,使用者往往要等待较长的时间。

(2) 生活辅助康复器具

各级政府部门的社会服务部和各级公立医院是生活辅助康复器具的主要提供者,经过审核注册的零售商是政府的合作伙伴。当然,消费者可以从零售商、网络等渠道自行购买。从网络渠道购买的数量约占总量的10%。由于生活辅助类康复辅助器具的供应和服务涉及英国 NHS、各级政府机构的多个部门以及众多的零售商,目前对于此类辅助器具的全英国的整体市场规模还没有一个相对准确的报告。根据英国卫生部的数据,英国政府方面在生活辅助康复器械的财政支出为3.18亿英镑(包括8 200万英镑的维护费用)。政府提供的生活辅助康复器具中约60%是"复杂"型器械,包括升降装置、护理床等;约40%为"简单"型,如浴缸坐板,高度可调的坐便椅凳。零售商需要通过政府部门的审核和登记方可从事相关辅助器具的销售。

表 4.3　英国国家健康部生活辅助器具目录

生活辅助器具零售价：	£：英镑
可调型沐浴凳/椅	£13~£130
有扶手和靠背的椅子	£20
坐便器框架和座	£26
浴缸坐板	£13~£16
浴缸座	£13~£15
装配在墙上的淋浴凳	£52
移动淋浴椅	£48
浴室用台阶	£18
旋转喷头	£76
沐浴用升降装置	£266~£290
床用水平仪	£39~£50
床用支撑架(用于床单、被子的架空)	£13
折叠式靠背	£14
床用升高器(一对)	£28
椅子、家具加高器和调节器(一对)	£18~£30
高度可调的推车	£30
高背椅	£106
高脚凳	£18~£20
悬臂桌	£20~£23
室内室外扶手	£3~£80
防滑垫	£9~£15
搬运带	£45
移位用圆盘	£29
轮式助行器	£19~£47
无轮助行器	£17
手杖	£5~£14
金属拐杖	£9

续表4.3

生活辅助器具零售价:	£:英镑
转移板	£15~£26
儿童用手杖	£26~£71
拾物器	£4
腿部抬升带	£5
长手柄鞋拔	£2
瓶子倾斜器,盘子挡边,防洒杯子	£2~£13
易拉罐和罐头开瓶器	£10~£17
振动响铃闹钟	£26
文本电话	£233
液体高度指示器	£7
安装在门上的警报器和寻呼机	£110
高度可调的坐便椅	£12~£26
带椅子的便盆	£25~£75
其他辅助器具的零售价:	£:英镑
有体位变换功能的床	£550~£7 500
电子开瓶器	£10~£20
购物车	£6~£300
家用金属购物车	£26~£129
水龙头旋转器	£5~£11
电动座位悬吊装置	£2 200~£5 111
升降垫	£895~£1 445
可升降马桶座椅	£9~£179
移动坐便器	£69~£230
有减压作用的靠背	£308~£571

英国有众多的生活辅助器具公司和零售商,包括大型超市在内的销售机构约900家。如洗浴类康复辅助器具的公司包括Adaptocare, Astor Bannerman, Bathing Solutions, Easibathe, Gainsborough Specialist Bathing, Practical Bathing, Walk in Baths等。由于生活辅助器具的配置多由政府买单,与

政府合作的老人慈善机构 Age UK 是规模较大的供应机构。此外,通过残疾人生活基金会(Disabled Living Foundation)的 AskSARA 网站选择所需也是需求者的主要选择。

(3)假肢和矫形器

据英国 Audit Commission 估算,英国 2002 年的人工假体使用者超过 300 万,其中 120 万人是假肢和矫形器使用者。据 NASDAB-National Amputee Statistics Database 2007 年数据,英国每年有假肢矫形服务需求的患者 5.5 万～6 万人,每年新增需求近 5 000 人。假肢矫形服务需求的患者中,90% 为下肢截肢患者,80% 的患者年龄大于 55 岁。截肢的主要原因是周边血管病变性疾病、中风、整形、神经肌肉疾病患者,其中因糖尿病恶化导致截肢患者超过 50%。鉴于英国的假肢矫形器械大多数由国家免费提供,相关的服务也多为医师和企业工程师合作完成,故难以推算出准确的市场规模。BHTA 推算,全英国矫形器械的销售规模 9 000 万英镑,假肢器械的销售规模 5 500 万英镑,这不包括相关的咨询、评估和配置费用。世界著名的 Endolite(英中耐)公司是英国假肢的最大生产商。此外,英国在智能假手的研发方面走在世界前列(见下面"智能康复设备"部分)。

(4)智能康复设备

智能康复设备并未在英国政府免费提供的产品目录里。这些产品多为高科技公司和科研院所的研发产品,投入市场的产品不多。英国的科学技术水平走在世界前列,在智能康复设备的研发上有众多亮点。

2008 年成立于苏格兰的 Touch Bionics 公司研发的 i-limb 仿生手是世界上最先进的商用智能假手,被授予英国最高工程奖项"麦克罗伯特奖"。i-Limb 仿生手的动作是由手臂肌肉中传递的电子脉冲信号来控制的,最新的仿生手可接受 iPhone 的操控。由于技术先进,其造价也相当昂贵,市场售价为 2.5 万～8 万英镑不等(取决于截肢部位的高度)。

英国 Shadow Robot Company 研发的 Shadow dexterous hand 是另一款商用假手。市场售价为 9 万欧元。表 4.4 为世界各国商用假手销售一览表。

表 4.4　世界各国商用假手售价一览表

名　　称	国家	价格(美元)
影子手(Shadow dexterous hand)	英国	119 700
Android hand.	法国	3 325
GIFU Ⅲ	日本	单手 36 900,软件 14 500
i-LIMB 手	英国	>40 000

续表4.4

名　　称	国家	价格(美元)
机械手	日本	600
David Ng's Arms	美国	5 000～6 500

Handy 1 是 1987 年由英国科学家开发的世界著名的饮食护理机器人，1995 年受到 Robotic Aid to Independent Living（RAIL）项目和 European Commission Telematics Applications Programme 的支持，功能进一步增强，如今全世界已有 200 多人在使用它。

(5) 其他

英国《看护工作的改革和支持政府白皮书 2012》(Government White Paper Caring for Our Future：Reforming Care and Support 2012)中提到，将在未来的 4 年内投资 1.8 亿英镑进行辅助技术的全国性推广，尤其是在远程监护领域、提高安全性和独立性方面、提高公立医疗资源的效率等。

4.2 康复辅助器具服务业发展现状

4.2.1 配置服务业

(1) 假肢矫形器配置服务业情况

英国的假肢矫形器的供应主要是通过 NHS 管理的康复机构进行。根据 NHS 的残疾人事业部统计，英格兰和威尔士地区的相关供应机构 34 所，苏格兰 1 所，北爱尔兰 1 所。此外，据残肢协会(Limbless Association)数据，全英的私营假肢矫形器服务中心 19 所。另外，英国国内另有 6～7 家假肢矫形器生产企业参与相关服务，如 Blatchford 和 Otto Bock。

英国卫生职业委员会(Health and Care Professions Council, HCPC)2013 年注册假肢矫形师共 937 人。按每年 6 万残疾人的需求计算，平均约 64 人有一位注册假肢矫形师服务。

据 British Limbless Ex Service Men's Association (BLESMA)调查显示，英国国防部(Ministry of Defence)在假肢服务和供应方面较英国卫生部提供的服务质量更胜一筹。

英国假肢矫形师入行年薪 21 200～27 500 英镑，有经验的假肢矫形师年薪约 30 000～40 000 英镑，假肢矫形行业的高级管理人员年薪高达 70 000 英镑。Salford 大学健康科学学院和 Strathclyde 的国家假肢矫形师培训教育中心是英国仅有的两所获得授权的培养假肢矫形师的机构。在英国要想成为执业假肢矫形师，都需在上述的培训机构中的一所进行严格的学习和职业培训，并获得英国假肢矫形师协会（British Association of Prosthetists and Orthotists，BAPO）的认证。进入上述机构学习的学生需要在中学阶段获得普通中等教育证书（GCSE：通过包括语言、数学、自然科学类至少5门基础学科的考试），通过3门高级水平课程（A-Level），这与其他高校的要求无异。可见，英国的执业假肢矫形师都具有相当于本科的教育水平。进入上述两所学校后，学生需要学习包括解剖学、生理学、病理学、机械学、生物力学、假肢矫形器学、电工电子学、材料学等多门学科。上述两所大学还提供假肢矫形方向的开放课程、研究生课程、授课型硕士课程以及相当于博士培养的研究型课程。BAPO也开设一些培训和短期课程，并不定期举行相关的学术活动。在进行相关的学习通过相关的考试获得BAPO的认证后，若想从事相关行业，申请人还要获得英国卫生职业委员会（Health and Care Professions Council，HCPC）的认证。HCPC负责对假肢矫形执业人员的管理和登记注册事项。

（2）其他辅助器具配置服务业概况

鉴于大多数生活辅助器具价格不高（往往低于30英镑）以及可选择种类广泛，英国在2008年开始实行名为 Transforming Community Equipment and Wheelchair Services Programme 的计划，将此类辅具配置通过"零售模式"（retail model）实施。在此模式中，需求者通过评估后可选择在社区零售商处获取相关辅具。这些零售商需要通过审核方可成为政府的合作伙伴，为需求者提供康复辅助器具的专门服务和供应。全英的注册零售商总数并没有一个准确数目，但从部分地区的情况可以推测相关零售商是非常多的。以伦敦的Tower Hamlets地区为例，该地区人口不到22万，有政府指定的康复辅助器具服务供应商26家，平均8 400人就有一家康复辅助器具服务供应商，这不包括卫生服务系统中的各类机构。调查显示，全部的辅助器具零售商（包括非政府渠道的供应商）中能够为用户提供较为专业的建议和指导的占39%。

一般情况下，在患者住院期间，负责的医师、治疗师或社会工作者需要根据患者能力、需求和意愿提供康复治疗服务并负责联系医院辅助器具配置部门或综合配置中心人员，对患者身体结构、功能状况和需求进行综合评估，最终形成一套完善的辅助器具配置方案并出具文书向相关部门或基金组织申请辅助器具。

在轮椅车配置服务方面，政府是以"租赁"形式配置给需求者的，轮椅车的维护费用由NHS负担，轮椅车的所有者是政府。"租赁"的配置方式更多地针对电动轮椅的配置。对于手动轮椅来说，需求者多通过获取政府发放的"轮椅代金券"去指定的机构选择中意的款式。"代金券"仅能获得手动轮椅,其有效期为 5 年,在此期限内,需求者不能再次获取新的"代金券"。英国公民残疾后,政府财政会提供第一台轮椅,患者不需承担费用。但为了鼓励患者积极参与社会劳动,再次更换轮椅的费用是需要自付或医疗保险支付,除非患者丧失劳动和独立生活能力进入养老院或护理机构。

英国红十字协会 2010 年为 5.3 万名需求者提供辅具 14.5 万件。

4.2.2 康复医疗服务业

据英国国家统计局数据,截止到 2012 年,英国目前总人口 6 370 万,65 岁以上的老年人口占人口总数 17%。1983—2008 年老年人口比例上升了一个百分点。由于英国较低的人口出生率和较高的医疗保健水平,预计到 2033 年,65 岁以上的老年人占人口总数的比例达到 23%,16 岁以下的人口为 18%。2012 年,英国各类功能障碍和精神障碍人群占人口总数的 20%。截止到 2009 年,英国有提供卫生及保健服务的各类机构 17 300 家,拥有近 600 万服务人员。2010—2011 年度,英国政府为 1 600 万人的保健服务提供了 170 亿英镑的财政支持,人均超过 1 万英镑(约合人民币 10 万元),其中使用英国卫生保健服务的人群中有三分之一为残疾人。2010—2011 年度,接受基于社区的卫生及康复保健的人口达到 1 300 万,其中 65% 是 65 岁以上的老年人。

纵观英国的康复机构,其中一个特点是各级机构分工不同,大型综合康复中心较为少见。大多数康复机构规模不大,主要是侧重于各个专业分科的专门康复机构。另外,综合医院内的康复科室相对普遍。英国通常有五类康复机构,包括专门康复机构、综合医院中的康复科室、日间康复门诊、社区康复中心以及军事康复中心。

为了规范康复机构设置、提高康复医疗水平,英国康复医学会(BSRM)曾于 2009 年出版了《国家卫生体系内慢性疾病康复服务英国康复医学会标准》(以下简称"BSRM 标准")"BSRM Standards for Rehabilitation Services Mapped on to the National Service Framework for Long-Term Conditions"。虽然该文件侧重于神经康复机构,但是"也可以用来标准化其他康复领域专门机构的设置"。

BSRM 标准强调,一般康复流程包括:早期专业康复机构—社区康复—职业康复。其中规定,康复必须每天 24 小时向患者开放(条目 S16);所有重大康复会议必须由各个学科共同参与(S17);必须为患者及其家人朋友提供及时有效的康复信息;在患者出院前必须为患者提供详尽的活动计划;患者出院后,为患者提供详尽的病情报告,并为患者提供门诊或日间康复服务、在患者病情恶化后,接纳患者重新入院接受治疗以及提供相关联系方式(如康复器械维修等);在出院后12~18个月内对患者进行随访。

对于康复机构的床位设置,BSRM标准做出如下规定(条目S5):每100万人口,至少提供60张床位;专业康复机构,最少需要20张左右的床位;康复机构除床位外,必须提供相应的康复设施。此外,S5中还规定:康复机构中必须包含为病情复杂患者(重度脑损伤或脊髓损伤、低意识状态等)提供专业服务:每1~3百万人口中,必须有相应的康复机构;必须配置相应的康复设施;必须通过国家年检审核。

BSRM标准中对于康复机构人员设置也进行了相关规定,不仅要求人员拥有一定的资格证书,而且对人员的工作经验也做出了相应要求。例如条目S6对神经康复住院部人员配置进行了如表4.5规定:

表4.5 BSRM标准中关于康复机构人员设置的规定

人员类型	全职人员数量/每20张病床
医疗人员	2~3
护士	24~30(可根据入院患者的普遍自理程度有所调整)
物理治疗师	4
作业治疗师	4
言语治疗师	2~2.5(可根据本机构是否有接收气管造口患者入院有所调整)
心理医生	1.5~2(可根据是否接收行为问题患者入院有所调整)
社会工作者/出院协调员	1.5
营养师	0.75~1.0(根据需要有所调整)
行政人员	3.0(根据患者流量有所调整)

注:各机构可根据患者流量增加辅助训练师、技师、工程师等。

在作业治疗方面,自1930年英国的第一所培训作业治疗师的学校建立以来,至今英国已有31所学校进行作业治疗方面的专业人才培养。目前这些学校每年向社会输送作业治疗师1 500名。目前,英国大约有20 500名获得执业资格的作业治疗师,平均约每万人口有作业治疗师3人,约每600名残疾人就有1名作业治疗师。约有60%的作业治疗师受雇于NHS机构,20%被地方当局雇用,其余则在志愿机构工作或私人开业。表4.6是英国2013年度HCPC注册的各类康复医师人数。

表 4.6 英国 2013 年度 HCPC 注册的各类康复医师人数

岗　位	2013 年 HCPC 注册人数	每 10 万人口拥有的康复医师数目
物理治疗师	48 601	76.3
听力辅助配置师	1 940	3.03
作业治疗师	34 561	54.3
心理医师	19 790	31.1
假肢矫形师	937	1.5
言语治疗师	13 767	21.6

4.3　社会保险及社会福利制度

4.3.1　英国残疾人康复服务的法律和政策

　　1911 年英国通过的《国民保险法令》规定,在某些工业部门中实行失业救济、残疾津贴和医药补助,在交纳保险费用后,国民享有领取保险津贴的权利,这是英国对残疾人权益保障的首次立法。英国专门针对残疾人的第一个议会法案是 1944 年的《残疾人(就业)法案》。据此法案,政府开始设立康复中心,开设职业训练课程,对那些被送来照顾的残疾工作者给予补贴。同年的《教育法案》规定,应当对有特殊教育需求的儿童给予特殊教育。1946 年的《国家保健服务法案》规定对残疾人提供医药服务的同时,地方医药部门也要提供所需的医疗器械,以保证残疾人正常的家庭生活。1948 年的《国家帮助法案》规定,地方当局有向永久性残障病人、受伤致残和先天性的残疾人提供食宿服务的责任。1970 年的《慢性病和残疾人法案》通过向残疾人提供适当的支持服务,寻求残疾人在社区中生活的权利,这项法律承认了残疾人的社会权利,因而被称为"残疾人宪法"。1983 年颁布的《精神健康法案》规定精神病患者可以在家中和社区得到护理和治疗,严重的精神病人需要到医院进行评估和治疗,但是只有满足该法案规定的严格标准才能被强制留在医院。英国 1995 年颁布的《反残疾歧视法案》旨在解决残疾人面对的歧视问题。这项法案的内容在 2005 年新的《反残疾歧视法案》中扩展到了就业、教育、康复等各个方面。2006 年 12 月,政府通过了"残疾人平等责任计划",指出为残疾人提供平等的服务机会是所有公共机构和组织的法定责任。从 2007 年 10 月 1 日起正式生效的《精神能力法案》,规范了护理者和医生的服务行为,致力于保护精神残疾人。

　　此外,英国自 1970 年代中期以来,生育率一直未达到更替水平,而且趋势是下降的,人口老龄化趋势明显。英国在针对老龄人口的康复保健方面也出台了一系列政策法规。英国的老龄政策提倡"积极老龄化"、"社会融入"和"自立"。政府鼓励健康自立,并提供以个人为中心的服务满足个人需要,帮助人们留在社区,同时,为照顾者提供支持。1989年英国发表的《社区照料白皮书》强调尽量使老年人居留在家的必要性。国民健康服务(National Health Service,NHS)和社区照料(Community Care,1990)的目的是鼓励发展社区照料系统,使老年人居留在家。2001年,《全国老年人服务框架》(the National Service Framework for Older People,NSF)成为政府致力于老年人健康和社会照料服务的政策工具。

4.3.2 英国康复服务体系

英国的康复服务体系采取的是社会模式(Social Model),强调患者独立活动能力的获得。患者从综合性康复医院、专科康复医院或诊所以及社区康复机构之间的转介遵循一定的康复指南流程,患者一般很快从急诊医院转入社区康复。患者回到社区后,有专业人员对其进行评估,尊重患者的自我需求,综合考虑通过哪些手段可使患者达到独立和提高生活质量的目的。围绕这一目的,每个提供服务的机构之间有着非常良好的协作和连接,这些服务不仅仅限于医疗康复,更多的是专业指导教育、辅助器具的使用、社会的支持鼓励、心理辅导等。患者还可根据其残疾水平从政府获得资助金,用于购买自己所需的服务或用品。例如,英国的社区会提供一种称作为"中期保健"(Intermediate Care,IC)的康复服务,其宗旨是提供短期康复以改善患者的独立性和生活质量,使其能在适当水平的帮助下重回社区生活。专业人员首先评估患者的需求,然后给予帮助、专业建议、支持和鼓励、护理以及治疗干预来帮助患者重获独立或达到他们的自我目标。IC团队中主要包括护理人员、康复治疗师和涉及管理及工程技术的辅助人员。他们为从医院转入社区需要康复的人员提供少则几天长则6个星期的康复服务,这之后还将有6个月的随访式康复跟踪和指导。在此间,专业人员政府也会在社区的护理中心专门设立少量床位用于IC康复服务。政府在与社区较近的医疗机构指定专门人员作为社区IC服务的"联络人",为社区康复工作者提供专业支持。IC团队中的所有工作人员致力于帮助患重回社区生活,防止再次入院,或帮助住院患者安全顺利地从急诊医院回到社会。所有转介过来的患者都通过筛查以确定康复服务的类型。筛查采用的是单一评估程序(Single Assessment Process),这需要相关人员之间的高度协调合作和资源共享,这是与英国政府建立的先进的信息管理系统及相关人员的较高的职业素养相适应的。在IC服务中政府设置有专门为神经损伤后肢体功能障碍的成年(大于16岁)患者(如中风后的偏瘫患者)提供康复服务的 DOT(Disability Options Team)小组。DOT 是专业人员组成的多学科小组,包括物理治疗师、作业治疗师、言语治疗师、临床心理专家、治疗助手、社会工作者、小组协调者。在非英语移民区还设置了 Therapy Link-worker 以使患者能与治疗师更好地沟通。患者会充分参与包括康复方案制定在内的整个康复治疗过程中,了解整个康复的目标。

患者的整个康复流程转介表示如下:急诊医院←→政府购买服务的专科康复医院(住院康复)←→社区康复(社区住院康复、日间医院、DOT 等),患者在这一系统中根据病情的变化、需求由主治医生做出决定进行相互转诊或转介到其他相关的社会服务机构。

4.3.3 英国康复辅助器具应用及服务的政府扶持方式

根据英国《身心障碍者服务、代表和咨询法案 1986》(Disabled Persons Services, Representation and Consultation Act 1986)以及《国家医疗服务和社区卫生服务法案 1990》(NHS and Community Care Act 1990),需求者若想获得政府提供的康复辅助器具,需要经过一系列的评估后方能获得无偿资助。对于残疾儿童的评估工作,也有颁布的相关法案,包括《照顾者(酬劳和服务)法案 1995》(Carers (Recognition and Services) Act 1995),《照顾者和残障儿童法案 2000》(Carers and Disabled Children Act 2000),《照顾者(平等的机会)法案 2004》(Carers (Equal Opportunities) Act 2004)。英国政府主要通过残疾人工作与年金部(Department for Work and Pensions, DWP)为残疾人的康复服务及相关器具的使用提供广泛的财政支持。相关的扶持项目包括:1)器械和服务的增值税减免,是指残疾人在购买专门为残疾人设计的器械以及一些为残疾人提供的特定服务时不必交纳增值税,包括残疾人居住服务和残疾人器械的租用。2)直接付款项目,地方议会若不能直接为残疾人提供康复辅具以及相关服务的话,将直接给予相关服务的付款。此外,英国政府根据残疾的影响程度的不同为需要个人照顾或有行走困难的残疾儿童、青年人、老人提供免税津贴。这些政府的财政支持保证了康复辅具的广泛应用以及辅具配置质量,保证了残疾人能够真正地融入正常的社会生活。

根据《社区护理法案(优质化服务)(英格兰)2003》(Community Care (Delayed Discharges etc) Act (Qualifying Services) (England) Regulations 2003),配置服务中为需求者配置的价格不超过 1 000 英镑的小型辅具由政府全额负担,政府对于必须配置价格超过 1 000 英镑的辅具将会进行严格评估。对于价值较高的大型辅具配置,OT 师做出初步评估后,由英国的房屋管理部门与残疾人设备基金共同承担。

第五章 加拿大

5.1 康复辅助器具制造业发展现状

5.1.1 发展现状

(1) 加拿大康复辅助器具市场规模

据最近的权威调查表明,加拿大有3 160万人口,其中约400万为残疾人口,占总人口的13%。预计到2026年,加拿大残疾人口将攀升至610万人(如图5.1,图5.2)。

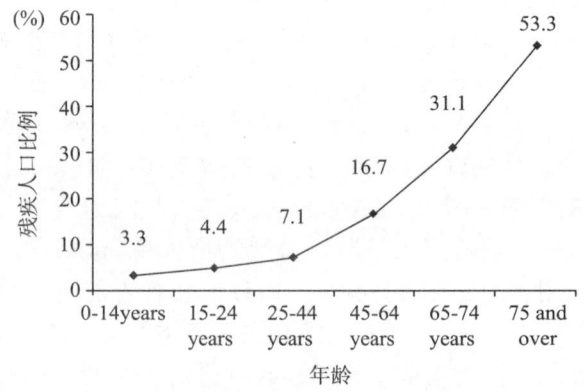

图 5.1 加拿大残疾人口比例

据加拿大工业协会(Industry Canada)的最近统计,加拿大的医疗器械行业有998家企业,这些企业共拥有1 101个制造和开发工厂(车间)。这些工厂的规模一般都比较小。其中,一半以上(57%)的工厂雇员不超过25名;37%的工厂有25~49名员工,剩下的工厂中,只有45家(4%)属于中等规模,有50~150名员工;不到1%的工厂拥有150名以上的员工。

第五章　加拿大

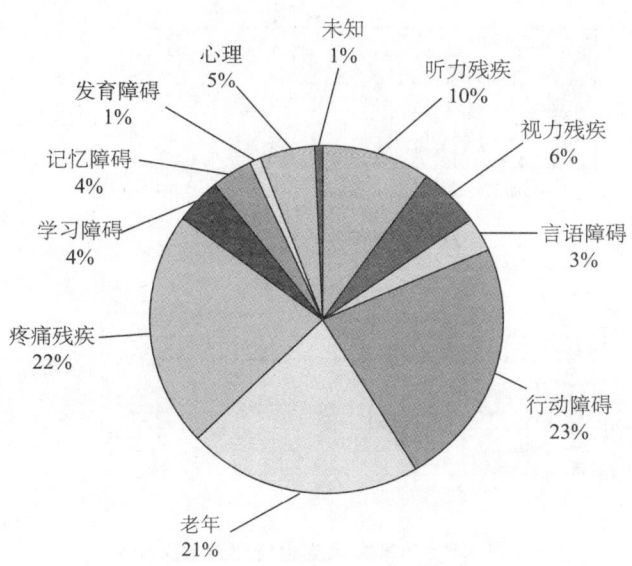

图 5.2　加拿大残疾种类比例

在这些医疗器械企业中,有 455 家从事康复辅助器具的生产和研发的企业,包括营利和非营利的企业。加拿大工业协会将这些分为以下几种:网页顾问、住宿顾问、日常生活辅具、沟通替代与增强辅具、盲人辅具、聋人辅具、人体工程学相关辅具、助听器、助视辅具、移动辅助设备、假肢矫形器、研究中心、培训和评估以及多业务的企业。盈利和非盈利企业的业务分布如图 5.3。

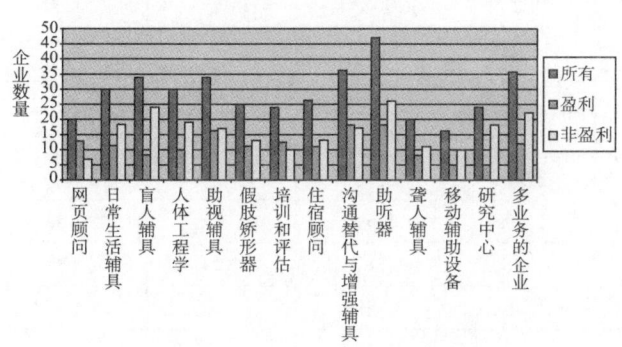

图 5.3　加拿大辅具企业分布

非盈利性企业主要在加拿大市场销售,而对于盈利性企业,则注重海外市场,如图 5.4。这些盈利性企业着重于研发,而不是批发和零售,如图 5.5。这些加拿大本国的企业几乎都是中小型企业,且它们的目标市场集中几个在省和区,几乎没有指向国外的。政府会采购他们的产品并且匹配给用户。

59

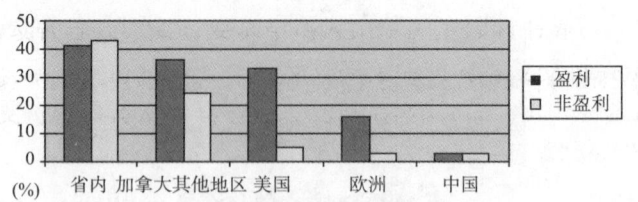

图 5.4　盈利企业市场分布

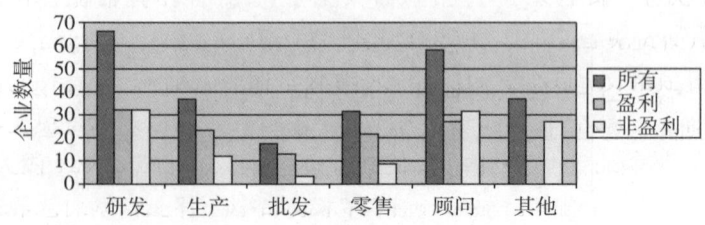

图 5.5　加拿大康复企业业务分布图

（2）加拿大康复辅助器具市场特点

绝大多数在加拿大销售产品辅助设备从国外进口。权威数据显示，2006年，辅助设备市场的加拿大进口额为7亿6千万加元，相比于2005年增长了58亿加元。其中4亿5千5百万加元从美国进口，相当于总进口额的60%（表5.1）。

表 5.1　加拿大辅助器具进口情况（单位：万加元）

国　家	2002 年	2003 年	2004 年	2005 年	2006 年
美　国	41 877	39 850	44 019	44 777	45 503
瑞　士	2 587	3 255	3 275	3 666	4 612
丹　麦	1 598	1 691	3 306	4 113	4 306
爱尔兰	2 176	2 486	2 646	3 620	3 757
墨西哥	1 098	1 519	1 873	2 688	2 815
中　国	633	787	819	1 949	2 668
新加坡	1 431	1 575	1 630	2 052	2 341
澳大利亚	1 025	1 477	1 461	1 906	1 700
德　国	1 701	1 523	1 608	1 556	1 567
英　国	1 218	1 546	1 518	1 468	1 548
小　计	55 343	55 709	62 155	67 795	70 817
其　他	5 040	4 114	4 328	4 673	5 245
总　计	60 383	59 823	66 483	72 468	76 062

加拿大辅助设备市场正在持续增长。在过去的十年,加拿大与其他国家的交易总值增长了 8.9%,进口增长 7.3%,出口率也上升 1.3%。由于加拿大人口持续老龄化,加拿大辅助设备市场预计在未来将继续增长。

(3) 协会与组织

加拿大康复辅具协会与组织如下:

1) ADIO(Assistive Devices Industry Office)加拿大辅助器具产业办公室,隶属于加拿大工业部;

2) CADA(Canadian Assistive Device Association)非营利性组织,为辅助器具生产企业提供企业交流、政策解读、简化审批等;

3) CAOT(Canadian Association of Occupational Therapists)加拿大作业治疗师协会,为患者提供作业治疗指导;

4) CAPO(Canadian Association for Prosthetics and Orthotics)加拿大假肢与矫形器协会是一个非营利性志愿组织;

5) CBCPO(The Canadian Board for Certification of Prosthetists and Orthotists)加拿大假肢矫形器师协会是有国内和国际认证的假肢和矫形器师培训、注册和认证机构;

6) CASLOA(The Canadian Association of Speech-language Pathologists and Audiologists)加拿大语音语言病理学和听力学会,是加拿大唯一代表听力学家和语言学家的组织,在加拿大有 6 000 多名成员。该组织提供全国临床认证考试;

7) ISPO(International Society for Prosthetics and Orthotics,国际假肢及矫形器学会)加拿大分会。ISPO 目前有 51 个成员国,积极促进假肢与矫形器的国际发展,举行国家级的专题讨论会;

8) PAC(Pedorthic Association of Canada)加拿大足部矫形组织,为患者提供脚部和小腿的评估和步态评估,指导患者的脚部康复,为患者提供治疗推荐。

5.1.2 主要企业与产品种类情况

(1) 假肢矫形器

根据加拿大工业协会(Industry Canada)提供的数据,加拿大从事假肢矫形器研发、生产和销售的企业有 40 家。其产品价格见表 5.2。

表 5.2 加拿大假肢矫形器价格情况

产　　品	价格（C$）
脊髓和头部矫形器	90～350
腹部矫形器	44～212
上肢矫形器	50～300
下肢矫形器	50～300
功能性神经肌肉刺激器和混合型矫形器	300～600
上肢假肢	180～370
下肢假肢	50～580
非上下肢假肢的假体	5～555
矫形鞋	40～370

规模较大的康复企业如下：

OSSUR Canada Inc.（奥索加拿大公司）致力于在矫形器（支具）、假肢以及压缩治疗等领域提供先进和独具创意的新技术。作为业界领导者，该公司拥有一系列的获奖设计，例如安陆德免荷1号（Unloader One）骨性关节炎矫形器以及CTI产品，以及高效的骨性关节炎和韧带支具，以上产品目前仍然广受欢迎。近期的技术创新包括POWER KNEE，它是该公司利用其高度发达的技术平台奥索的仿生技术开发的三项"世界第一"中的一项。

Alberta Artificial Limb Inc.（Alberta 假肢公司）为每个客户设计专门的假肢接受腔，设计人员在建立假体模型，确保假体适合每个患者，为患者提供假体中所需要的部件，可根据患者需要提供假体修复；也定期举办假肢和截肢相关问题的咨询、研讨会讲座等。

Cascade公司是加拿大最大的独立假肢矫形器总代理。他们的产品Flo-Tech®接受腔后缘的波形结构增加其稳定性，大腿中部设计防止膝关节的屈曲挛缩。氯丁橡胶带和魔术贴绑带帮助塑造良好的用户体验。

（2）移动辅助设备

根据加拿大工业协会（Industry Canada）提供的数据，加拿大从事移动辅助设备研发、生产和销售的企业有112家。其产品价格如表5.3。

表5.3 加拿大移动辅助设备价格情况

产 品	价格(C$)
电动轮椅	983～5 072
手动轮椅	165～1 165
助行器	130～300
拐 杖	25～145
汽 车	10 482～28 750

另外,加拿大的移动辅助设备有很大一部分通过海外进口,其进口额如表5.4。

表5.4 加拿大轮椅车进口情况(单位:万加元)

国家及地区	2002	2003	2004	2005	2006
美 国	4 787	3 823	4 392	3 689	2 835
中 国	224	233	323	365	8 507
中国台湾地区	372	490	581	5 802	631
墨西哥	25	7	59	231	216
马来西亚	—	—	9	29	121
澳大利亚	4	8	8	20	82
日 本	0.3	1.3	7.6	77	69
德 国	35	64	52	94	52
英 国	37	66	95	30	49
荷 兰	4.7	7.2	11.9	29.5	33.7
小 计	5 489	4 700	5 529	5 144	4 939
其 他	326	405	227	134	82
总 计	5 815	5 105	5 756	5 278	5 021

(3) 康复训练设备

根据加拿大工业协会(Industry Canada)提供的数据,加拿大从事康复训练设备研发、生产和销售的企业有72家。其产品价格如表5.5。

表 5.5　加拿大康复训练设备价格情况

产　　品	价格（加元）
下肢 CPM	424～1 990
上肢 CPM	211～1 200
治疗床和护理床	372～2 000
训练器械	500～2 000

（4）康复机器人

根据加拿大工业协会（Industry Canada）提供的数据，加拿大康复机器人研发中心有18家。下面介绍几个正在研发的康复机器人。

多伦多大学生物材料和生物工程协会的一个团队提出用一个智能机器人帮助患者使复原变得更有趣。Alex Mihailidis副教授和他的团队开发出了一个机器人帮助患者保持复原计划。该机器装备了一个人工智能摄像头追踪患者的康复过程和适应情况。这个设备将颠覆传统的让患者很累的康复过程，提供患者一个有趣的游戏环境，让患者在不知不觉中康复。同时这也可以分阶段分疗程循序渐进地帮助患者康复。尽管康复机器现在已经存在，但是Mihailidis的机器人增加了人工智能和摄像头，同时体积又不是很大，方便患者携带，可能对目前的康复机器带来新的变革。

卡尔加里大学的研究小组研制了一种中风后的康复治疗机器人。普通的中风康复需要一个专门的团队来协助患者进行康复，包括医生、护士、物理治疗师、职业治疗师、言语治疗师、娱乐治疗师和护理人员等，而现在，使用机器人就可以有效帮助患者康复。首席研究员肖恩博士认为"治疗师已经知道，肢体意识是衡量一个人中风后情况的重要标志，但之前的方法很难量化这一指标。"通过使用康复机器人对患者评估可以更好地测试患者对肢体的位置、速度和肢体运动方向的意识。在未来，此机器人将用于通过重复动作和个性化的治疗方案来重新映射大脑和恢复大脑功能。

（5）家庭医疗器械

家庭医疗器械包括日常生活辅具、替代和强化交流、盲人辅具、聋人辅具、人体工程学相关辅具、助听器、助视辅具。根据加拿大工业协会（Industry Canada）提供的数据，加拿大从事家庭医疗器械研发，生产和销售的企业有173家。部分家庭医疗器械价格见表5.6。

表 5.6 加拿大家庭医疗器械价格情况

产　品	价格(加元)
助听器	10～620
居家环境改造	10～900
呼吸机等	500～12 704

在这些家庭医疗器械中,有一部分为国外进口。部分家庭医疗器械进口情况见表 5.7。

表 5.7 部分家庭医疗器械进口情况(单位:万加元)

国家及地区	2002 年	2003 年	2004 年	2005 年	2006 年
美　国	10 862	11 224	14 252	17 181	19 500
中　国	4 120	2 911	3 854	4 833	5 104
瑞　士	1 239	1 115	951	1 672	1 087
澳大利亚	554	668	772	957	1 039
墨西哥	4 527	4 837	538	739	780
英　国	411	567	439	445	496
德　国	402	357	540	248	443
新西兰	100	137	170	247	414
日　本	285	367	586	432	401
中国台湾地区	649	530	482	419	395
小　计	23 149	22 713	22 584	27 173	29 658
其　他	3 182	1 906	1 858	1 698	1 540
总　计	26 331	24 619	24 442	28 871	31 198

5.2 康复辅助器具服务业发展现状

5.2.1 配置服务业

(1) 机构数量

至 2013 年底,加拿大共有假肢配置机构有 807 家,其中,多数为销售公司,也有许多为员工数量只有 3～5 人的作坊。矫形器配置机构有 1 183 家,包括一些医院和诊所。具有假肢与矫形器配置服务的机构有230家。以下介绍几家颇具规模的连锁假肢矫形器配置机构。

斯耐尔假肢矫形器实验室(SNELL Prosthetic & Orthotic Laboratory)在拉塞尔维尔、史密斯堡、费耶特维尔、温泉城、北小石城等地共拥有10家实验室,为患者提供最适合的技术和最出色的服务。假肢或矫形器产品不仅满足患者需要,同时也保持外形的美观。

假肢与矫形器集团(Prosthetic & Orthotic Group Inc.)位于柯林斯堡。在那里,患者可以获得最贴身康复假肢与矫形器客户服务,也可以接受指导来更好地适应和使用新的设备。专业的假肢师和矫形器师会确保患者的安全和舒适。

(2) 专业岗位设置

加拿大人力资源和技能发展部对国家职业进行分类。单元组3 219(其他医疗技师和技术员,除口腔卫生)包括假眼制作师(artificial eye maker)、假肢装配工(artificial limb assembler)、假肢整形外科技师(artificial limb finisher)、假肢制作师(artificial limb maker)、矫形器制作师(brace maker)、注册矫形鞋制作师(CPED)、注册矫形器师(CO)、注册假肢师(CP)、注册矫形师(CPO)、矫形器具装配工(orthopedic appliance assembler)、整形外科技师(orthopedic mechanic)、矫形胸衣制作师(orthotic corset maker)、矫形技师(orthotic technician)、矫形师(orthotist)、假肢助手(prosthetic aide)、假肢助理(prosthetic assistant)、假肢技师(prosthetic technician)、假肢矫形技师(prosthetic-orthotic technician)、注册矫形技师(RTO)、注册假肢技师(RTP)、注册假肢和矫形技师(RTPO)。

(3) 人才培养与执业准入情况

加拿大假肢矫形器师协会(CBCPO)的认证学校项目有两个,下面简要介绍这两所学校的相关情况。

① George Brown College(乔治布朗学院):乔治布朗学院开设了假肢矫形器培训项目,注重学生在项目中实践能力的培养,帮助学生熟练使用假肢和矫形装置制造过程中使用的工具和专门的机器。学生将学习如何制作矫形器和假肢,帮助残障人士康复。假肢矫形领域中会使用到很多新的材料和技术,所以在课程中,学生会学习使用假肢和矫形器图纸及各种材料,如热成型塑料和皮革,学会测量和制作石膏模型。毕业生会被加拿大假肢矫形协会授予假肢和矫形器师证书。这是安大略省唯一设有此课程的学校。

② British Columbia Institute of Technology(不列颠哥伦比亚理工学院):BCIT的健康科学学院开设假肢矫形器课程。这个课程项目拥有经验丰富的教师,也取得了优秀的成果。在过去的六年中毕业生的就业率是100%。

理论和实践结合的学习使学生不仅学习了必需的知识,同时帮助他们从行业中脱颖而出,成为经验丰富的专业人士。研究生期间,学生进入为期两年的实习,参加国家认证考试,之后方可成为注册假肢师或矫形器师。

在加拿大,认证的矫形器师需要经过专门培训和教育,才可以成为为患者进行矫形器的设计、制造和配置的专门人员。他们给患者提供定制设计和预制矫形器,再由通过认证的矫形器师根据以上的处方进行临床评估,遵循医生建议为患者提供预先制作的或定制矫形器,并监督患者恢复生理功能或者实现装饰的目的。

加拿大的假肢矫形器师必须通过加拿大假肢矫形师协会(CBCPO)认证。申请人必须符合以下要求和程序:① 精通英语或法语;② 加拿大公民或合法入境移民;③ 从一个 CBCPO 认可和官方认可的大专临床假肢和矫形学校毕业;④ 必须完成至少 3 450 小时在任假肢矫形器师或一个有特定学科认证(矫形器或义肢)医生直接监督下实习;⑤ 实习完成后,该人可以申请参加国家认证考试;⑥ 通过为期 3 天的全国联考;⑦ 必须由考试委员会将通过考试的学生推荐给加拿大假肢矫形器师委员会;⑧ 被协会授予认证后必须由协会安排五年任期期满后可根据 CBCPO 附加条款予以续期。条款和条件包括强制性继续教育的要求和维护年费。

假肢和矫形器技师与假肢矫形器师一起工作,来制作矫形器和更换假肢等。加拿大的假肢矫形器技师也有一定的注册流程。一个人由加拿大协会授予注册技师证书、假肢矫形技师的认证,必须首先满足以下要求:① 申请并获接受的 CBCPO 实习计划;② 精通英语或法语;③ 加拿大公民或合法移民;④ 所有申请人必须具备高中文凭或普通教育发展(GED)等价学历;⑤ 申请人必须申请并接受了教育和 TRC 技术人员登记考试;⑥ 所有申请人应按照经典的道德行为准则要求自己;⑦ 所有申请人必须由董事会授予相应的注册技师证书,申请人必须通过考试。

5.2.2 康复医疗服务

加拿大全国的康复中心约有 440 家康复机构,包括物理治疗机构、康复服务机构和运动医疗机构。

加拿大的康复医疗体系分为以下五个阶段:① 首先是家庭医生。每个公民都有一个家庭医生,医生诊所在社区和家庭附近,一般的病痛约见家庭医生。② 然后是专科医生。当家庭医生解决不了问题时,会介绍患者去找专科医生。开始手术排期,时间是三个月,在这段时间里,患者会被安排参加数次康复辅导课,治疗师会告诉患者手术前要做哪些康复训练动作,手术后要做哪些康复训练动作。③ 专科医院。一般包括手术只能住四天就必须出院,且这四天的费用相当高,平均每天约 2 000 加元(约合人民币 13 000 元),全部由政府支付,另外还有其他排期的病人等待手术。④ 转入康复医院。转院过程完全由医院负责,不用劳烦家人,在康复医院住院 21 天,主要是接受运动物理治疗,出院之前,志愿者会指导每个病人进行日常生活功能(ADL)训练,尤其是那些无人照顾的孤寡老人,一定要确保其基本能够生活自理。⑤ 回到家之后,社区康复中心的治疗师和护理师立刻主动上门,对患者进行日常生活护理和康复训练,直到患者可以自己到康复中心进行治疗,这时会增加康复训练强度,还会增加理疗项目,如超声波、负压吸引等,每隔一段时间医生就会对患者的康复情况进行评估,直至达到满意效果为止。

从以上五个阶段不难看出,加拿大的康复理念在整个治疗方案中从一开始就非常强势,积极介入,并且贯彻始终,是整个治疗方案不可或缺的重要组成分。

加拿大的部分康复中心如表 5.8 所示。

表 5.8 部分康复中心

多伦多康复中心	Toronto Rehabilitation Centre
詹韦儿童的健康和康复中心	Janeway Children's Health and Rehabilitation Centre
时尚假肢矫形器中心	Vogue Prosthetic Orthotic Center
安大略省康复技术联盟	Ontario Rehabilitation Technology Consortium(ORTC)

康复中心的专业人员配置如表 5.9 所示。

表 5.9 康复中心的专业人员配置

中 文 名	英 文 名
心肺运动技术员	Cardiopulmonary Exercise Technician
手足病医生	Chiropodists
沟通障碍助理	Communication Disorders Assistants
牙齿保健员	Dental Hygienists
营养师/饮食技术员	Dietitians/Diet Technicians
运动领袖	Exercise Leaders
护士	Nurses
职业治疗师/职业治疗助理员	Occupational Therapists/Occupational Therapy Assistants

续表5.9

中 文 名	英 文 名
药剂师/药房技术员	Pharmacists/Pharmacy Technicians
心理咨询师	Psychometrists
康复科医师	Physiatrists
医生	Physicians
物理治疗师/物理治疗助理	Physiotherapists/Physiotherapy Assistants
心理学家	Psychologists
呼吸治疗师	Respiratory Therapist
社会工作者	Social Workers
语音语言病理学家	Speech Language Pathologists
心理护理	Spiritual Care
康复治疗师	Rehabilitation Therapists
娱乐治疗师	Therapeutic Recreationist

加拿大的物理治疗师申请需要达到以下条件(魁北克省)：① 需要有大专或以上文凭；② 在任何健康学科有两年工作经验，或在康复学科有三年工作经验；③ 若是物理治疗专业的学生，需要在物理治疗和康复方向取得学士学位；④ 若为其他学科学士，需要进入研究生院完成物理治疗的硕士学位；⑤ 通过考试然后被 Ordre professionnel de la physiothérapie du Québec (OPPQ)授予合格证；⑥ 物理治疗师可以选择自己的专业方向：康复治疗科学、运动医学、运动机能学和生理学。

物理治疗师助理的申请需要达到以下条件(魁北克省)：① 完成一个为期三年的大专文凭；② 通过 Ordre Professionnel de la Physiothérapie du Québec (OPPQ)的考试并被授予合格证才可以合法的使用康复技术。

5.3 社会保险及社会福利制度

5.3.1 加拿大残疾人康复服务的法律和政策

5.3.1.1 残疾人康复法律和社会保险基本情况

加拿大没有专门的残疾人保障法，有关残疾人的保障法律主要源于《权利和自由宪章》《加拿大人权法》《加拿大就业平等法》等法律和法规。

1982年,加拿大通过的《权利和自由宪章》明确规定了每个人在法律基础上的平等权利,任何人不得因种族、来源国、肤色、宗教信仰、性别和精神及生理残疾而受歧视。《权利和自由宪章》奠定了加拿大社会平等和反歧视的基础。1985年《加拿大人权法》出台,该法禁止在服务、住房、就业和宣传出版方面因种族、来源国、肤色、宗教信仰、性别、婚姻、家庭和残疾等原因歧视他人。1986年,加拿大出台了《平等就业法》,此法目的"是要达到工作场合的平等,以至于没有人会因为和能力无关的原因而被拒绝就业机会和福利"。1996年,修订后的《平等就业法》对政府的责任规定得更为具体,要求联邦政府和每个相关单位必须确保残疾人、妇女、土著人和少数族裔四个弱势族群在公务员队伍中的代表性,审查和鉴别就业系统、就业政策和就业程序中对四类人就业的阻碍,取消规章制度或录取标准中的不适当规定。

加拿大的个人残疾保险计划覆盖了一定数量的辅助设备。计划提供了三种不同的保险等级:基础型、标准型和增强型,见表5.10。

表5.10 个人残疾保险计划等级

	基础型	标准型	增强型
听力辅具	每人每五年最多400加元	每人每五年最多400加元	每人每五年最多400加元
医疗设备和家庭护理设备	每人每年最多2 500加元;每人终身最多20 000加元	每人每年最多2 500加元;每人终身最多20 000加元	每人每年最多2 500加元;每人终身最多20 000加元
视力辅具	没有补贴	对眼镜、隐形眼镜和激光矫正视力每人每两年150加元	对眼镜、隐形眼镜和激光矫正视力每人每两年150加元

	Basic	Standard	Enhanced
Hearing Aid	can. $400 Maximum per person every 5 years	can. $400 Maximum per person every 5 years	can. $400 Maximum per person every 5 years
Medical Equipment and in home nursing	can. $2 500/yr max. Overall lifetime max./person is can. $20 000	can. $2 500/yr max. Overall lifetime max./person is can. $20 000	can. $2 500/yr max. Overall lifetime max./person is can. $20 000
Vision	No vision benefit	can. $150 towards eyewear, contacts, laser eye surgery every 2 yrs. per person	can. $150 towards eyewear, contacts, laser eye surgery every 2 yrs. per person

加拿大是具有欧洲传统的福利国家,但是它不称为"福利",而是作为"社

会计划"。加拿大的社会安全网覆盖了各种计划,而且因为加拿大是一个联邦,许多计划都是由各省份运行。加拿大有很大一部分补贴转移支付给个人,2006年的总额为1 450亿加元。这之中只包括直接把资金支付给个人的社会计划,如医疗保险。

由于一些客观因素,加拿大的医疗保健被各省管辖,没有一个统一的"加拿大卫生保健系统",且大多数供应商都是私有的。政府资助的保险组织只在省和地区的水平,并且各自有着各自的制度,包括各自签发自己的医疗保险证。一旦服务超出了加拿大卫生法的使用范围,特别是一些门诊药物和康复项目,以及视力保健、心理健康和长期护理,这样的服务通过私人保险或别的途径由个人支付很大一部分。

一些省份包括安大略省的医疗保险中包含一些康复服务,为那些参加家庭护理计划、刚刚出院(如髋关节置换术后)或特定的年龄组,提供康复服务。各省可以按照具体情况调整这些服务。

以下是一些省级项目名单,见表5.11。

表5.11 加拿大省级康复项目名单

地区名称	计划名称
阿尔伯塔	阿尔伯塔省医疗保险计划
不列颠哥伦比亚省	医疗服务计划
曼尼托巴	曼尼托巴省健康
新不伦瑞克省	新不伦瑞克省医疗保险
纽芬兰及拉布拉多	纽芬兰及拉布拉多医疗护理计划
西北地区	新世界电讯医疗保险计划
新斯科舍省	医疗保险
努纳武特地区	努纳武特地区的医疗保健计划
安大略省	安大略省健康保险计划
爱德华王子岛	爱德华王子岛医院和医疗服务计划
魁北克	魁北克医疗保险管理署(RAMQ医疗保险计划)
萨斯喀彻温省	萨斯喀彻温省医疗保险计划
育空	育空地区医疗保险计划

1961年加拿大就实现了全国居民的健康保障,凡持加拿大健康保险卡的公民均可在公立医院就医。因残疾发生的相关医疗费,可以减税,对收入低于医疗开支的,可申请医疗补贴。

在加拿大,残疾人对辅具的需要,首先要经过医生或理疗师、治疗师、假肢师的评估、推荐和说明，才能发放。在曼尼托巴省儿童康复中心，每一个残疾儿童所需的辅助器具都要先由医生或物理治疗师进行评估，再由电子机械师对辅具进行改装和配置。

安大略省为残疾人提供辅具所需的经费中，75％由本省卫生部和长期护理部所属辅助技术项目补助，25％由申请人自己出。若申请人有困难，自己出的部分还可以通过其他项目给予资助。残疾人使用的辅助器具和专用设备，包括购买助听器、请护工、租用导盲犬和一些娱乐设备的费用都是免税的。

5.3.1.2 无障碍服务

加拿大在无障碍环境方面，从政府部门到文化、体育、娱乐等和公共场所，都有方便残疾人的无障碍设施，并且标志明显。商店、码头、公路边都设有坡道，电梯内有盲文和语音提示，公共汽车可以供轮椅自由上下，停车场有专门的位置供残疾人停车等，在政府和非政府机构、公共场所的大门都有专门供轮椅进出的门。

温尼伯市2006年建立了无障碍设施标准，并设置市政管理员进行监督管理。该省通用公交公司设有专门为残疾人服务的部门，公共汽车基本上都设置了供轮椅上下的辅助装置，每天接送残疾人2 500人次（上班、入学、就医等）。残疾人要用车，只需拨打一个电话。

安大略省对无障碍服务考虑得更为周全，不仅是为残疾人，更多的也是为老年人着想。安大略省出台的《客户服务法》，其宗旨是独立、自尊、平等、融入社会。服务内容包括：客户服务无障碍、室内环境无障碍、信息服务无障碍、就业服务无障碍、交通服务无障碍5个方面。到2025年，安大略省将全面实现无障碍服务。

加拿大在无障碍信息服务方面，政府网站要提供盲文；广播电视局所有电视台播出的节目，必须要有字幕（除广告外），对盲人和低视力的观众每周至少播出4个小时的描述节目；所有经营手机的商家，必须至少提供一款手机供盲人使用；所有有线、无线电话公司必须为残疾人提供专门的电话服务。

5.3.1.3 残疾人社会福利

加拿大对残疾人和65岁以上的老年人提供一系列的社会保障，对不能参加工作的残疾人及家庭实行生活补助，而且补助的范围很广。

在安大略省，凡18岁以上，在加拿大居住10年，无家庭收入、经济和个人财产，肢体和智力残疾一年以上，累积影响至少一种活动受到限制的（独立生活、参与社区、就业工作），经政府相关部门审核符合规定的条件，可以申请养老金和社会福利支持，如住房、房屋保险、水电、房租、处方药、牙医、辅助器具等服务。

加拿大政府还设立了很多对残疾人进行直接补贴的项目来保障残疾人的经济收入,包括养老保险残疾人补贴(针对无法工作的残疾人)、就业保险补助(针对因病、伤或隔离治疗而无法工作的残疾人)、就业保险陪护补贴(针对家庭成员因看护残疾亲属而无法工作的)、伤残军人养老金(专为伤残军人而设)。

在税收方面,对残疾人实行税收优惠政策。残疾人可申请"残疾人抵税额",以减少其个人所得税。

5.3.2 加拿大康复辅助器具应用及服务的政府扶持方式

辅助器具产业办公室(Assistive Devices Industry Office,ADIO)作为加拿大工业的一个部门,由加拿大联邦政府提供支持,来保护加拿大辅助器具企业以及消费者的利益。

ADIO为加拿大辅助设备开发商、制造商和供应商提供建议、支持和市场情报;提供产业支撑、市场开发、市场支持、行业联络和宣传;提供产品的标准。

加拿大政府每年会有许多财政拨款,给予康复辅助器具的企业,图5.6显示的是具有政府(省级)支持的企业数量。

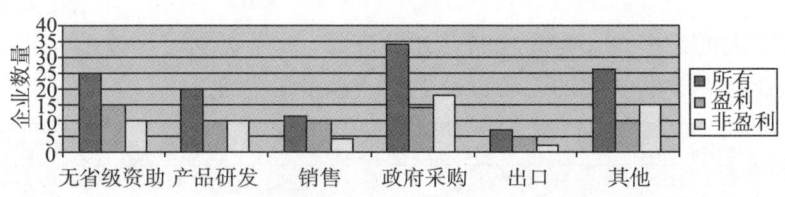

图5.6 具有政府(省级)支持的企业数量

比如加拿大残疾人技能康复中心,其运作采用政府投入为主,社会捐赠为辅的原则。如BC省残疾人技能康复中心,每年政府投入的经费达1 900万加元,占中心运作经费的70%,其余的经费向社会募集。政府每年会对新生儿进行检查,发现婴幼儿残疾情况,该技能康复中心会及时介入,为其制订康复计划,深入婴幼儿家庭、社区进行康复指导及康复服务。残疾儿童成年后,中心会及时与儿童就读的学校联系,进行跟踪辅导。残疾儿童成年后,中心有专门的部门进行就业技能培训和推荐就业服务,使其能自力于社会。

5.3.3 康复辅助器具研发现状

加拿大的康复辅具研发机构与大学、医院和其他研究机构之间有着紧密的合作关系,很好地推动了研发和研发成果商业化的进行。加拿大的康复辅具研发机构中,近10%是由大学、实验室或企业衍生出来的。康复辅具行业可以充分利用大学、研究机构和医院的先进研究成果和临床试验能力。不少康复辅具研发机构与其他机构结成了合作关系,包括大学、医院、政府部门和实验室等(图5.7)。

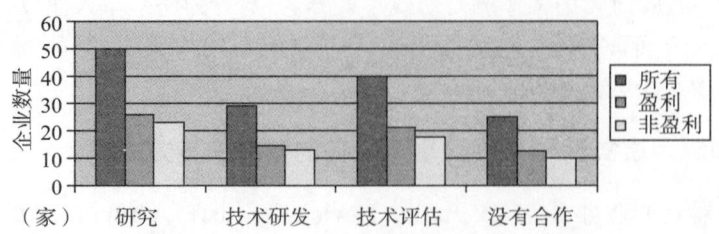

图 5.7 与研发机构合作的康复辅具机构数量

在加拿大,康复辅具的研发也非常具有成本优势。加拿大联邦税务局实施的"加拿大科学研究与实验发展税务激励项目"可以为在加拿大进行的研发活动提供较大的税务优惠支持。再加上各省政府对研发活动的税务优惠,在加拿大进行康复辅具研发的成本是世界主要工业国中最低的国家之一。

加拿大的许多企业与高校联合开发产品,研究康复辅具技术,图 5.8 为加拿大企业与大学和学院的互动以及他们所涉及的专业。

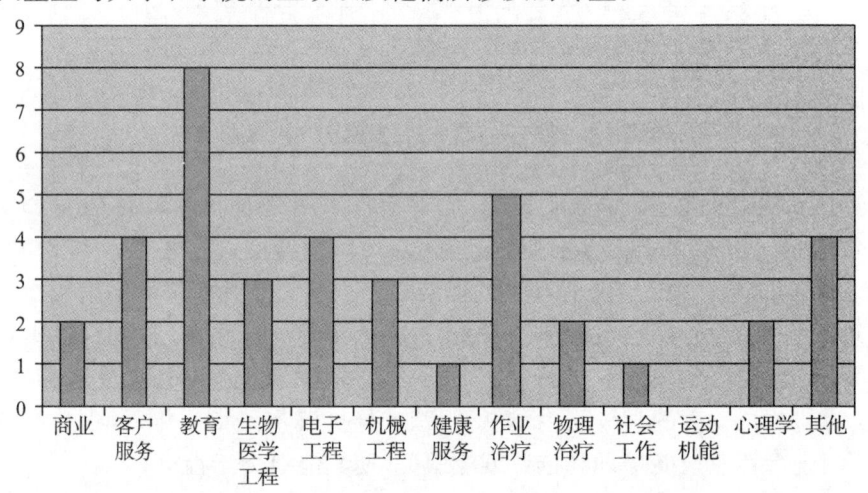

图 5.8 与大学的互动的康复辅具研发机构数量

表 5.12 列举了加拿大几个较大的康复辅具研究机构。

表 5.12 加拿大康复辅具研究机构

序号	名称	主要研究领域
1	Toronto Rehabilitation Institute	大脑和脊髓康复、心血管预防和康复、复杂的持续护理、老年康复、肌肉骨骼康复、长期护理
2	Tech Sys Communications Ltd.	
3	Sunnybrook Health Sciences Centre	截肢、癌症、心血管外科、器官移植、顾客基本、中风和神经系统疾病、外伤
4	Rogers West	
5	Premier Assistive Canada/ Premier Literacy	
6	Pacosoft	
7	MoveSteady.com	
8	Magal IT Consulting	IT方案
9	Infusion Systems Ltd.	传感器,动作捕捉,交互式多媒体,实时数据采集
10	Inclusive Design Research Centre	
11	Gerontology Research Centre at Simon Fraser University	
12	Doric Lenses Inc	光学组件设计和制造
13	Canhost Inc	服务器
14	Applied R&D Technology and Funding Solutions Inc.	
15	Akendi Inc.	用户体验设计,可用性测试,产品设计,用户研究,用户体验设计,客户体验,客户研究,UX培训

第六章　澳大利亚

6.1　康复辅助器具制造业发展现状

澳大利亚政府重视对健康产业的投入和支持。在过去的十几年中澳大利亚政府对养老和健康产业方面的投入持续增长（图 6.1）。澳政府在健康产业的投资预算，从 2006～2007 年占 GDP 约 4％将增加至 2046～2047 年的 7.5％以上。2008 年，澳大利亚的医疗辅助和器械行业市场规模见表 6.1，其中 2010～2011 年度的总额为 36.32 亿澳元。澳大利亚健康与福利研究院（Australian Institute of Health and Welfare，AIHW）报告称 2009～2010 年度占澳大利亚全国总人口 20％的昆士兰州的辅助器具的支出总金额为 6.91 亿澳元，其中 1.19 亿澳元属于政府买单的各类辅助器具项目支出，5.72 亿澳元来自于个人购买或健康保险基金支付，这并不包括医院中的各类辅助器具的支出。

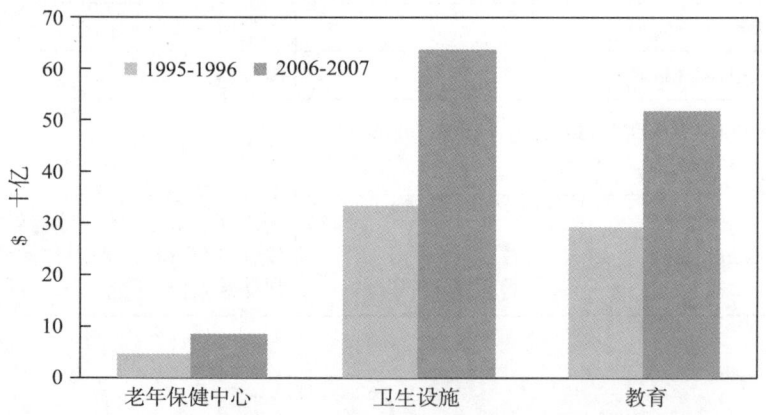

图 6.1　澳大利亚政府对养老服务、健康产业等领域的投入

表 6.1 澳大利亚医疗辅助和器械市场规模

年 度	总额(2010/2011 年度)(亿澳元)	与上一年相比增长率(%)
2008—2009	29.38	—
2009—2010	33.06	12.5%
2010—2011	36.32	9.9%

澳大利亚几乎没有康复辅助器具的生产企业。为数不多的相关企业以生产电动轮椅和高级护理床为主。根据各种官方和非官方报告显示,澳大利亚全国目前有 6 家轮椅生产企业,其中昆士兰 3 家,维多利亚州 1 家,西澳大利亚 1 家。澳大利亚的辅助器具主要依靠进口。澳全国辅助器具进口商、代理商、零售商共约 300~500 家,这其中专门从事进口的约 40 家,其他大部分是零售商。总的来说,澳大利亚的辅具器具零售价格比美国高出 30%,比其他发达国家高出 20%,这与澳大利亚不大的市场规模有关。此外,通过网络购买辅助器具是个人购买的一个主要途径。鉴于网络购买的辅助器具商家不担负相关的配置和维修费,故价格较提供完全服务的零售商和厂家便宜约 40%左右。表 6.2 为澳大利亚部分辅助器具的网上售价(数据时间 2013 年 10 月 25 日)。

表 6.2 澳大利亚部分康复辅助器具价格表(澳元)

Product	最低价	最高价	价差	价差/最低价
转移机 A	A$2 360	A$2 899	A$539	23%
转移机 B	A$2 595	A$2 995	A$400	15%
转移机 C	A$2 845	A$2 995	A$150	5%
沐浴椅	A$152	A$180	A$28	18%
床旁便椅	A$168	A$225	A$57	34%
可移动沐浴椅	A$1 080	A$1 145	A$65	6%
语音发生器	A$6 750	A$6 850	A$100	1%
防褥疮床垫	A$750	A$865	A$115	15%
二便辅具 A	A$19	A$28	A$9	47%
二便辅具 B	A$16	A$23	A$7	42%
二便辅具 C	A$26	A$30	A$4	17%
二便辅具 D	A$12	A$14	A$2	16%

续表6.2

Product	最低价	最高价	价差	价差/最低价
二便辅具E	A$25	A$30	A$5	19%
导管	A$9	A$14	A$5	55%
夜用尿袋	A$4	A$6	A$2	67%
尿袋(腿部式)	A$10	A$11	A$1	14%

澳大利亚生产力委员会(Productivity Commission)在上世纪90年代初曾开展实施名为National Disability Insurance Scheme（NDIS）的技术，为保证该项计划中提及的"能够有效地推广辅助技术"，以及应用的"及时性、有效性和可支付性"，澳大利亚辅助技术协会(Australian Rehabilitation and Assistive Technology Association ARATA)于1993年应运而生。据2011年调查显示，该项计划实施以来，澳大利亚有400万残疾人和80万残疾人的主要照顾者受益于该项目提供的与辅助器具相关的信息咨询、工作机会、网络服务和社区雇佣。此外，约33万的智力、肢体、感官和精神残疾人受到相关的资金资助，8万患者获得早期干预的相关支持和服务，以及未有确切数据的可选择性服务及对照料者的资助。以昆士兰州为例，24.3万的残障人士每年在辅助器具上的花费为5亿澳元，大多数受到NDIS计划的资助。目前NDIS年度经费为固定的70亿澳元，政府计划在未来增至135亿澳元。

AIHW对辅助器具生产企业补助资金来源做了调查，健康产业的总支出中高达69.1%的比例由政府支持，在设备和器具开支（即辅助器具）中以个人购买为主，见图6.2。在辅助器具的具体支出方面数据见表6.3。

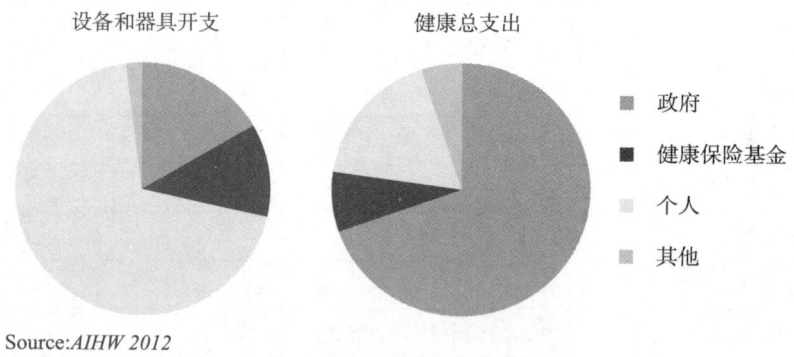

图6.2 辅助器具生产企业补助来源

表 6.3 辅助器具支出表（单位：百万澳元）

	澳大利亚政府				非政府				总数
	老兵事务部	健康和老龄部	保险利息	总数	健康保险基金	个人	其他	总数	
支出	2	399	204	605	433	2 536	57	3 026	3 631
比例	0%	11%	6%	17%	12%	70%	2%	83%	100%

6.2 康复辅助器具服务业发展现状

6.2.1 配置服务业

澳大利亚的大多数假肢矫形师工作在首府墨尔本及附近地区。AOPA Inc. Workforce Survey 2010 年的调查数据显示，澳大利亚有假肢矫形师 320 余人，其中 240 余人为澳大利亚矫形与假肢协会（Australian Orthotic Prosthetic Association AOPA）注册人员。若算上各类业余假肢矫形师，澳大利亚有相关工作人员约 2000 人。澳大利亚的假肢矫形师中 65% 的人个人开业。

ARATA 在 2011 年的一次问卷调查对 79 名康复医学/工程从业人员的反馈分析显示：他们的从业年限不足 5 年，5~10 年和超过 10 年的比例分别为 21.7%，16.5% 和 62.1%；52% 的从业者工作在首府墨尔本，22.8% 的人工作在其他大城市，21.5% 工作在乡村地区。实际上，澳大利亚经济较为发达的地区对假肢矫形师有较大的需求，如假肢矫形师在维多利亚州的人数占到澳全国总数的 29.7%，昆士兰州为 24.7%，新南威尔士州为 19.4%。过去的 5 年间，澳大利亚的假肢矫形师从业者增长了 60.4%，预计在未来的 5 年间还有较大的增长。

墨尔本的 La Trobe University 大学提供假肢矫形专业的教育。毕业生在 AOPA 注册后方可在澳大利亚从事相关行业。澳大利亚假肢矫形师入行年薪 5 万澳元，经验丰富的假肢矫形师年薪超过 9 万澳元。

澳大利亚每个州对于矫形器都有相应的资助计划及资助上限，见表 6.4。

表 6.4 各州对不同矫形器类型的资助

STATE	资助计划	DEVICE CEILING FIGURE		
		足部矫形器	AFO	KAFO
维多利亚州	SWEP	A$ 200	A$ 1 200	A$ 2 200
南澳大利亚	Disability SA	具体评估	具体评估	具体评估

续表6.4

STATE	资助计划	DEVICE CEILING FIGURE		
		足部矫形器	AFO	KAFO
西澳大利亚	CAEP	A＄300	A＄650	Unknown
昆士兰州	MASS	A＄250～A＄450	A＄1 100＋A＄140 additional available	A＄1 800～A＄3 500
新南威尔士州	EnableNSW	根据收入情况具体评估	根据收入情况具体评估	根据收入情况具体评估
塔斯马尼亚州	No scheme	具体评估	具体评估	具体评估
北部地区	TIMES	有上限（具体金额不详）	有上限（具体金额不详）	有上限（具体金额不详）
AOPA 建议价格		＜A＄400	＜A＄1 500	＞A＄1 500

此外，AOPA 在矫形器的价格建议上分为三个档次，矫形器装配服务建议价格为不高于 400 澳元，成品矫形器价格不高于 400 澳元，半成品（Customized）的矫形器价格不高于 1 500 澳元，现场制作或用户定制（Custom Made）的矫形器价格根据情况可在 1 500 澳元以上。

国外许多国家的康复人才培养形成了专科、本科、硕士和博士研究生等多层次的较完善的培养体系。澳大利亚与美国类似，开展 4 年制本科教育，授予理学学士学位，也可以继续接受教育获得硕士和博士学位。澳大利亚规定，获得本科学位需要 4 年，获得硕士学位需要 2～5 年，获得博士学位需要 2～7 年，可以全脱产和半脱产攻读。澳大利亚 4 年制学士学位康复人才培养规定 40％的学习时间用来参加临床实习。

6.2.2 康复医疗服务业发展状况

6.2.2.1 康复医学发展现状

据 2009 年数据，澳大利亚有 400 万人口（占澳全国人口总数的 18.5％）存在功能障碍，其中 130 万人（占总人口 5.8％）有重度功能障碍和活动能力受限。澳大利亚约有 200 万人口使用辅助器具和设备。使用辅助器具和设备的人群中 65 岁以上的老年人占 69％。

澳大利亚的康复起源于二战后，1950 年迅速发展起来。澳大利亚有康复治疗师 7 000 余人，每 7 万人中有 1 名康复医师。400 万功能障碍的人群中有 6％居住在各类医疗及康复机构中。澳大利亚的康复医学体系基本沿袭欧美

国家的模式,其服务模式包括三种形式:急性期康复、亚急性期康复、社区康复。以上三种形式分述如下:

(1) 急性期或昏迷阶段的康复管理为急症康复,病人多在医院设立的康复科室度过此阶段,一般为一两周。住院康复病人的拨款方式,是按照疾病分类进行。病情不复杂的病人为2级康复病人,按照一个病例进行拨款;病情复杂的病人为1级康复病人,按照住院天数进行拨款,要较2级病人拨款更多。以澳大利亚维多利亚州大型综合医院Epworth医院为例,共有床位1 200余张,其中康复床位226张,4个病区为综合医疗,3个病区为康复医疗。医院主要收治神经损伤、脑损伤、骨关节疾病和疼痛病人。针对康复病人主要采取住院康复、过渡病房康复、社区康复和长期跟踪康复几种方式。澳大利亚的康复治疗人员的配备比例如表6.5。

表6.5 澳大利亚每10个病人康复治疗师配备比例

康复治疗师	住院期间	过渡病房	社区
物理治疗师	5.5	—	0.5
语言治疗师	3.0	—	1.5
心理治疗师	3.6	0.2	1.2
职业治疗师	3.5	2.5	2.0
社会工作者	1.5	0.5	0.5
营养师	0.5	—	—

(2) 亚急性期康复服务模式主要由不提供急救服务的、独立的康复医院、老年康复院提供。这类医院接收病人的标准是有康复效果、病情稳定(各医院要求不同,没有具体指标)、能够承受康复治疗(一般每天30分钟)。亚急性期医疗服务的目标是在正确的时间、地点和合理的成本情况下进行治疗,减少不必要的住院时间,实现病人独立能力的最大化。主要服务方式有以病床为基础的康复服务,如康复院、老年康复院、临终关怀,以流动为基础的康复服务,如社区康复和住家康复。圣文森老年康复护理院有115年的历史,主要接收患有慢性疾病和功能损伤的老年人,2个病区,设有床位60张,95名工作人员,其中全职为55人。在这里有一套接收病人的评价标准,目的是达到良好的康复效果,每周进行一次团队评价,一般在8~10周左右出院。这里采取的康复服务方式有门诊、住院、社区、家庭康复等。

(3) 当患者达到最大限度的生活自理,就进入出院康复或社区康复,此阶段时间比较长,一般为2年,患者在此阶段仍由医院的康复专家或小组管理,定期到医院接受康复治疗、训练和评定,如果患者来医院不方便,医院会安排专车接送;当患者可以适应家庭生活时,就进入社区康复。

可以说,患者回归家庭是社区康复的基本目标。在一个地区内,级别最高的综合性医院(相当于我国的三级医院)承担急症康复和住院康复,而中小医院则承担住院康复、出院康复和社区康复。医院之间的转院手续比较简便,在下级医院进行住院康复的患者,如果病情变化,比如难以控制的感染,可以直接转到上级医院;当患者转回下级医院时,上级医院住院病历可以完整地由下级医院借阅。这种服务体系使卫生资源得到最大限度的合理利用,患者也因此得到连续几年不间断的康复指导或服务,对患者、家庭和社会都有益。

澳大利亚联邦康复中心是全国最大的职业康复机构,各地网点超过170个,专业的康复理疗师、心理学家、社会工作专家超过1 100人,提供的职业康复服务占全国的70%。提供职业康复训练、职业技能鉴定、心理辅导、职业介绍、就业后信息跟踪等"一条龙"服务。平均每位进入该网络的残疾人的职业康复费用目前约为4 400澳元,经费来自联邦教育、就业、社区服务和原住民事务部。该网络每年服务对象约4.5万人,约有3.5万人成功实现就业。在资源分布方面,澳大利亚型综合康复医院有8家,平均床位69张,年平均病人975人,平均住院天数21.8天,90.8%的病人为非急症类康复;143所康复机构(包括医院中的康复科)有86所在大城市、53所在各中小型城市。澳大利亚康复咨询联合会(Allied Health in Rehabilitation Consultative Committee)对于不同患者的康复医师的配备建议如表6.6。

表6.6 澳大利亚康复咨询联合会的康复医师的配备建议表(每10张床位)

	物理治疗师	作业治疗师	言语治疗师	社会工作者	临床医师	神经科医师	营养师	足科医师
截 肢	1.5	1.0	0.025	0.6	0.5	0.025	0.4	0.5
关节炎	1.0	0.8	0.025	0.2	0.025	—	0.4	0.1
烧 伤	2.0	2.0	0.2	1.2	1.0		0.4	0.025
心脏疾病	0.75	0.5	0.025	0.25	0.025		0.4	0.1
头部创伤	1.5	1.5	1.5	1.2	0.2	1.0	0.5	0.025
重症综合性外伤	1.25	1.2	0.2	0.6	0.025	0.025	0.4	0.025
神经类疾病	1.5	1.5	1.5	1.0	0.2	0.6	0.5	0.2
骨 科	1.0	0.8	0.1	0.4	0.2	—	0.4	0.3

续表6.6

	物理治疗师	作业治疗师	言语治疗师	社会工作者	临床医师	神经科医师	营养师	足科医师
疼痛	1.25	1.0	0.025	0.5	0.5	—	0.4	0.025
肺部疾病	0.75	0.75	0.1	0.25	0.025	—	0.4	0.1
脊髓损伤	2.0	2.0	0.25	1.2	0.5	0.1	0.4	0.2

澳大利亚的国家社会保障体系对康复医学事业的支持力度比较大，一方面医疗机构始终在政府和社会的监督和支持下运作，另一方面为患者康复的每个阶段投入的人力物力很大，由医疗保险和医院支出的费用也是惊人的，在社区康复阶段，社会的投入难以估算，很多社会团体和个人的参与都是志愿或无偿的。

6.2.2.2　康复医疗机构中康复辅助器具应用概况

澳大利亚的康复医院均拥有相当规模和格局合理的作业治疗、物理治疗、语言治疗等科室，并根据专科及病种康复的要求，配置了较为完善的训练、治疗器材。大多数康复中心为了使患者尽早恢复日常生活能力，作业治疗室内设有训练用的厨房及全套炊具、卫生间和淋浴等设施，以及其他设施和辅助用具等。这些设施和用具的配置，均模拟病人的实际生活环境。

在维多利亚州的邦杜拉康复医院，设立了专门为老年人慢性病功能障碍者服务的延伸康复医疗中心，将病人的住院康复治疗与出院后的社区康复服务密切衔接起来，是住院后期阶段以及出院后随访的特殊康复项目。Bloomfield医院设立的SHIPS项目管理系统，可通过卫星通讯，开展远程康复医疗活动。此外医院还开展对特殊病人的监测随访。

在澳大利亚，辅助器具的研制密切联系康复临床，按照不同残疾的功能障碍、不同年龄的需要，设计制作简便、易于使用的肢残辅助器具，以及适用于大脑功能障碍、儿童残疾等不同患者的特殊器具，直接支持了临床康复及社区康复，使残疾人享受到与正常人相似的生活和社会活动。

6.3　社会保险及社会福利制度

澳大利亚政府制定了《反残疾人歧视法》，从法律角度明确了残障人的权利与义务、政府的职责、社会的责任、残障人组织的职责及对残障人的特别扶助与保障。澳大利亚正在用5年时间投入大约50亿美元给各个州提供更多的相关服务和帮助其落实新协议要求的残障人服务体制，包括康复技术提升、无障碍设施建设、辅具配置上的全国统一。该计划刚开始会覆盖所有的65岁以下的重度残障人(一直或有时在重要活动或任务中需要帮助的人)。该计划包含以人数和生活需求为根据的照看和援助服务以及其他相关服务。残疾对于很多人来说会导致更高的生活成本。家居改造和康复治疗和辅助器具都是必需品,按照《1999版新税务体制(物资和服务)法案》,在残障人的康复治疗、设备、家居改造和家具方面一定数量的物资和服务的税收项目得到了免除。这些法案都规定得很详细具体,并且是专门给生病的人或残障人准备的。

澳大利亚各大城市都有专门的康复医疗机构,或在综合性医院内部设有专业康复医疗部门。例如,墨尔本大约400万人口,专业的康复医疗机构有19家。此外还有很多社区康复机构,康复医疗资源比较充足,而且康复医疗服务的费用基本上都是由政府或保险公司承担的。在澳大利亚,患者在综合性医院接受手术后,会由康复医生评估患者康复需求,对于经过短期的医疗康复治疗能够恢复全部或者部分功能的残障者,可以直接转诊到专业的康复医院、医院内部的康复部门或者社区康复服务机构。如墨尔本皇家医学院康复医疗部整合了皇家墨尔本医院神经科、康复科的各项资源,重点致力于为残障人康复提供持续治疗门诊服务,包括社区治疗服务和专科门诊。其专长是从事神经康复,截肢者康复,慢性疼痛和整形外科及肌肉骨骼康复。

在澳大利亚,残障人服务队伍专业素质高。康复机构和残障人照料机构的工作人员都有专业知识,并且有多年的实际工作经验。澳大利亚把护理对象的健康情况分为8级,以其活动、讲话、吃饭、大小便、精神等20多种能力作为分级条件,护理等级不同,政府补贴不同,对护理人员要求也不同,但是非常具体、严格,且管理规范。澳大利亚培养一名专业的康复医生至少需要11年时间。首先是4年的专业学习(相当于国内本科),然后是3年医院实习(相当于国内硕士),之后还要有4年的专科领域学习实践才能申请专业的康复医生资格。在墨尔本皇家医学院康复医疗部从业的医疗人员专业有临床心理学、神经生理学、营养学、理疗、职业治疗、足部诊疗、假肢和矫形器、社会工作、言语病理学、听力翻译和教牧关怀等,不仅为康复患者提供康复治疗服务,还从日常生活和社会交往各个角度予以帮助,患者在这里完成住院治疗后,还会进行为期两年康复效果的跟踪评价服务。

澳大利亚的人口少,人工成本高,因此政府非常重视利用市场配置康复治疗或者辅具配置资源,最大限度恢复或提高残疾人、老年人的身体功能,增加可用劳动力和减轻护理和照顾人员负担。在社会福利领域建立了比较完善的政府购买服务机制,通过市场调节康复辅具产品和残障者护理服务机构的优胜劣汰，残障人可以自主选择能够使其生活水平和工作能力得到改善的服务、治疗和辅助器具，同时，提供康复服务的机构能够获得政府相应补贴。

以残障人护理机构为例，一般按照统一标准建设，由一些公司运行，接受政府的监督，市场在资源的调配中发挥了重要作用。通过引入市场调节机制，政府很少直接投资于残障人护理机构的建设，而是更多转向按照市场需求政府出资购买服务。个人或公司投资建设护理和养老机构，政府根据在这些机构中接受护理对象的残障程度和数量，按月支付护理费用。老年人养护费用仅占政府给予残障者个人福利补贴很小一部分。在澳大利亚，康复护理的对象是按照不同的残障等级和需要护理的程度进行划分，分类建设专门的护理机构。受市场需求调配，为各类残障人服务的机构逐步向系列化、小型化、社会化方向发展，托养服务中心渐渐进入社区、家庭，残障人普遍受到社会的尊重和重视。

对于残肢者装配假肢的相关费用，澳大利亚根据需求者不同的情况使用不同的资金进行资助。如澳大利亚的维多利亚州规定，因工伤或交通事故截肢的患者由 WorkCover 或 Transport Accident Commission（TAC）专项基金支付包括康复在内的所有相关费用；因疾病截肢后装配假肢的相关费用则由 Victorian Artificial Limb Program（VALP）支付，但 VALP 一般不支付进一步康复的费用；因伤需装配假肢的军人由 Department of Veterans Affairs 支付相关费用。澳大利亚的各州都有类似上述相关的基金支付假肢矫形器装配及康复的相关基金。

在澳大利亚的公共机构设有专项的辅助器具资助供个人申请。以西澳洲的起居独立中心（Independent Living Centre）设立的残障辅具基金（Disability Equipment Grant）为例，所有永久伤残者均可申请辅助器具的资助，根据家庭收入按不同规则补助，相关数据见表 6.7、表 6.8。

表 6.7 根据家庭收入按不同规则补助

家庭情况	年收入水平 1（澳元）	年收入水平 2（澳元）
单身	＜25 000	＜50 000
无孩子的夫妇	＜38 000	＜75 000
有孩子的家庭	＜42 000	＜80 000
	可申请康复辅助器具全额资助	可申请不低于康复辅助器具价格 10%的资助

表 6.8 对于申请获得资金资助的康复辅助器具及最高价格

辅具类型	最高资助金额(澳元)
汽车类交通工具及辅助配件(经改造的适合残疾人使用的)	7 500(经过改装的二手汽车最高资助 33%)
低视力辅助器具	5 000
生活辅助器具	5 000
空气调节装置	1 500(仅年收入水平1的家庭可申请)
其他(如护理床、手动电动轮椅、升降转移装置、个人沐浴辅具)	5 000

6.4 其他产业促进相关政策

6.4.1 政府资助

澳大利亚政府在辅助器具方向的资助基金有100多项。尽管每个项目的资助范围和目标各异,但在评估和准入规则上具有相似性。表6.9列举澳大利亚主要的几个资助基金及相关情况。

表 6.9 澳大利亚主要的几个资助基金及相关情况

项 目	资助人数	资助总额(万澳元)	政府采购模式
ACT Equipment Scheme (ACT-ES)	764	122	部分器械竞标;假肢类等器械政府指定
Enable NSW	44 712	5 411	直接购买
NT Disability Equipment Program	3 146	256	非竞标性购买
QLD Medical Aids Subsidy Scheme	31 783	3 469	竞标购买
SA Department for Communities and Social Inclusion Equipment Program	10 158	1 869	轮椅车和代步车通过集中采购和仓储模式,其他器械直接购买

续表6.9

项　目	资助人数	资助总额（万澳元）	政府采购模式
Tas Community Equipment Scheme	13 569*	426*	与非政府组织签订购买计划，非政府组织进行采购
Vic Aids and Equipment Program	31 950	3 420	竞标
WA Community Aids and Equipment Program（CAEP）	7 618	1 322	与专业的评估机构合作，为使用者进行专业采购

* 2008—2009年度数据

6.4.2　科学研究的资助

澳大利亚在康复辅助器具科研领域资助的相关部门是澳大利亚研究基金会（Australian Research Council，ARC）和国家健康和医学研究基金会（National Health and Medical Research Council，NHMRC）。澳大利亚合作研究中心（Cooperative Research Centres，CRCs）也在康复辅助的研发方面提供资金支持，CRCs有多个分中心，目前正在向政府申请Technology for Independent Living分中心，计划在未来的7年内预算投入3 100万澳元在辅助技术相关领域开展研发工作。

第七章 瑞 典

7.1 康复辅助器具制造业发展现状

7.1.1 发展现状

瑞典既是北欧最大的康复医疗器具市场,也是最大的供应商。瑞典生产的康复辅助器具已经占据了北欧、波罗的海各国的康复辅助器具市场。瑞典的大学和研究中心在此领域的相关研究和成果久负盛名。许多瑞典公司是本土或全球的主要供应商。根据1993年《创新在康复(辅助)技术市场的决定因素》的报告统计,瑞典每28家医疗器械制造商中有11家专门从事康复辅助器具的生产,12家有0~30%的康复辅助器具产品,5家有大于30%的康复辅助器具产品(图7.1)。

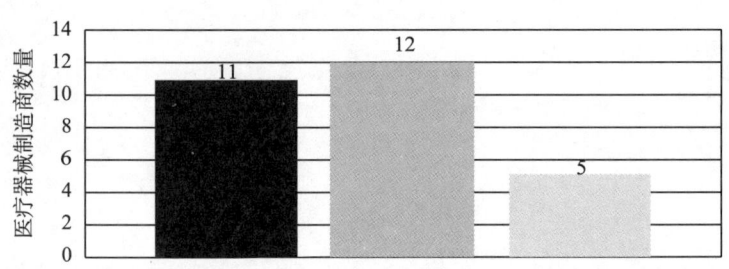

图7.1 瑞典医疗器械企业生产康复辅助器具比例

在瑞典,本土的制造商占据市场最大份额。美国2012年发布的《健康医疗技术资源指南》指出,瑞典市场是高度竞争的市场,由于瑞典的康复辅助技术从生产到制造都处于技术领先水平,即使来自美国的高科技公司要想开拓瑞典市场,依然需要和瑞典本地代理、生产商合作。

目前,瑞典生产医疗器械的制造商超过180家,根据前面所提到的比例,超过 70 家公司主生产康复辅助器具产品,是瑞典出口领先工业之一。

此外,瑞典的大学和研究中心在世界上的这个领域也是久负盛名的。比如具有假肢和矫形专业的延雪平大学(Jönköping University),具有残疾人和老人辅助器具、康复机器人研究课题的厄勒布鲁大学(Örebro University),以及具有家庭护理和康复中心建设课程的瑞典医疗学院(Swedish Healthcare Academy)等。

目前虽然还没有瑞典市场各类康复器械辅助器具相关规模的统计,但可以明确的是瑞典是世界上最大的医疗器械市场(2009 年医疗器械的总市场规模超过 16 亿欧元)之一。

7.1.2 行业的发展趋势

预计未来影响瑞典卫生保健系统有两个主要因素:

1) 人口老龄化

瑞典是世界上老年人比例最大的国家之一。根据瑞典统计局 2012 年数据,目前瑞典共有人口 962 万人,其中 65 岁以上的老年人 182 万人,占总人口总数的 18.9%。80 岁以上的老年人 50 万人,占 65 岁以上老年人口的 27.3%。保障他们的生活质量,是瑞典卫生保健系统未来的一个重要工作计划。因此,瑞典在未来有可能成为全球最大的康复辅助器具市场之一。这将进一步推动辅助产品、康复器械以及医疗保健相关的服务的发展和需求。

2) 与生活方式有关的疾病(糖尿病、超重等)

在 2012 年肥胖或过重人口统计中,瑞典 16 岁以上的肥胖或过重的人口占人口总数的 47.1%,这是一个对辅助器具需求相当大的群体。此外,因疾病具有活动障碍的人在瑞典也占了 20.8%。

由此可见,瑞典康复辅助器具的市场需求是十分庞大的,尤其是移动辅助器具、起重设备、人体功能康复器械以及减重器械等,这将会推动康复辅助器具及其相关服务的发展和需求。

7.1.3 主要企业与产品种类情况

如前面所述,瑞典生产康复辅助器具的生产商超过 70 家,而其他医疗器械生产商所生产的产品也包括部分康复辅助器具产品。这些本土企业中大部分是中小型企业,还有一小部分是具有世界领先技术水平的跨国公司,如 Liko(起重设备)、Permobil(电动轮椅)、Camp Scandinavia(矫形器)、TR Equipment(卫生设备)、Swemac 等等。

在瑞典有两个比较大的康复器械协会,分别是 Swidish Medtech(医疗技术协会)和Swecare(瑞典医疗协会),他们是生产商、经销商和使用者的纽带和桥梁。据两个协会统计,注册康复辅助器具制造商82个。

瑞典生产的康复辅助器具产品主要有病人的起重设备、助行器、轮椅、呼吸机、假体等。表7.1列出了瑞典三个比较大型生产商的信息,包括了这三个公司所生产的主要产品、提供的服务及其经营规模情况。除了该表列出的比较大型的跨国公司外,瑞典还有很多中小型企业也为瑞典的康复辅助器具市场提供各类优质的产品。

表7.1 瑞典康复辅助器具主要生产商信息

生产商	产品种类	研发情况	营业额	员工数	国际地位
Liko	1. 病人起重设备 2. 助行器 3. 吊衣 4. 手动辅助设备等	拥有全球病人移动研究中心	2 500万～5 000万欧元(瑞典境内)	101～250(瑞典制造公司) 6 000(全球员工)	在全球80个国家有经销商(包括中国)
Permobil	1. 手动轮椅 2. 电动轮椅 3. 残疾人用座椅	拥有自己的研发中心	5 000万～1亿欧元	101～250(瑞典本部)	全球30个国家分公司(包括中国)
Camp Scandinavia(Allard国际)	1. 手部和拇指保护工具 2. 儿童假肢 3. 足底筋膜炎夜间治疗用伸展袜 4. 假体 5. 成人腿部、脚矫形器	自主研发	1 000万～2 500万欧元	25～50人	全球50个国家

7.2 康复辅助器具服务业发展现状

7.2.1 配置服务业

在瑞典,假肢矫形研究所是瑞典最好的假肢矫形机构,因所完成的整形外科手术的数量之多使得它在该领域内处于领先地位。Camp Scandinavia公司和Skandinaviska Ortopedtekniska Laboratoriet公司是瑞典两家最大的假肢、矫形器生产商。

在教育方面,瑞典仅有延雪平大学(Jönköping University)的健康科学学院(School of Health Science)康复工程部设立了假肢矫形专业(Prosthesis and Orthotics)。该专业的设立目标是提供给学生关于传统假肢和矫形内外科临床康复的课程,使得拿到该学士学位的学生可以成为假肢(矫形师),也可以成为整个康复领域的技术专家。学习的科目主要有假肢和矫形技术、生理学、数学、心理学、病理学、统计学、康复、应用力学与材料科学、生物力学、假肢和矫形理论及中高级课程、应用假肢和矫形器等,学分为180分,学制3年。

此外,延雪平大学的健康科学学院的康复工程部作为世界上少数假肢和矫形研究和发展机构之一,专门设立了以假肢和矫形器为专项的研究课题。此外,该大学的工程学院、康复中心以及警方和国家犯罪实验室联合对假肢和矫形器进行调查与研究,以通过假肢和矫形器的改进提高残障人士的生活质量。同时,该项目为发展中国家的假肢师(矫形师)提供教育和培训工作,以满足社会各界的需要。

对于一名假肢与矫形专业的学生来说,首先要进行专业课学习;然后通过指导老师的安排在瑞典假肢和矫形中心进行实习,最后除了通过笔试外,还要评估真实的患者,接受校外考官考察,方可成为一名假肢师或矫形师。

在康复辅助器具专业人才教育领域,隆德大学(Lund University)工程学院开设了康复工程(Rehabilitation Engineering)和康复工程和设计(Rehabilitation Engineering and Design)两个硕士课程,以及康复工程(Rehabilitation and Habilitation Engineering)博士课程。康复工程硕士课程目的是提高技术如何为残疾人创造新的可能性的认识。对工程师来说,应具备的设计流程的重要属性是技术和交叉学科的使用,以及理解和考虑该技术长远利益的能力。康复工程与设计硕士课程目的是让工程专业的学生在未来作为专业人士时考虑人们不同的需求和能力,以及确保他们研发的产品、服务和设置被尽可能多的人所接受。康复工程博士课程主要是针对残疾人需求问题进行研究。它是一个跨学科领域的技术,包括自然科学、人文科学、社会科学和医学。

7.2.2 康复医疗服务业

瑞典政府提供完整连续的康复服务,从急诊、住院护理到经验丰富的医院普通门诊治疗,具有国家最先进的设施。瑞典每年为近7 000名患者提供康复服务。康复中心内经验丰富的医务人员会为包含运动损伤、神经康复等各年龄阶段的患者提供优质、完整的康复训练计划。

1) 康复的类型

通常情况下,康复包括教育和培训病人进行适当的运动并掌握一些技能。它可以很简单,比如一个健身运动,或很复杂的,比如电疗。康复还可以包括超声和按摩治疗技术。

2) 常见的情况

康复是用于治疗几乎所有涉及肌肉、骨骼和关节以及相关大脑和心脏疾病的医疗问题。最常见的是,瑞典的康复团队帮助患者从手术和意外伤害中恢复过来。它们还有助于患者管理疾病的并发症,如多发性硬化、癌症和糖尿病。

瑞典的康复中心共3个单元,收治病人相对有所区别,包括中风、脊髓损伤、脑外伤脑肿瘤术后、脑肿瘤放射治疗后,以及各种内因和外因导致的神经功能缺失后的需要康复训练的病人。每个单元有4~5个注册护士,8~10个助理护士(undernurse),床位数8张,整个康复中心同时接收门诊康复的病人。护士有专职和兼职两种,康复中心经理(无"护士长"一职)根据病人多少来排班,兼职的护士大多为助理护士,人员相对较不固定。注册护士相对于助理护士有更大的责任,完成侵入性操作等,助理护士则完成病人的全部基础和生活护理。他们的床护比在1∶1以上。

主要的康复护理模式有三种:住院康复护理、日间康复中心护理、回归社区后的跟进式护理。

瑞典医疗中心与美国 Craig Hospital 和著名的康复医院 Spalding Rehabilitation Hospital 有着密切的合作,其所属的急诊康复服务获得了医疗康复统一数据系统(UDS-PRO)的"最大团队"奖。这个急诊康复中心计划成为在 UDS-PRO 所有注册的近900个机构的前10%。此外,瑞典康复医疗中心欢迎世界各地的患者前去瑞典进行康复治疗,他们为外国患者提供舒适的环境及先进的医疗技术。瑞典的医疗中心还在西雅图创立了分院,为当地居民提供医疗服务,包括康复服务。

每一个到医疗中心治疗的患者都会根据各自的情况得到医疗中心的辅助产品以便更好地与医生沟通和治疗。瑞典的医疗体系是一个公有医疗和私立医疗组合的体系,大多数是由政府资助的,私人开业医生只占全国医生人数的5%。专业性较高的护理设备只有在国家级或区级医院有。

初级卫生保健服务是每个县议会卫生工作的基础。每个小区(负责500~50 000名居民的健康)由若干个社区卫生保健中心提供服务。目前瑞典共有约680个这样的小区,全国近90%的病人可以在初级卫生保健中心得到治疗。这部分费用大约占瑞典卫生保健预算的17%。瑞典的综合医院主要分为三个等级,即小型医院(50~70张床位)、县医院(250~300张床位)和大区医院(500~1 000张床位)。

7.3 社会保险及社会福利制度

7.3.1 社会保险制度

关于瑞典的保险制度,在《社会保障制度》《欧洲一体化与欧盟国家社会政策》《瑞典社会保障制度》《社会福利》以及《残疾人协会》中均有介绍。2012年在欧盟健康系统和政策观察组织发布的《瑞典健康系统概览》中对瑞典的医疗保险模式也有了更新的介绍。

自20世纪30年代以来,瑞典社会民主党开始在该国执政,并推行"全民福利政策",扩大福利覆盖范围,实施包括医疗保险在内的一系列全民福利政策。1947年瑞典国会通过一项法案,实行强制性医疗保险制度(也称"健康保险"),规定凡本国公民都必须参加医疗保险。1962年该国政府又通过和颁布了《国民保险法》,规定在全国实施法定的国家医疗保险制度。根据瑞典法定医疗保险制度,该国凡年满16周岁以上、在本国长期合法居住的公民都必须参加此项医疗保险。投保人只需按规定缴纳一定的保险金额,即可享受到必要的基本医疗服务。1982年瑞典又通过卫生立法,医疗保障制度日臻完善。

瑞典主要的医疗保险制度如下:

1. 保障对象

根据该国医疗保险制度,凡年满16岁以上、在该国长期居住的公民都必须参加此项保险。投保人只需按规定交纳很小一笔费用,就可享受必要的医疗照顾。

2. 医疗给付

公民生病均按规定的医疗单位就医,一家人只要有收入的成员将收入的2.8%交医疗保险税,全家即可享受以下公费医疗待遇:(1)医疗保健费用,包括医生治疗费、住院费、药费、往返医院的路费等,这些费用先由投保人支付,然后到保险机构按规定的标准报销。省区政府负责对儿童和19岁以下者提供免费牙科治疗,重点在预防性治疗。(2)疾病津贴。投保人生病期间的收入损失,从病后的第四天起可以享受疾病津贴。如确定可以改做其他工作,则接受再就业的职工培训;如确定不能重新工作,失去劳动能力,疾病津贴便由残病年金来代替。(3)产妇津贴。产妇除享受一般医疗保健待遇外,还可领取一份产妇津贴。根据1974年的立法,产妇津贴称为父母津贴,如父母为雇佣人员,这期间可获得一份相当于每天劳动收入的90%的现金津贴。

3. 医疗保险的管理体系

国家卫生与社会事务部作为政府的一个重要机构,代表国家行使全国卫生管理的权力,主要负责制定卫生工作规划,监督和协调全国医疗卫生的各项工作。卫生与福利委员会是一个相对独立的管理机构,主要负责卫生保健、药品、社会福利等工作,此外,还帮助和监督各县议会进行卫生保健计划的制订和实施等工作。政府通过国家环境保护局、国家职业安全局、国家食品管理机构、国家放射保护研究所、国家药物研究所及法医研究所等部门对各个领域进行卫生监督。

2009年,瑞典的医疗保险支出占到当年GNP的9.9%。比2000年高出1.2个百分比(8.7%)。由省区政府提供或支付的医疗服务费用占到80%左右,而17%是私人支出,剩下是一小部分是用户承担。巨大的医疗经费主要来源包括71%以上为公民缴纳的所得税、19%的中央政府拨款、4%的个人支付费用。私人开业医生只占全国医生人数的5%。初级卫生保健服务是每个县议会卫生工作的基础。每个小区(负责500~50 000名居民的健康)由若干个社区卫生保健中心提供服务。目前瑞典共有约680个这样的小区,全国近90%的病人可以在初级卫生保健中心得到治疗。这部分费用大约占瑞典卫生保健预算的17%。用户以固定费率支付初级医疗和专家医疗保险。根据国家法律,在12个月内个人支付上限是1 100瑞士克朗(122欧元),如提前支付达到这个数字,接下来将享受免费医疗。

瑞典医疗保险系统明确声明其是以确保瑞典公民健康为主要责任的系统。在瑞典的医保系统中有三个基本原则。第一确保任何在瑞典生活的人的尊严和权力,第二确保急诊病人的优先权力,第三确保支出与治疗效果的最高性价比。

7.3.2 社会福利制度

为了帮助残疾人最大限度康复并援助其生活,促使其独立,让他们能像其他社会成员一样参加所有社会领域的活动,瑞典政府实施了残疾人基本保障制度。瑞典政府不断努力使更多的残疾人士得到社会的帮助,并且一直从残疾人这一弱势群体的角度来考虑如何改进残疾人保障体系。残疾人除了同其他公民一样可以享受养老保险、医疗保险、儿童保险、父母保险等社会保障以外,还可以获得特别社会保障,包括以下几类。

1. 残疾补贴

19~65岁间,因永久残疾需要他人帮助完成日常活动,或因残疾而产生较大额外费用的人,可领取残疾补贴(disability allowance)。领取残疾补贴的条件包括两个方面：一是因残疾需要他人帮助；二是因残疾产生了大量额外费用。残疾补贴数额是以价格基数为依据的，按残疾程度的不同，分别可领取价格基数的36%、53%、69%。据统计，瑞典领取残疾补贴的残疾人中，女性多于男性。2004年之前，瑞典每年残疾补贴支付数额及受益人数都在上升，2005—2006年的总支付额有所下降，原因可能是2003年国家决定将领取该补贴的年龄下限由16岁上调至19岁，可领取补贴人数的减少导致总支付额降低。2007年，由于年龄上调对支付额产生的影响已经消失，2007年的残疾补贴支出比上年有小幅上涨。

2. 残疾护理补贴

因功能性残疾，平均每周需要他人照顾基本生活20小时以上的大于19岁小于65岁的残疾人，可申请获得残疾护理补贴(assistant benefit)。

在一般情况下，超过65岁的残疾人不可以申请此项补贴，但如果申请人在65岁前已得到相关机构批准，仍可获得护理补贴。并不是所有的有功能性残疾的人都可以获得护理补贴，那些已经受到中央政府、市政机关或省政务委员会资助的相关机构照料的残疾人，不能够再获得残疾护理补贴。瑞典社会保险机构只负责每周超过20小时以上的护理补贴部分的费用，前20小时的费用一般由当地政府资助。2005年前，护理补贴为每小时212瑞典克朗，2006年后上调为219瑞典克朗，超过1.4万残疾人得到了此项补贴，平均每人每周约有100小时的补贴，总支出160.84亿瑞典克朗。预计在未来几年里，每小时补贴数额、每个符合资格的受补贴者需要照顾的时间及符合补贴资格的人数都会增加，所以瑞典政府为该项目的支出会一直增加。

3. 汽车补贴

行动有困难的残疾人在购买或修理汽车时，可获得残疾人汽车补贴(car allowance for the disabled)。补贴形式有多种，如基本补贴、购买补贴、修理补贴、学车补贴等。每个残疾人每7年可享受一次基本补贴和购买补贴，修理补贴是没有时间限制的。2006年，汽车补贴总支出2.57亿瑞典克朗，共有1 935人获得基本补贴，1 762人获得修理补贴。

除以上三种外，当19岁以下的孩子患病、残疾需要父母放弃工作时间照料护理，或因患病、残疾需要大量额外费用时，政府给予适当的补贴，补贴分为全额、3/4额、半额、1/4额。2003年瑞典社会保障体系改革，将可获得残疾儿童护理补贴的年龄上限由16岁上调至19岁，与此同时，残疾补贴的年龄下限也由16岁上调至19岁。可见，瑞典的社会保障体系具有高度一致性和极强的完整性。

虽然瑞典社会保障局一直在努力提高为残疾人服务的质量，但由于各省的服务质量参差不齐,短时间内难以获得整体提高,同时也存在残疾人保障制度的相关立法跟不上社会进步的问题。残疾人保障涉及的部门众多,残疾人需要救助时通常不知要找哪个部门,不同部门间职能也划分不清。另外,不同机构、部门各自的救助范围有严格限制,不能形成有效的资金互补,造成某些残疾人无法获得补助。

总体来看,瑞典的基本生活保障制度内容多、范围大、覆盖面广、标准高,对于降低贫困人口比重、满足国民基本生活需要、缓和阶级矛盾、促进社会稳定发展都起到了积极的作用,为经济增长创造了一个相对稳定的社会环境。

瑞典由于人口老龄化,超重、肥胖、残疾等多种原因对康复辅助器具有较大的需求。瑞典的康复辅助器具制造业占据了北欧的主要市场。经过多年的研究和开发,瑞典的康复辅助器具产品已经销往世界几十个国家和地区,当地的医疗系统也与美国、泰国及中国等国家有着密切合作。瑞典的医疗中心是美国境内第一个非盈利的外国医疗服务机构。由此可见,瑞典的康复产业发展在世界上具有领先水平。在先进的技术支持下,瑞典政府也为瑞典人民提供医疗保险,特别为残疾人提供额外的福利待遇,为自身的康复产业发展创造了良好的社会环境。

第八章 瑞 士

8.1 康复辅助器具制造业发展现状

8.1.1 发展现状

瑞士是一个领土面积只有4.12万平方公里、人口约800万的国家,2009年65岁以上人口占24.7%。瑞士医疗技术(Medtech)产业具有高度专业化水平。不论医疗产业化规模,还是医疗产品的数量,瑞士在医疗技术的发展、制造以及实际应用上都是世界领先国家之一。

瑞士目前没有康复辅助器具行业的发展报告和全国统计数据,但可以通过其医疗技术产业情况了解相关领域的概况(康复辅助器具约占7%的份额)。根据2008年瑞士官方发表的《医疗技术产业报告》统计的数据,瑞士约有医疗技术公司3 720家,其员工总数约为48 440人;到了2012年,从事医疗技术行业的人增加到51 000人,并且以每年1.5%的增长速度持续增长。在2012年《医疗技术产业报告》中指出:在瑞士1 600家医疗技术产业公司中,有480家是医疗技术产品生产商的供应商(零件加工、表面处理、系统设计等),400家医疗技术产品生产商,340家分销商以及400家专业服务供应商。可见,医疗技术产品生产商占医疗技术公司总数的25%,比2008年(医疗技术产品生产商占医疗技术公司总数的21%)增长了4%(图8.1)。2010年瑞士医疗技术产业报告中指出,瑞士2010年医疗器械市场销售总额约有229亿瑞郎(约258亿美元)。由此推算,占整个医疗器械市场7%的康复辅助器具市场销售总额约有16亿瑞郎(约为18亿美元)。

而从瑞士全国的产业经济发展来看,瑞士医疗技术产业是瑞士整个经济中增长最主要推动力之一。瑞士的医疗技术生产商约生产10 000种医疗技术产品,其中有90%产品会被出口到世界各地。由表8.1可以看出,瑞士医疗技术产业的经济增加率高于瑞士整个经济增长率,尤其在2010年和2012年分别高出6.4%和4.6%,医疗技术产业的发展拉动了整个瑞士的经济发展。

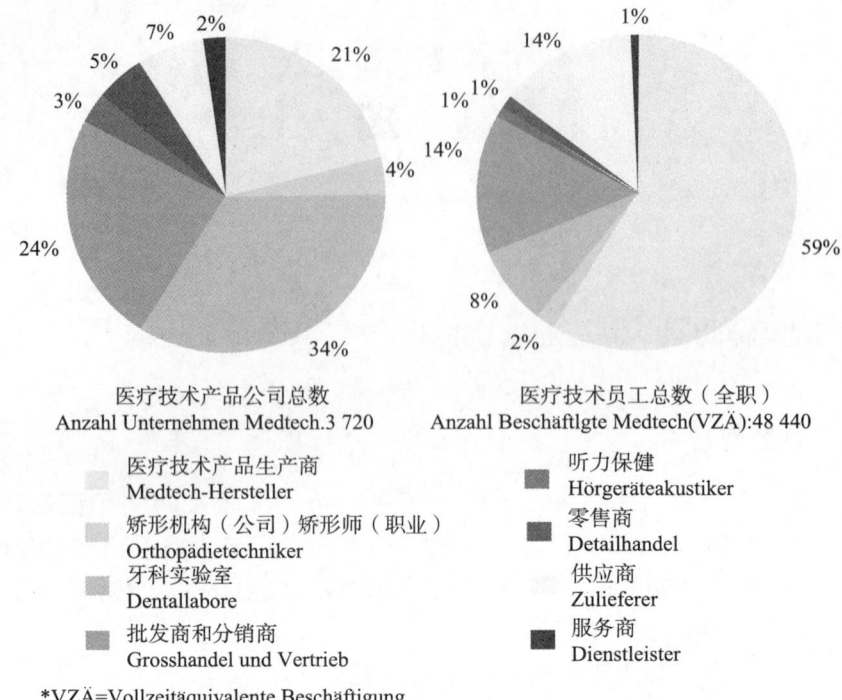

图 8.1　2008 年瑞士医疗技术公司及从业人员概况

表 8.1　瑞士医疗技术产业的增长率

	瑞士整个经济增长率	瑞士医疗技术产业增长率
2008	5%	6%
2010	3.6%	10%
2012	1.4%	6%

在瑞士，康复辅助技术产业被统筹在整个医疗技术产业范围内。随着瑞士人口老龄化以及疾病、车祸带来的康复辅助器具需求，康复辅助器具产业在整个医疗技术产业内占有重要地位。在占医疗技术公司总数的 25% 的生产商中有 7% 生产残疾人辅助器具，而占生产商份额最大的医院硬件产品包括诊疗设备、护理系统及设备与无障碍设施配置等产品（图 8.2）。虽然，图 8.2 中没有具体归纳康复辅助器具产品生产商的总数量，但是从 2010 年医疗技术产品进出口情况来看（图 8.3），出口产品数额最多的就是植入物和假肢以及矫形器等产品，所以无论从残疾人用的辅助器具，还是家庭诊疗设备，我们还是可以看出康复辅助器具产品的生产商占了相当大的份额。

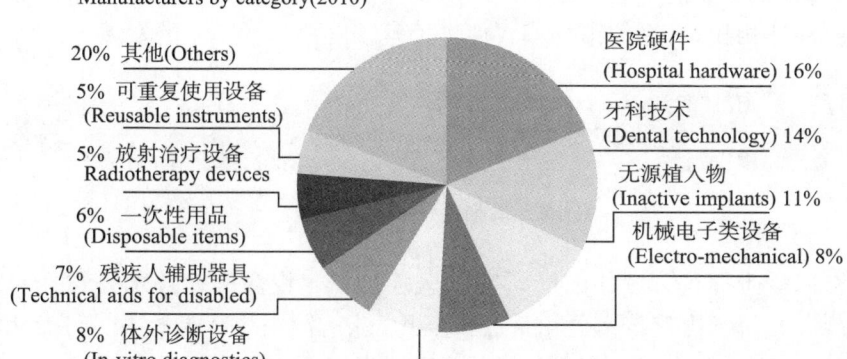

瑞士医疗器械生产商根据其生产的产品共分为16大类,其中医院硬件产品占有率最高(16%),生物技术产品占有率最低(1%)。

图 8.2　各类医疗器械生产商市场占有率

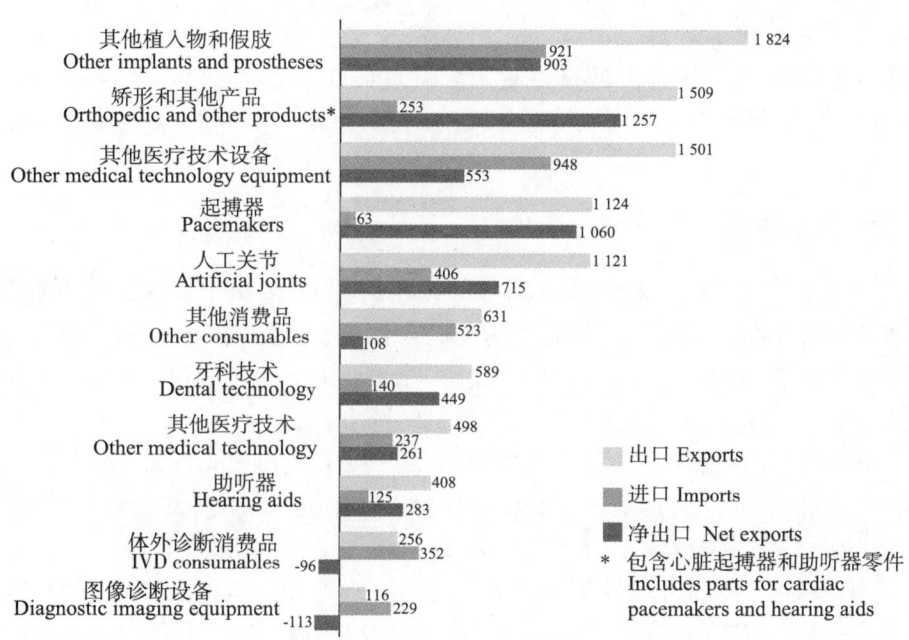

图 8.3　医疗技术产品进出口数量图

医疗技术产业在瑞士迅速发展依靠它自身有序的产业链。图 8.4 显示了瑞士医疗技术产业链中医疗技术产品从研发到医疗机构的使用每一个部分紧密相连,环环相扣,良好的市场模式促进了整个医疗技术产业的发展。

| 研发 Research and Development | 工程和设计 Engineering and Design | 元件供应 Components Supply | 设备制造 Device Manufacturing | 市场 Marketing | 分销商 Distribution | 医疗 Healthcare |

图 8.4 瑞士医疗技术产业链

此外,瑞士拥有大量的前沿研究和医疗创新。许多医疗技术公司拥有自己研发部门,每年医疗技术公司都会投资几百亿瑞士法郎(瑞士法郎与美元汇率为 1.127 7)在医疗技术产品的研究与开发上。同时,瑞士政府对于医疗技术领域的创新也给予大量的经济支持。在瑞士用于医疗器械的创新额约为总投资额的 13%,并且约有 59% 的瑞士医疗技术产品生产商和瑞士的大学以及工业技术联盟(ETHZ/EPFL)合作,共同研究新技术和新产品。目前,有 50% 的新产品经过三年的测试及证明已投入到市场。

瑞士政府除了对本土医疗技术公司有资金支持外,每年还会拿出 4 万亿瑞士法郎以国际投资者的身份对国际有意向在医疗技术产业发展的公司或个人进行投资。由此可见,瑞士政府对医疗技术产业的发展是十分重视的。

8.1.2 发展趋势

就像美国等这些工业国家所面临的医疗问题一样,瑞士政府无论现在还是将来都必须保证瑞士公民拥有优秀的医疗系统。虽然瑞士的医疗系统现在处于世界领先地位,但是随着人口的变化,瑞士政府不得不通过加快医疗技术产品的创新来满足瑞士居民的高生活质量的需求。

在 2012 年瑞士统计的官方数据指出,瑞士共有人口 804 万人,其中 65 岁以上的老年人占 17.4%,有 1 409 位 100 岁以上的人口。此外,在瑞士大约有 78 万残疾人,占总人口的 9.7%。在 2013 年瑞士医疗系统的报告中,统计了 1995 年和 2011 年的医疗服务消费情况,如图 8.5 所示。医院服务支出是主要部分,占总医疗支出的 36%(2011);其次是社会医疗机构(包括老人和残障人的服务机构)和医生,分别占总医疗支出的 17.5%(2011)。社会医疗机构的支出比 1995 年(15.7%)增长了 1.8%,是所有医疗支出中增长幅度最大的。原因是随着瑞士人口老龄化的加剧,人们提高了康复辅助器具(如助行器、轮椅、智能机器人等)的要求,由此提高了整个社会的医疗成本。

各类服务商医疗保健费用
Spese sanitarie per fornitori di prestazioni

医疗保健费用百分比，1995（内环），2011（外环）Percentuale sulle spese sanitarie,1995(cerchio interno),2011(cerchio esterno)

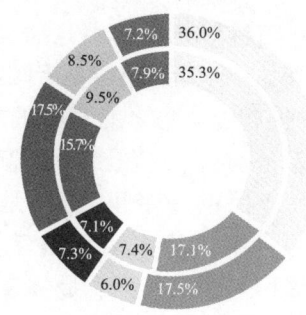

医院 Ospedali
医疗机构 Medici
牙科 Dentisti
非医疗门诊 Assistenza ambulatoriale non medica
社会医疗机构 Istituti di medicina sociale
药房药店 Farmacie,drogherie
国家保险公司 Stato,assicuratori,
基金会等　　fondazioni ecc.

图8.5　瑞士医疗保健支出

综上所述，瑞士人口的老龄化仍在不断增长中，因此为了保证他们的生活质量，减轻医务人员（包括护理人员）的工作强度，瑞士的社会医疗机构的支出和医院支出仍会不断增长。费用来自老年人的养老机构，医院为提高治疗效率而增加的辅助治疗设备、无障碍设施等产品，以及老年人、残疾人生活中所用的康复护理机器人、移动辅助设施等康复辅助器具。

8.1.3　主要企业与产品种类情况

瑞士是欧洲医疗技术生产商最密集的国家之一，大约有1 400家企业。其中，有四分之三是员工数少于50人的中小企业，大约有50家公司的员工数超过250人，为瑞士提供了很大的就业市场。这些企业中包括一些专门从事康复辅助器具研发的跨国公司如罗氏全球（Roche Diagnostics）（诊断设备）、Sonova（助听器）、Ypsomed（自我治疗设备）、Hocoma（康复机器人）。

如前面所述，瑞士本土生产的医疗技术产品约有1万种，包括假肢、矫形器、注册器、成像诊断设备、助听器、心脏起搏器，还包括辅助器具如轮椅、助行器，以及一些无障碍设施。值得一提的是被瑞士封为三个医疗技术行业的三个冠军公司（ZIEMER GROUP，HOCOMA，MEDELA）有两家公司（HOCOMA和MEDELA）从事康复辅助器具研发及销售。MEDELA公司主要的产品是吸奶器、乳房护理产品及真空系统等，从1980年到2010年，收益从100万瑞郎增加到3亿多瑞郎，成为瑞士医疗技术产品产业内三大主导公司之一。

HOCOMA公司是机器人康复治疗领域的领导者，主要为运动神经系统障碍的患者提供康复治疗，是一家在美国、新加坡和斯洛文尼亚等地拥有子公司的全球医疗技术公司。作为瑞士典型的高科技公司，它的主要产品有 Lokomat、LokomatPro、Erigo、Andago、Armeo、ArmeoBoom、ValedoMotion 以及最近研发的 LokomatPro 升级系统、ArmeoPower。Lokomat 系列产品主要用于中风、脑外伤、脊髓损伤、多发性硬化症或帕金森病引起的运动神经障碍患者康复训练。而在此基础研发的 LokomatPro 是专门针对儿童如小儿脑瘫患者的康复训练。Erigo 是 HOCOMA 公司发布的第二个产品，首次采用集成机器人平台在康复训练系统中，对运动神经障碍或长期卧床患者有很好的疗效。Andago 是一个手动辅助步行训练系统，采用了动态体重支持技术，使患者可以得到更好的步态训练。Armeo 是 HOCOMA 产品的一个里程碑，是一种用于上肢中风、创伤性脑损伤或其他神经疾病后遗症的康复治疗系统，在此基础上又推出的 ArmeoBoom 系统是专门为门诊和家庭配备的上肢康复治疗系统。2010 年，HOCOMA 公司进入了腰背疼痛治疗领域，研发了 ValedoMotion 系统。2011 年，HOCOMA 提出全新版本的 LokomatPro 采用了全新并且更为紧凑的设计，并可升级步态训练设备。此外，世界上第一个外骨骼神经康复机器手 ArmeoPower 被 HOCOMA 公司宣布研发成功。目前，约有 300 个治疗系统正在被世界各地的医疗机构所使用。最近几年，HOCOMA 公司研制康复治疗机器人取得很大的经济效益，仅在 2010 年就获得 2 400 万瑞郎的收益。

此外，在瑞士一些康复中心或经销商处，除了瑞士本土产品外，还有世界知名的品牌可供瑞士居民选择，如德国的 REHA Group Automotive，瑞典的 Etac，日本理光、英国 AUTOADAPT 等。

表 8.2 列出了在瑞士一些康复辅助器具销售或服务机构提供的康复辅助技术产品及其生产商情况。

表 8.2　瑞士部分康复辅助器具生产商及其产品

公司名字	产品	网址
Active Communication	激光手杖、老年痴呆护理系统等	www.activecommunication.ch
Auforum AG，Münchenstein	轮椅、助行器、滑道、轮椅	www.auforum.ch
Baco AG，Steffisburg	轮椅升降台及滑道、轮椅升降机	www.baco-ag.ch

续表8.2

公司名字	产品	网址
Bimeda AG, Bachenbülach	家庭和医院用康复辅助设备	www.bimeda.ch
CLASSIC, Ing. Büro M. Kyburz AG, Freienstein	电动车	www.kyburz-classic.ch
Closemo AG, Embrach	残疾人用坐便器	www.closomat.ch
Degonda-Rehab SA, Uetendorf	电动轮椅	www.turbo-twist.ch
Embru Vital, Rüti	床、护理椅及医院家具	www.embru.ch
Focaccia Group Sagl, Lugano-Davesco	残疾人汽车	www.focacciagroup.ch
GARAVENTA LIFTECH AG, Küssnacht a. Rigi	楼梯升降机、座椅电梯、垂直电梯,在该领域技术和市场处于领先	www.garaventalift.ch
Genny Mobility Schweiz, Unterseen	电动移动车(Mobility)共有12家分公司	www.gennymobility.ch
Högg Liftsysteme AG, Lichtenstein	轮椅升降机、座椅电梯、升降机等	www.hoegglift.ch
Küschall AG, Witterswil	轮椅	www.kueschall.ch
KWC AG, Unterkulm	卫浴	www.kwc.ch
Meier+Co. SA, Niedergösgen	轮椅升降台	www.meicolift.ch
MEIKO (Suisse) AG, Fällanden	无障碍设施	www.meiko-suisse.ch
Nosag AG, Villmergen	无障碍设施：马桶、淋浴	www.nosag.ch
Otto Bock Suisse AG, Dierikon	假肢、矫形器、电动轮椅	www.ottobock.ch
Permobil AG, Alpnach Dorf	电动轮椅	http://countries.permobil.com

续表8.2

公司名字	产品	网址
Rehalize, importatore svizzero per Meyra, Lucerna	轮椅	www.rehalize.ch
Rigert AG, Treppenlifte, Immensee	电椅、楼梯升降机、垂直升降机	www.rigert.ch
Romay AG, Oberkulm	卫浴	www.romay.ch
SKS Rehab AG, Schwanden	轮椅、电动轮椅、楼梯升降台、护理轮椅、坐便椅、坡道等	www.sks-rehab.ch
Sunrise Medical AG, Muri b. Berna	轮椅、体育器材、代步车	www.sunrisemedical.ch

8.2 康复辅助器具服务业发展现状

8.2.1 配置服务业

1. 机构数量、专业人员数量

据瑞士 2003 年职业培训统计，每 1 000 从业人员，有 37 个人从事理疗师、假肢矫形师等职业，有 25 人受雇于公共机构，其余 12 人为私人机构工作（图 8.6）。

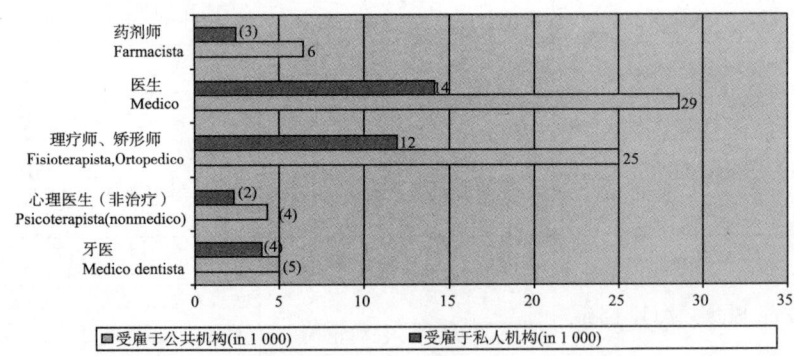

图 8.6 瑞士居民职业统计（每 1 000 人）

2. 专业人员培养情况

假肢矫形师专业在瑞士根据工作内容还有具体的划分。

(1) 假肢矫形技师 Ortopedico（AFC）（男）/ Ortopedica（AFC）（女）

为具有骨骼、肌肉系统问题的患者提供假肢和矫形器，主要任务是根据患者及其治疗医师的建议和要求，为患者提供关于矫形器和假肢的合理建议；并为患者制造和调试矫形器和假肢；对所提供的矫形器和假肢提供评估、维护等设备，并可销售相关的辅助器具。

该职业培训根据瑞士国家制定的《矫形师培训计划》和《矫形师培训法则》进行4年的基本职业培训。主要学习的科目有矫形器(ortesi)、假肢(protesi)、矫形和康复/康复辅助器具(ortopedia e riabilitazione / ausili per la riabilitazione)、工作程序和质量保证 (procedimenti di lavoro e garanzia della qualità)、工作安全(sicurezza sul lavoro)、健康保护和康复环境(protezione della salute e dell'ambiente)，以及自然科学的基本知识、一般文化课及运动等。

在四年培训结束后，申请者通过资格审查考试，即获得瑞士联邦政府颁发的认证证书(AFC)。该专业相当于本科水平，可继续深造获得硕士学位。

(2) 矫形鞋技工 Calzolaio（AFC）（男）/ Calzolaia（AFC）（女）

为患者提供矫形鞋来矫正患者走路与跑步等问题。该专业根据瑞士国家制定的《矫形师培训计划》和《矫形师培训法则》，学员需在制鞋车间进行学徒3年，并学习相关的专业知识。其主要学习的专业知识有脚的解剖学、装配、工具、机械、材料、计算(anatomia del piede, installazioni, utensili, macchinari, materiali, calcolazioni)、专业设计，以及一般知识（意大利语，企业概论，公民和经济，算术)、体操和运动。学员也要学习公司举办的一些课程。

培训结束后，通过资格考试，学员可获得瑞士联邦政府颁发的认证证书。该专业学生可通过高职考试(EPS)并经过3年的车间实习，可获得工学硕士学位。

(3) 矫形鞋技师 Calzolaio ortopedico（AFC）（男）/ Calzolaia ortopedica (AFC)（女）

主要根据患者的需求制作合适的矫形鞋、特种鞋、矫形器、假脚等，并对矫形鞋等辅助器具进行修复以减轻患者的痛苦。该专业根据瑞士国家制定的《矫形鞋技师培训计划》和《矫形鞋技师培训法则》需进行4年的专业学习，主要的课程有专业知识(材料、解剖学、生理学、病理学、企业管理、工作安全(materiali, anatomia, fisiologia, patologia, installazioni aziendali, sicurezza sul lavoro))、专业设计，一般知识（意大利语、企业概论、公民和经济、算术)、体操和运动。学员也要学习专业协会举办的专业课程。培训结束后，通过资格考试,学员可获得瑞士联邦政府颁发的认证证书(AFC)。该专业学生可通过高职考试(EPS)并经过3年的车间实习,可获得工学硕士学位。

8.2.2 康复医疗服务业

1. 康复医学发展现状

瑞士公共卫生系统主要分为两个部分,一部分是联邦政府和州政府的卫生部门,另一部分是各类医疗机构。瑞士卫生服务网络非常发达,医疗卫生系统包括康复中心在内共有30万名职工,占全国就业人口的8.9%。据《2012健康和意外保险统计》瑞士共有43家康复诊所,共有3 298张病床。除此之外,还有初级保健医院(90家)和护理中心(30家),如图8.7所示。

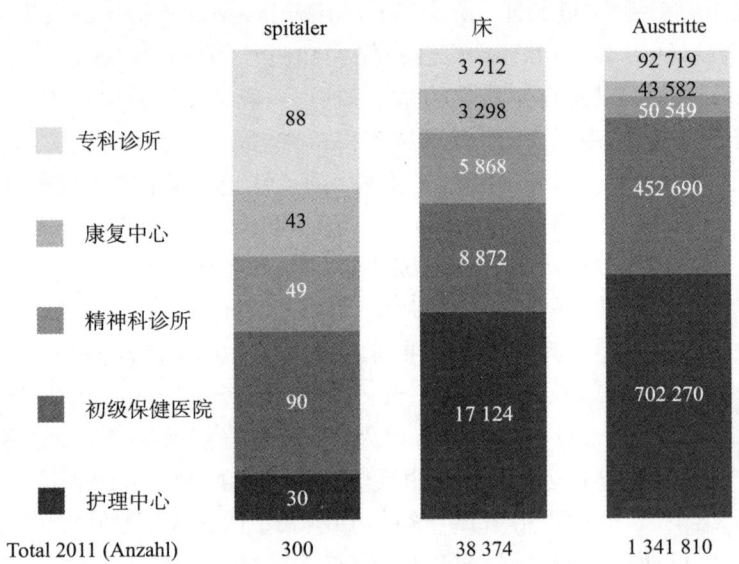

图 8.7 瑞士医疗保健概况

2. 康复医疗机构中康复辅助器具应用概况

据2012年SAHB的年度报告中统计,瑞士2008—2012年残疾人保险(IV)和养老保险(AHV)所用的辅助器具分配如表8.3所示。

表 8.3 2009—2012年残疾人保险供给的康复辅助器具

全部流通中的残疾人保险供给的辅助器具(2009—2012)				
	2009—2012	2008—2011	+/−	in%
残疾人保险负责(共四年)	11 408	10 972	436	3.97
养老保险负担	580	590	−10	−1.69

续表8.3

全部流通中的残疾人保险供给的辅助器具(2009—2012)				
租借系统	90	100	—10	—10
总　共	12 078	11 662	416	3.57

表 8.4 显示了瑞士居民辅助产品需求量。这些数据表明瑞士居民对移动辅助器具需求量是最大的,2012 年的需求(49.3%)比 2011 年(48.3%)增长了1%,但是相对 2010、2009 两年的使用量来讲稍有下降。另外,矫形器和假肢成为第二大需求产品,即使 2012 年较 2011 年需求相对降低,但比 2009 年增长了 8%。除此之外,由于瑞士居民对生活质量要求的提高,每年不乏对休闲辅助产品和信息产品的需求。

表 8.4　瑞士居民对辅助技术产品需求状况

根据辅助产品类别发展讨论和专家评估				
分　类	2012	2011	2010	2009
• 移动 Forbewegen, Fahren, Sichern	49.3%	48.3%	51.6%	53.5%
• 矫形器和假肢 Orthopädietechnik（Prothesen, Orthesen usw.）	18.2%	19.0%	14.1%	10.2%
• Umbauen, Anpassen, Schützen, Öffnen/Schliessen, Arbeitsplatz	10.8%	10.6%	11.4%	12.3%
• 个人护理和防护辅助产品 Körperpflege, Hygiene, Ankleiden/Ausziehen	7.5%	7.9%	8.4%	8.7%
• Heben, Höhenunterschiede überwinden, Transferieren	6.9%	6.8%	6.8%	8.0%
• 休闲辅助产品 Schlafen, Kochen Essen, Trinken, Haushalten, Hobby, Spiele usw.	3.5%	3.1%	3.3%	3.0%
• Stehen, Festhalten, Aufrichten, Stützen, Sitzen	2.3%	2.6%	2.5%	2.4%
• 沟通和信息辅助产品 Diverse（Kommunikation, Umweltkontrolle, Alarm, Fitness usw.）	2.3%	1.7%	1.9%	1.9%

8.3 社会保险及社会福利制度

8.3.1 社会保险制度

瑞士医疗保险制度起始于19世纪末20世纪初。从1912年起,瑞士政府就陆续颁发了有关医疗和事故保险方面的专项法律。医疗保险涵盖了疾病、生育和事故发生时的医疗和生活费用,分基本险和附加险两部分。在瑞士居住的居民可通过瑞士联邦社会保险局(Bundesamt für Sozialversicherung)认可的医疗保险公司购买保险。2003年瑞士人均医疗保险费上涨9.6%,投保人平均每月医疗保险费由245瑞士法郎提高到268瑞士法郎。

1. 基本医疗保险

基本医疗保险是在瑞士居住的所有人必须履行的义务。该保险保障了所有在瑞士居住的人高质量健康生活。

基本医疗保险负担所有由医生实施的治疗、检查、分析和拍片费用。药品和治疗方法方面(如中医治疗等)分为自费和保险内两种,这将取决于所参加的医疗保险种类。此外,基本医疗保险还会负担瑞士人(在瑞士居住的所有人)在所居住的州内住院期间的治疗和普通间的费用,附加费用和私人单间将由保险人自己或通过附加医疗保险份额负担。对于由医生开出的包含在瑞士联邦社会保险局医药单中的药品费用将全部由基本医疗保险负担。但是,基本医疗保险并不包括牙医费用,除在附加保险中参加牙医保险外。

值得一提的是,如果在瑞士居住的人参加了瑞士的基本医疗保险,保险公司将负担他在国外(瑞士之外的其他国家)度假、探亲期间的医疗费用,并且,最高可支付比在瑞士治疗高出一倍的费用。

2. 事故保险

意外事故保险可在参加基本医疗保险时附加,并且附加保险额相当便宜。如果出现意外事故,保险公司必须负担与生病同样的费用。

此外,一个在瑞士每周工作超过8个小时的人将自动根据瑞士事故保险法(UVG)参加由雇方购买的职业和非职业性事故保险。

3. 附加保险

这个保险属于自愿购买,包括附加的舒适医疗(比如住院期间享受私人或半私人单间的待遇)或更多附加福利(如自然疗法、一般的牙病治疗等)。

4. 免费份额

关于投保后瑞士居民在医疗中所承担的费用与保险费用分配如下:

(1) 正常的免赔额：一般情况下，年免赔额为 230 瑞士法郎，18 岁以下的青少年无免赔费。（免赔额＝保险公司每年不负担部分费用，超出免赔额费用由保险公司承担 90％，被保险者负担 10％）

(2) 扣除免赔费以后，所剩的医疗费用中 10％要自付。自付费用为：成人每年不超过 600 瑞士法郎。青少年不超过 300 瑞士法郎。

(3) 正常情况下成人每年自付费最多为 830 瑞士法郎（600＋230）。青少年最多为 300 瑞士法郎。

5. 养老和遗嘱保险（Alters-und Hinterlassenenversicherung）

养老和遗嘱保险是瑞士社会保障的核心支柱，目的是保障老年人的最低生活要求。遗嘱养老金保障了因父母或配偶死亡后造成经济困难的人群。

该法案在 1925 年制定，1948 年 1 月 1 日生效。

该保险除了一般养老金保险内容外，还为有功能障碍的老年人提供辅助设备（如助听器、眼镜等）和家庭护理及其他慈善机构的捐款。

养老和遗嘱保险也为严重残疾患者提供津贴（即使已经有自己的养老金患者）及辅助工具（如助听器、眼镜、假肢、轮椅等）。

6. 伤残保险（Invalidenversicherung）

瑞士伤残保险（IV）和养老和遗嘱保险（AHV）一样是瑞士强制性保险。该保险的目标是为残障人士提供康复或金融补贴等服务，来保障被保险人的生活质量。

瑞士伤残保险对残疾的定义是谋生能力和日常活动能力由于疾病、精神问题、先天性以及受伤而受到永久或长期（至少一年）限制的人。具有这样身体问题的人享受伤残保险。

伤残保险为了让被保险人可以继续在社会从事有酬劳动及促进他们积极参与社会活动，为他们提供一系列辅助措施（如辅助器具、津贴补助等）。

伤残保险还规定了伤残抚恤金的发放和领取相关事宜。通过伤残程度的计算，被保险人可以领到相应份额的养老金。40％伤残的被保险人可以领一年退休金总和的四分之一；50％伤残的可以领一年退休金的二分之一；60％伤残的可以领一年退休金的四分之三；70％以上的可以领全额退休金。领取时间从开始失去工作能力开始（一年内有 40％的时间无法工作）到退休年龄。退休年龄后可以领全额退休金。对于生活不能自理的重度残疾者（如卒中后遗症患者）可享受重症残疾津贴，时间从患病开始到被保险人死亡。

此外，该保险还对享受重症残疾津贴，并且只能在家活动的患者提供护理费资助，一般护理费每小时资助 32.8 瑞士法郎。如果护理人具备专业资格，可享受每小时 49.15 瑞士法郎的援助支付。如果需要夜间护理，提供不超过 87.4

瑞士法郎每人每夜的护理费援助。

8.3.2 社会福利制度

瑞士的社会保障体制主要包括养老和遗属保险、残疾保险、补充保障、事故和职业健康保险、医疗保险、军事保险、服役保险、失业保险、职业养老保障、家庭补贴和生育保障等种类，还有不列入社会保险体系的社会救济。对于老年人和残疾人的特殊福利都有相应的保险种类使这类人得到保障。

瑞士是世界上社会福利最好的国家，不但保障了一般正常人的生活质量，而且对有特殊需求的人民（如老人、残疾人）给予了额外的保险及辅助，保障了所有生活在瑞士的居民的生活质量，从而促进了康复辅助器具产业的发展。

瑞士是一个医疗技术产品的生产大国，一些产品不仅深得瑞士本土人喜欢，而且还被销往世界各地，成为美国医疗技术产品产业的竞争对手。虽然瑞士没有明确地把康复辅助器具产品从医疗技术产品中单独分离出来，但是从整个医疗技术产业来看，瑞士的康复辅助器具产业占有很重要的地位，随着瑞士人口老龄化的加剧，还有一些疾病的影响，以及人们对生活水平的要求，瑞士的康复技术产品现在乃至将来都是一个可持续发展的产业。

第九章 意大利

9.1 康复辅助器具制造业发展现状

9.1.1 发展现状

意大利是欧盟第四大经济体,虽然近年来经济有些衰退,但是意大利医疗保健的供需与其他西欧国家相比仍然是先进的。意大利政府作为医疗设备的主要购买商购买的医疗器械数量约占总销售额的75%,其余25%则由私营部门购买。目前,意大利是欧洲第三大医疗器械(Medical Equipment)消费市场,排名世界第六位(Assobiomedica,2012)。

意大利遵循ISO9999(2011)辅助技术分类标准,把辅助技术产品共分为包括职业康复在内的12个主类。据意大利辅助技术协会(SIVA)统计,意大利公司生产的12个主类产品共有6 402种。在意大利,销售、生产辅助技术产品的公司共有1 448家,生产厂家共有509家。根据ISO9999分类的生产每种产品的公司数见表9.1。

表 9.1 意大利根据 ISO 9999:2011 主类对应的产品数量、公司数量

主 类	产品数量	公司数量(生产商)
主类04 个人医疗辅助产品	721	456(59)
主类05 训练技能辅助产品	7	49(2)
主类06 矫形器和假肢	38	8(4)
主类09 个人护理和防护辅助产品	1 142	509(83)
主类12 个人移动辅助产品	1 938	649(112)
主类15 家务辅助产品	187	231(11)
主类18 住家和其他场所的家具及其适配件	1 009	590(124)
主类22 沟通和信息辅助产品	811	401(56)

续表9.1

主　类	产品数量	公司数量（生产商）
主类 24 处理物品和器具的辅助产品	398	407(29)
主类 27 环境改善辅助产品，工具和机器	6	5(4)
主类 28 职业康复产品	30	245(8)
主类 30 休闲辅助产品	115	257(17)

图 9.1 显示了 2009 年意大利辅助协会（ASSOAUSILI）统计的辅助技术产品（移动和认知设备）在意大利 2000—2009 年发展情况。如图可以看出，辅助技术市场规模呈上升趋势。随着意大利和整个欧洲国家的人口逐渐呈现老龄化，康复辅助器具已经引起欧盟和意大利卫生组织的重视。欧盟投入 2.75 亿欧元让包括意大利在内的 7 个国家（芬兰、法国、希腊、意大利、荷兰、瑞士及英国）的研究机构、大学和技术公司研发智能辅助机器人。此外，多份调查结果表明，ICT（信息和通讯技术）康复辅助技术产品是意大利的主要研究对象。

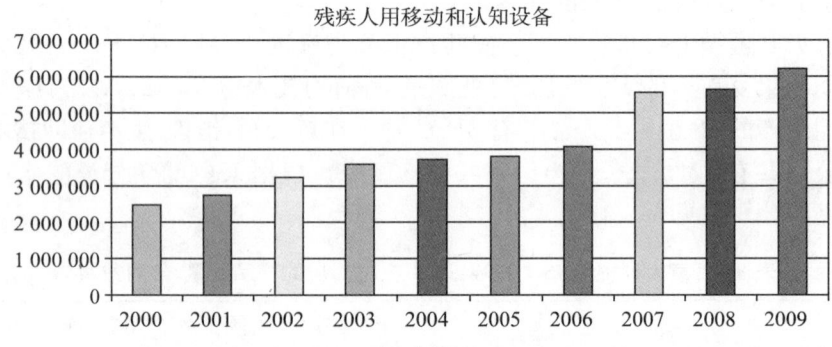

图 9.1　意大利辅助技术市场（单位：数量）

在 2009 年意大利辅助技术产品市场调查中（图 9.2）显示了在整个市场中移动和认知产品规模占 33%，而盲人和低视力产品规模占了 67%。

据意大利医疗器械年度报告数据，2011 年理疗和康复辅助器具生产公司占了意大利医疗器械公司总数的 10%，仅次于麻醉心肺复苏器械及口腔外科器械，位列第三（图 9.3）。

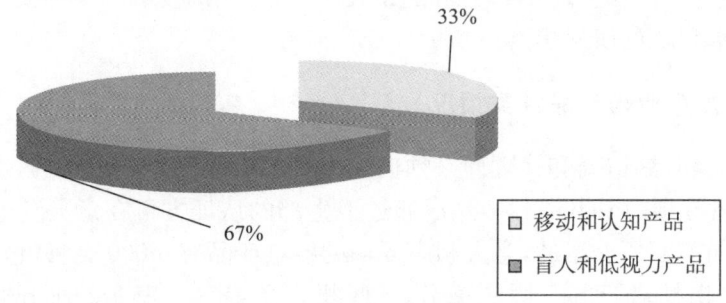

图 9.2 移动和认知、盲人和低视力辅助产品在意大利辅助技术市场的份额

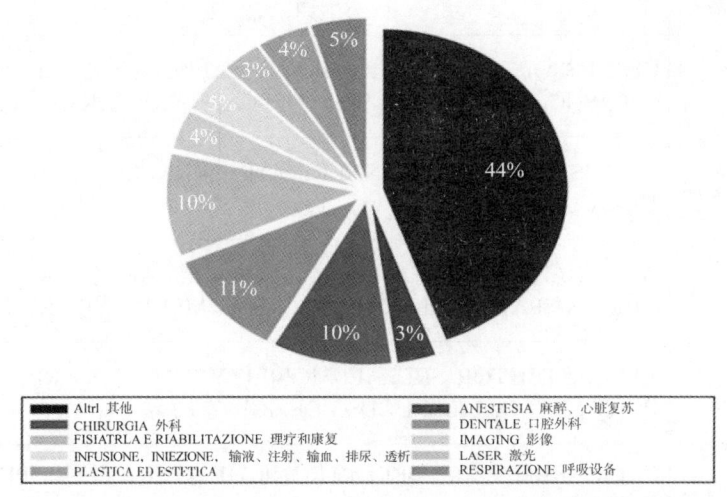

图 9.3 2011 年意大利医疗器械生产公司分类及数量比例

9.1.2 发展趋势

根据 2012 年初统计,意大利共有人口 5 939 万人,其中 65 岁以上老年人口为 1 237 万人,占总人数的 20.8%,比 2011 年增长 0.51%,80 岁以上的人口为 365 万人,占老年人总数的 30%。预计到 2040 年 65 岁以上人口将达到意大利人口总数的 35%。此外,据意大利统计局(ISTAT)2004/2005 数据显示,0 到 5 岁需要辅助设备的约占同龄人的 1.32%,6 岁以上的残疾人约占总人口的 4.8%。虽然,目前意大利还没有最新的残疾人数据公布,但是老人与残疾人对辅助器具的需求将成为意大利未来的挑战。除了现有的康复辅助器

具产品的生产与改进,ICT(信息和通讯技术)康复辅助技术产品将成为意大利在辅助技术领域的研发焦点。

9.1.3 主要企业与产品种类情况

在意大利,制造商和代理商必须向意大利卫生部提出申请,根据生产产品的不同准备注册、声明等材料,最后通过卫生部的认证方可在意大利进行生产及销售。如前面所介绍的,意大利康复辅助器具产品有6 000余种,包括轮椅、电动轮椅、拐杖、护理床、假肢矫形、呼吸机设备等等。表9.2列出根据ISO 9999分类的部分产品在意大利的生产商。

表9.2 各类康复辅助器具意大利生产商

产品名称	公 司 名 称
站立辅助产品	CHINESPORT SPA, COLOMBO GIUSEPPE DEI F. LLI COLOMBO & C. SNC, FUMAGALLI SRL, OFFCARR SRL, ORMESA SRL
假肢和矫形器	KTJ SISTEMI, ROADRUNNERFOOT ENGINEERING, SAFTE SPA, VEGA SPA
手杖	ALBO LAND SRL, CHINESPORT SPA, DEMARTA VIRGINIO SNS, GIPRON SPA, GIRALDIN G. & C. SNC, MEDILAND SRL 等12家
手动轮椅	ABLE, ADJUTOR SRL, ALLMOBILITY TRADING SRL, CHINES-PORT SPA, D.G.A.SRL, DSG DESIGN 等33家
电动轮椅	CEJ CARROZZELLE ELETTRONICHE JESINE, COOPERATIVA SOCIALE YABBOQ DUE ONLUS, EUROPSAN SRL, GIALDI SRL 等24家
制氧机	SIM ITALIA SRL, VIVISOL

9.2 康复辅助器具服务业发展现状

9.2.1 配置服务业

意大利卫生部公布的最新数据显示,通过国家税收用在假肢和矫形援助的公共支出约为55.5亿欧元,其中有关矫形支出为20亿欧元。

在意大利卫生部医疗器械制造商(法46/1997)注册的矫形机构约有1 500

家,在这些机构中约每20个患者有15个专业假肢矫形师服务。

假肢矫形技师(Tecnico ortopedico)的职责是编制康复计划,负责评估、设计和制造假肢和矫形器,以及相关的辅助技术支持。意大利最早的假肢矫形技师出现在1867年。

在意大利如果想成为一名假肢矫形技师,首先在完成高中课程之后报名参加意大利大学医学院矫形技术专业进行学习,学制三年。在意大利设有此专业的学校共15所,前六所著名的大学有博罗尼亚大学,佛罗伦萨大学,比萨大学,热那亚大学和帕维亚大学。学生拿到大学本科毕业证书后方可申请资格认证考试,资格考试通过后由卫生部和科学技术部颁发资格证书(相关法律为 Regolamento concernente la individuazione della figura e relativo profilo professionale del tecnico ortopedico.665,1994),在此之后,可以通过实习成为一名真正的假肢矫形技师。

相比较其他技术工作来说,假肢矫形技师在意大利是比较缺乏的。据统计,2013年该国卫生部公布的假肢矫形技师职位空缺156个。

意大利卫生部就矫形技师颁布了相关的法律,法律规定矫形技师的职责范围、依照的相关法律以及颁发证书的部门等(相关法律为:decreto ministeriale n. 665 del 14 settembre 1994)。

9.2.2 康复医疗服务业

9.2.2.1 康复医学发展现状

1. 康复医学

1998年康复指南的颁发引导了康复领域的秩序,主要的指导内容有患者的管理、患者的评估、康复计划的实施、具体干预计划的实施。这些指南一方面为康复指导原则和基本理念提供参考,另一方面进一步鉴定和评估有关成果和干预的标准。

通过对不同地区的康复工作研究,几乎所有的地区在处理指导康复工作的这个问题上,主要集中在健康计划的制订上。

目前,意大利康复治疗方法有强化康复、高度专业化的强化康复、长期康复。其具体形式为医院护理(住院形式或不住院的日间形式、日间服务、医院外护理(医生可住家、半住家或日间服务)、门诊治疗、家庭护理。意大利针对各项都有相应的立法,在具体实施时会根据地区差异略有不同。

意大利人希望得到连续性护理,但是对于一个患者来讲,并不能总可以得到各个方面综合的康复,常常没有一个完整的并且事先做好的康复计划。

政府根据疾病和残疾的DRG代码来制作不同的定价计划并进行相关的

资助,这与实际使用的资源分配无关。各个地区可根据各自的特点并结合不同的康复项目制定专用康复规划和针对特定疾病的康复部门。

调查显示,意大利所有地区都面临着住院护理治疗密集的问题。根据这些问题,意大利卫生部正在进一步发展与康复医学相关的各类组织机构,研究相关的医疗服务管理等。

2. 强化康复

强化康复是指针对患者的健康受损状况制定住院康复治疗计划,由护理护士 24 小时进行监督与护理,该康复计划要求在康复专家的指导下每天进行至少三小时的康复治疗,以达到高效康复的目的。目前,意大利共有 20 个行政区,在各个行政区都有此类型医院。比如翁布里亚省(Umbria)的佩鲁贾医院(Azienda Ospedaliera di Perugia)、特尔尼医院(Azienda Ospedaliera di Terni)和福利尼奥医院(Ospedale di Foligno)。

3. 高度专业化的强化康复

该疗法是提供高度专业化的康复护理,一般是驻军医院开展,也涵盖了大学研究所和认可度很高的私人诊所,主要针对患有脊髓损伤、脑外伤、先天残疾(或青少年时期造成的残疾),以及患有神经心理障碍的疾病。同样,每个行政区有自己的专业机构。在翁布里亚省这样的机构有:Prosperius Tiberino 研究所;Unità Spinale Unipolare;强化康复医院(Centro Ospedaliero Riabilitazione Intensiva—CORI);天使疗养院(Casa di Cura Madonna degli Angeli—Centro Ortopedico Umbro);神经强化康复机构(Unità Operativa Riabilitazione Intensiva Neuromotoria);Domus Gratiae;Servizio neuro-fisio-patologia medicina fisica e riabilitazione Ex Freddi。

4. 长期康复

该计划是针对不适合强化康复的患者,一般心理学家和社工等会参与康复计划。在此计划中,住院治疗不超过 60 天,每天由康复专家指导的康复治疗不超过一小时。

9.2.2.2 康复医疗机构中康复辅助器具应用概况

意大利对康复医疗机构中康复辅助器具的配置规定具体可参照该国 1999 年 9 月 27 日颁布的 227 号法规。意大利大多数康复机构可提供的辅助器具有脊柱矫形器、上肢矫形器、下肢矫形器、脚踏三轮车、自走式轮椅、助听器、轮椅、辅助治疗和训练器械等。

9.3 社会保险及社会福利制度

9.3.1 社会保险制度

意大利于1978年颁布相关法律实行全民保险,以前参加全国疾病保险的所有人员全部过渡到国民保健服务制度,而且制度覆盖范围被扩大到全体国民。在意大利居住的外国居民也被作为参保对象。意大利的医疗保险制度提出,健康是每个人的基本权利,应该受到国家的保护与扶助。在意大利的所有公民都有权接受医疗保险,这项权利被视为公民的尊严,与个人的社会地位无关。国民保健服务的适用范围相当广泛,地区卫生机构的活动以治疗活动为主,不仅包括已确诊疾病,各种身体的、精神的异常等,还包括疾病的预防和康复。

意大利医疗服务系统在1998年11月30日发生了重大改变,医疗系统由国家制改为联邦制。各个行政区政府负责规划、融资、控制和监督各自的医疗系统。国家的卫生部负责资金统筹,补偿实力较弱地区;协调部分公立和私立医院的研究工作;负责国家的疾病预防、接种、安全工作。行政区制定适应自己区域的健康计划,通过公共和私人医疗机构,提供高质量的服务。每个公民都要在USL上注册,选择自己的家庭医生,得到作为医疗保险凭证的健康证。患者在家庭医生诊所或在家里接受诊治和应急治疗。

1. 医疗处方

家庭医生可以开出诊疗处方。处方有些是收费的有些是免费的。不过,处方的药品都是按照国家规定的价格收费。

免费的处方有:子女生病而必须请假的证明、学校非竞争性运动造成的伤害。收费的处方有:竞争性体育运动伤害、残废证明、有关申请保险的证明。

2. 购买药物或到医院看病

购买药物或看病必须经过家庭医生同意。开药是免费的。持有家庭医生的处方可以到指定的医院进行特殊检查。但是,病人必须支付一个固定费用,这就是政府的"挂号费"(Ticket)。病人还可以要求特殊检查,同样要支付"挂号费"。

以下人员可以免去"挂号费":残疾人员,聋盲哑人员,18岁以下永久性致残人员,器官摘除人员,糖尿病患者。

一般情况每一剂处方要收费2欧元,最多4欧元。这对那些重病人、患有罕见疾病的人、残疾人以及生命垂危的人例外。

被免除费用的情况有:彻底致残的病人、被恐怖袭击的人、聋盲哑人员;退休人员;正在接受治疗的人员;60岁以上并要抚养家庭的人;家庭年收入少于8 263.31欧元的人;要照顾配偶及家庭年收入少于11 362.05欧元(每增加一个孩子此额度增加516.45欧元)的人;中重度残疾人士;接受国家病残救济的人。特殊诊疗的费用要根据需要的具体检查来定。

3. 家庭门诊

每个地方政府医疗部门都设有家庭门诊室,根据法律规定是免费的,并不一定需要有家庭医生才可以到家庭门诊就诊。家庭门诊必须帮助那些孕妇(即便她们是非法移民)以及他们的孩子就医,直到孩子年满18岁。家庭门诊还要提供孕妇们必要的健康怀孕知识以及如果孕妇要求的话协助她们终止妊娠,并负责妇科的疾病预防与协助治疗。许多地方医疗机构还设有特别的健康咨询中心。例如通过吸毒与艾滋病咨询中心,得到有关毒品的使用知识以及医学测试;通过社会与心理咨询中心,得到社会学家与心理学家的健康咨询以及人际关系的协调。

4. 怀孕妇女就医

即便是非法移民怀孕妇女都将得到医疗保障。她不需要付"挂号费"就可以进行相关的健康及医疗检查。终止妊娠(流产)根据意大利法律,可以在怀孕90天之内实行流产。超过此期限,只有在怀孕威胁到自身生命时,或者被确认婴儿出现严重生理缺陷时方可流产。要求流产,孕妇必须得到家庭医生的帮助或者家庭诊所的帮助。

5. 接种疫苗

疫苗可以保护自身免受某种特定疾病的侵害。接种疫苗是一种安全而且可靠的预防致命疾病的途径。儿童疫苗——通常结合儿童健康检查进行接种,用于激发儿童自身的免疫能力来抵抗各种疾病的侵害。在意大利白喉疫苗、破伤风疫苗、乙肝疫苗、小儿麻痹症疫苗是必须要接种的。另外一些疫苗如百日咳、流感、风疹、腮腺炎、水痘等是强烈推荐接种的。接种的时间段如下所述:3至5个月——白喉、破伤风、小儿麻痹症、乙肝、百日咳、脑膜炎;11至12个月——白喉、破伤风、小儿麻痹症、脑膜炎、乙肝;13至15个月——麻疹、腮腺炎、风疹;3岁——小儿麻痹症;5至6岁——白喉、破伤风、百日咳;12岁——麻疹、腮腺炎、风疹;14至15岁——白喉、破伤风。成年人疫苗是可选的。所有超过65岁的人要接受流感疫苗、Pneumococcal肺炎疫苗、破伤风疫苗的接种。一些高危人群尽管在65岁以下也要接受乙肝疫苗及Pneumococcal肺炎疫苗的接种。

6. 紧急情况的处理方法

紧急情况下患者可以呼叫急救医生。急救医生是当患者无法联系家庭医生时(在夜里或者节假日)可以电话(每个城市有不同的号码)呼叫的医生。急救医生通过电话给予应急帮助,必要的时候医生可以到家里诊治并作相应处理。病人在被送往急救中心后,根据病人的严重程度,用编码及颜色来区分患者病情的紧急程度,那些病情严重的人首先被诊治,而不是根据被送入的先后顺序。颜色使用法如下:

红色——患者处于紧急状态,必须马上诊治。

黄色——次紧急状态,患者病情严重,不可久等。

绿色——没有危险,可以等待稍后处理。

7. 住院

如果急需住院治疗,急救中心的医生可以直接处理全部手续。如果不急需住院,家庭医生可以向医院提出申请并征得病人同意之后才可住院治疗。

9.3.2 社会福利制度

意大利实行的医疗保险给付分医疗补贴和现金补贴两部分。

1. 医疗补贴

医疗补贴由地区卫生机构提供。在享受医疗补贴期间市民有选择医生和医疗单位的自由。在什么情况下可以在公共医疗机构、合同医院、辖区外专业医院住院治疗,授权由各行行政区立法决定。

治疗采用合同医院的形式,公民可以从各地区卫生机构编制的合同医院目录中为本人和家属自由选择医生,也可随时更换,但要及时通知地区卫生机构。医生也有选择和拒绝病人的权利,但在拒绝时要及时通知地区卫生机构,并告知其理由。合同医院与卫生机构的关系类似从属劳动关系。

2. 现金补贴

现金补贴又称疾病补贴,多数场合是由雇主支付,雇主可以申请全国社会保障机构从其缴纳的保险基金中报销。但工业部门不享受。支付期限原则上患病的前3天不能享受补贴,其后每个日历年最长可连续领取180天的补贴。无固定期限劳动合同的工人,在其合同终止后60天内患病,也可领取补贴。每天补贴支付的数额分别为第4~20天支付平均收入的50%,第21~180天支付平均收入的66%。对于无抚养家属住院治疗的被保险者,补贴额相应减少。平均收入的计算方式是生病前被保险者领取的报酬(社会保险费计税基数所含项目)除以30(身份为职员)或25(身份为工人)。领取疾病补贴时,被保险者须提交医生开具的因病不能工作的诊断书。诊断书中必须记录生病日期、预计治疗时间。自诊断书开出之日 2 天内被保险者必须将诊断书寄送雇主和全国社会保障机构或地区卫生机构,在规定时间内未能寄出的,除有正当理由外,将按滞寄天数,扣减补贴。

9.3.3 意大利康复政策

1992 年,意大利政府为了保障残障人士的权益,颁布了《法律援助、社会包容和残障人士权力》(法 104/92)(Law for the assistance, the social inclusion and the rights of disabled people),确保了残障人士的人权、社会融合以及对特殊人群的护理。这个法律涉及诊断、预防、治疗、康复、服务和支持以及社会排斥问题。

1998 年,意大利政府针对残障人士的辅助方法问题对法 104/92 进行修正(法 162/98)。该修正法保证了具有学习障碍的人独立生活的权力和严格约束一个或更多基本生活能力的个人自主权力。

同年,为确保康复工作的有效执行,意大利卫生部颁发了《意大利康复指南》。它的主要目标就是为康复服务网络组织提供指导,根据国家健康计划(NHP)设想的统一医疗水平提出康复护理干预的一般标准。

根据法律规定,意大利政府为残疾人提供的福利可分为两个方面:一是提供免费或部分免费的康复辅助器具,国家卫生部对残疾人购买康复辅助器具进行支付或税收减免。免费供应的产品有轮椅、起重设备、尿布和失禁产品、假肢和矫形器,助盲和视力辅助设备等。税收优惠则根据情况不同而进行减免。为了最大限度地保证残疾人的利益,法律也对辅助器具、矫形器和假肢等产品的供应、交付、维修、回收等都作出明确规定(法 332/1998)。

意大利卫生部 1999 年 8 月 27 日颁发法令针对国民医疗服务中辅具支付的福利,包括交付和价格模式,做了相关规定。该法令规定享有此福利的受益群体须具有下面的条件:(1) 公民和军人;(2) 战争中致残者或相同的人士(如战争中贫民受害者);(3) 失明或弱视力群体;(4) 聋哑人士;(5) 18 岁以下需要预防、治疗及永久伤残的康复的人士;(6) 需要持续支持的无法独立行走人士;(7) 被公司信任的医疗委员会确定失去三分之一工作能力人士;(8) 做过截肢、气管切开术、乳房切除等需要假体人士;(9) 严重残疾人士(需提供假肢、矫形器的人士)。符合条件的意大利公民可向卫生部提出关于购买康复辅助器具的福利申请。同时,该法律列出了国家卫生部可以支付的康复辅助器具名称(根据 ISO 9999)及对康复辅助器具供应商的最优税收政策。另外,该法律也列出本地卫生部门可购买的康复辅助器具。

随着意大利老龄化的加剧,意大利人对康复辅助器具的需求成为政府所面临的一个巨大挑战。意大利政府几年来陆续出台一系列相关政策辅助残疾人和老年人的生活，进一步促进了康复辅助器具在意大利的发展。同时，意大利辅助器具组织和欧盟保持密切的合作关系，对康复机器人的研发成为意大利研究机构的一个热点研究领域。

第十章 主要国家康复辅助器具支付体系分析

虽然在每个国家的研究中对康复辅助器具支付体系做了简单介绍,但为了对国外的康复辅助器具支付情况有一个更深入的了解和经验借鉴,本章对三个主要典型国家(美国、德国和英国)的康复辅助器具支付体系进行进一步更详细分析。

10.1 美国康复辅助器具支付体系分析

10.1.1 康复辅助器具在美国支付概况

美国现行的政策对残疾人辅助器具的补助采取分段式,即由不同的部门,如教育、就业、医疗等共同承担。对于残疾人如何获得辅助器具的资金支持,美国国家残疾人委员会在其向国会和总统提交的一份报告中确认不同的向残疾人提供资金支持的渠道:公共项目、其他筹资、美国税法、私人医疗保险、公民权利、普及高等教育和电信。其中公共项目又包括医疗保险(Medicare)、医疗补助(Medicaid)、母婴健康、教育、职业康复、社会保障福利、发展性残疾项目、退伍军人事务部项目、老年人法案项目。表10.1显示了公共项目对辅助技术负担的情况(注:该表只是显示种类负担概况,不包括资金负担)。

表 10.1 公共卫生计划对辅助技术的负担情况

辅助技术	公共卫生计划			
	联邦医疗保险	各州医疗补助计划	医疗减免	退役军人法案
个人日常生活辅助技术	部分	全部	部分	全部
个人移动辅助技术	全部	全部	部分	全部
矫形器与假肢	全部	全部	部分	全部
听力、视觉、言语辅助技术和辅助沟通	小部分	部分	部分	全部

续表10.1

辅助技术	公共卫生计划			
	联邦医疗保险	各州医疗补助计划	医疗减免	退役军人法案
认知辅助技术	无	无	部分	无
交通辅助技术	无	无	无	全部
居家改造	无	无	部分	全部

美国公民可以根据自身状况及需要康复辅助器具的类型找到相应的资金支持。比如学校系统会支付一般教育用康复辅助器具；政府项目（不管是社会保障、退伍军人福利，还是州政府医疗补助代理）为持有医生处方的患者支付一定的康复辅助器具；如果医生认为康复辅助器具是患者医疗和康复必要的设备，一些私人医疗保险可以根据保单条文支付一定康复辅助器具费用；还有一些康复和工作训练项目，可以为残障人士找到工作提供康复辅助器具的支付；此外，雇主为了让雇员可以进一步提高工作能力可以为其提供必要的康复辅助器具；还有一些针对特殊残障人士（如脑瘫患者）可以向相关协会提出资金补助申请得到康复辅助器具的支持。具体支付情况归纳如下：

65岁以上老人	65岁以下一般残障人士	退伍军人	特殊功能障碍人士
·医疗保险 ·医疗补助 ·老年人法案项目 ·私人医疗保险	·医疗保险 ·医疗补助 ·学生 ·康复项目 ·雇主 ·私人医疗保险	·退伍军人事务部项目	·医疗保险 ·医疗补助 ·一些协会，如美国脑瘫协会

如此可见，医疗保险和医疗补助是众多资金项目中最主要的资金来源，在2012年，美国有5 070万人享受医疗保险，其中65岁以上有4 210万人，残疾人有850万人。约有27%的受益人参加了C部分保险。2012年医疗保险总共支出为5 742亿美元。总收入为5 369亿美元，其中5 235亿美元为非利息收入，而134亿美元来源于信托基金投资所得利息。而且，医疗保险对康复辅助器具的补助也有住院和非住院的区别，具体如下：

对于医疗保险不包括的康复辅助器具,残障人士可通过其他筹资来获得。

10.1.2 公共项目支付

在公共项目中,康复辅助器具支付主要资金来源是医疗保险和医疗补助。

10.1.2.1 医疗保险

医疗保险是由美国联邦政府财政部管理的社会保险,主要由两个信托基金账户作为财政来源。这两个信托基金分别为住院保险信托基金和补充医疗保险信托基金。住院保险信托基金由两个来源获得。一方面来源于大多数雇员、雇主和自营业主所缴纳的薪酬税(Payroll taxes);另一方面来源于社会保障福利的收入所得税、住院保险信托基金投资的利息收入和医疗保险部分 A 的保险费(不享受免费 A 部分医疗保险的人缴纳的)。补充医疗保险信托基金来源分三部分,一部分由美国国会授权,一部分来源于保险费(有意愿缴纳 B 部分医疗保险的和医疗保险药物处方保险 D 部分的人缴纳),还有一部分来源于该信托基金投资所获利息。在 2012 年,美国有 5 070 万人享受医疗保险,其中 65 岁以上有 4 210 万人,残疾人有 850 万人。约有 27% 的受益人参加了 C 部分保险。2012 年医疗保险总共支出为 5 742 亿美元。总收入为 5 369 亿美元,其中 5 235 亿美元为非利息收入,而 134 亿美元来源于信托基金投资所得利息。

美国的医疗保险主要分为两个部分:住院保险(A)和补充医疗保险(B)。

住院保险(A)

住院保险是国家要求所有美国公民必须投保的强制性保险,保险费为每月 426 美元。但是,大部分美国人是可以免住院保险的保险费。一部分是个人工作并且每月缴纳医疗保险税的美国公民;一部分是配偶工作并且缴纳医疗保险税的美国公民;此外,65 岁以上的老年人和残疾人住院保险也是免费的。具体要求如下:

65 岁以上的老人需具备免费住院保险的条件是：
- 已经从社会保障或铁路职工退休委员会领退休金的人
- 有资格获得社会保障或铁路系统福利但还没有申请的人
- 自己或自己的配偶从事过医疗保险承保的政府的职业的人

65 岁以下，具有如下条件的残疾人可免费保险：
- 得到社会保障或铁路职工退休委员会残疾人福利达 24 个月
- 有末期肾脏疾病的人（永久性肾衰竭，需要透析或移植）

住院保险包括医院护理、专业疗养院护理、家庭护理（只要监护不只是个人所需的治疗）、临终关怀和居家健康服务。

补充医疗保险（B）

补充医疗保险需个人自己支付的医疗保险。

被保人可根据缴税、年龄及身体情况来为自己支付补充医疗保险。大部分美国人每月需支付 104.9 美元补充医疗保险（B）保险费；如果个人在基本医疗保险前自行支付卫生保健费用或处方费，又或参与处方药计划保险及其他保险的人可支付每年 147 美元补充医疗保险费用；已获退休金的退休人员、残疾人员、患有肌萎缩侧索硬化症（ASL）的人，以及居住在波多黎各和获得社会保障福利或其他福利的人可自动获得补充医疗保险，即他们不需要支付保险费。但是如果个人的收入增加或减少需要向社会保险部提出增加或减少支付该保险费的申请。具体如表 10.2（2012）。

表 10.2 补充医疗保险(B)个人支付情况

如果 2012 年以前收入如下（则 2014 年需支付）			2014 年支付保险费
个人申报的 个人所得税	申报的联合税	文件申报的结婚和分居税 File married & separate tax return	
$ 85 000 or less	$ 170 000 or less	$ 85 000 or less	$ 104.90
above $ 85 000 up to $ 107 000	above $ 170 000 up to $ 214 000	Not applicable	$ 146.90
above $ 107 000 up to $ 160 000	above $ 214 000 up to $ 320 000	Not applicable	$ 209.80
above $ 160 000 up to $ 214 000	above $ 320 000 up to $ 428 000	above $ 85 000 and up to $ 129 000	$ 272.70
above $ 214 000	above $ 428 000	above $ 129 000	$ 335.70

补充医疗保险包括医疗必要服务和预防性服务。医疗必要服务是指诊断或治疗病人的医疗条件和满足公认的医疗实践标准的服务和用品；预防性服务是指预防疾病的医疗保健（如流感），或可让治疗实践最优化的早期检测。具体来说，补充医疗保险包括临床研究、急救服务、耐用医疗设备（DME）供应、精神健康（住院治疗、门诊治疗、部分住院治疗）、手术前第二次选择、限制的门诊治疗处方药。

耐用医疗设备（DME）是指自己的医生为自己开具的在家使用的医疗设备，该设备必须是耐用的，可用于医疗或辅助医疗，对某些受伤或体弱的人通常不会用，以及必须在家使用。在某些情况下，耐用医疗设备（非全部）包括：吊带（手臂、腿、背部和颈部）、手杖（但是盲人用的白手杖不包括）、坐便椅（Commode chairs）、连续被动运动训练器（CPM）（Continuous passive motion machine）、拐杖（Crutches）、家用制氧设备及耗材（Home oxygen equipment and supplies）、医院用床（Hospital beds）、雾化器和雾化治疗（Nebulizers and nebulizer medications）、矫形器和假肢（Orthotics and artificial limbs）、造口用品（Ostomy supplies）、病人升降机（液压操作）（Patient lifts，to lift patients from bed or wheelchair by hydraulic operation）、假体器具（Prosthetic devices）、抽吸泵（Suction pumps）、治疗鞋或鞋垫（Therapeutic shoes or inserts）、牵引设备（Traction equipment）、助行器（Walkers）、轮椅和电动移动设备（Wheelchairs and power mobility devices）。被列入医疗保险的康复辅助器具共有2 000余种。

医疗保险支付清单上列出的耐用医疗设备的租借和购买所产生的服务费和购买费用。通常个人需支付医疗保险许可总额（这个总额是指医生或供应商和医疗保险所达成一致的总额，可能会低于实际价格，所产生的差价将由个人承担）的20%。医疗保险仅承保在医疗保险上注册过的医生或供应商。如果设备供应商没有与医疗保险在价格上达成一致，则医疗保险不会限制供应商的服务费用，由此个人可能会支付全部账单。一些在特定区域生活的人可通过《医疗保险招标计划》购买耐用医疗设备。但是医疗保险不会支付已和医疗保险签订合同的供应商提供的招标产品。所有合同内的供应商和产品均可在医疗保险官网上查询得到。

表10.3列出医疗保险在2013年部分产品的支付概况。

表 10.3　2013 年度医疗保险对部分康复辅助器具的支付概况

序列	名　　称	补助产品种类	单件补助金额(美元)
1	手杖及配件	21	0.24～53.71
2	坐便椅及配件	15	1.16～175.76
3	连续被动运动训练器(CPM)	5	305.39～3 989.52
4	拐杖及配件	31	0.65～226.31
5	家用制氧设备及耗材	12	0.06～146.57
6	医院用床	41	0～3 558.77
7	矫形器和假肢及假体器具以及抽吸泵	966	0～101 385.43
8	病人升降机	17	8.59～368.88
9	治疗鞋或鞋垫	7	25.52～187.7
10	牵引设备	19	6.05～549.64
11	助行器	42	1.48～460.5
12	轮椅和电动移动设备	185	0～3 460.6

10.1.2.2　医疗补助

医疗补助是联邦政府和州的联合计划，用来帮助低收入和低资源人群的医疗消费。医疗补助也提供医疗保险不承担的部分的福利，如家庭护理和个人护理服务。如果一个人获得当地的医疗补助则自动获得医疗处方药保险。该健康计划是政府和各州联合设立的，根据各州政策，医疗补助的内容并不相同。但是国家强制性的福利有：住院医疗服务、医院门诊服务、早期及定期筛检、诊断和治疗服务、护理机构服务、居家健康服务、医生服务、乡村卫生服务、具有联邦资格的健康中心服务、化验和 X 光服务、家庭计划服务、护士助产士服务、通过认证的儿科和家庭护士服务、独立式分娩中心服务、交通医疗以及孕妇戒烟咨询服务。除此之外，联邦政府还设立了可选福利：处方药、诊疗服务、物理疗法、职业治疗、语音、听力和语言障碍服务、呼吸道护理服务、其他诊断、筛查、预防和康复服务、足病诊疗服务、验光服务、牙科服务、假牙、假肢、眼镜、整脊服务、其他医生服务、私人看护服务、个人护理、临终关怀、个案管理、对在精神疾病机构的 65 岁以上人的服务、对在中级护理机构的弱智人的服务、国家家庭计划和社区基础服务、自我导向的个人辅助服务、社会第一选择权服务、结核病相关服务、未满 21 岁精神疾病患者住院服务以及被批准的其他服务。

医疗补助计划是由联邦政府和各州共同投资的健康项目。联邦政府根据各州的收入情况给予该项目总支出的一部分(以百分比计算),叫做联邦医疗辅助百分比(FMAP)。从整个美国来看,对各州的补助 FMAP 平均为 57%,对于比较富裕的州政府给予 50% 到 75% 的补助,而对于相对贫穷的地方政府补助的 FMAP 最大为 82%。但 FMAP 并不是不会改变的,美国联邦政府对各州进行三年的经济收入考核,根据考核结果对 FMAP 进行相应的调整。

医疗补助是一个"供应商付款"计划,各州通常通过卫生维护组织(HMO)支付医疗补助服务或直接预授权给供应商。当个人购买轮椅或相关设备时,RTS 公司必须接受全额医疗补助支付率。各州可以为一些服务将自付额、共同保险或共同支付强加给医疗补助受助人。

10.1.3 私人医疗保险

美国有一些私人保险也可支付康复辅助器具及康复服务。这些私人保险通常可以补助残障人士在购买和使用康复辅助器具时所支付的医疗保险不给支付的 20% 部分的费用。

10.1.4 其他项目

除各类保险和社会福利以外,残障人士还可根据自己的情况向其他十余个国家和私人机构申请辅助技术资金支持。他们是国家或地区的残疾人组织:国家多发性硬化症协会(National Multiple Sclerosis Society)、肌肉萎缩症协会(Muscular Dystrophy Association)、美国脑瘫联合协会(United Cerebral Palsy)、美国脑瘫联合协会 Bellows 基金(UCP Bellows Fund)、残疾儿童的国家传播中心(National Dissemination Center of Children with Disabilities)、NICHCY 成年人残疾的服务(NICHCY's Services for Adults with Disabilities)、美国盲人理事会(American Council of the Blind)、美国盲人基金会(American Foundation for the Blind)、北美康复工程和辅助技术协会(RESNA—Rehabilitation Engineering and Assistive Technology Society of North America)、美国退伍军人事务部(US Department of Veterans Affairs)以及国家和地区组织和服务团体(如:Easter Seals, United Way, Lions Club International, March of Dimes)。

还有一些联邦政府和州政府资助的项目也可以帮助需要康复辅助器具的人士提供资金补助。

- 特殊教育和康复服务办公室(OSERS)——OSERS 支持计划,帮助教育儿童和残疾青年,为青年和成年残疾人提供康复,并且支持相关研究以改善残障人士的生活。
- 国家残疾和康复的研究所——NIDRR 领导和支持残疾人康复相关综合项目研究。
- 特殊教育计划(OSEP)办公室——OSEP 致力于通过提供领导和财政支持,协助州和地方学区改善业绩(婴儿、幼儿、儿童和残疾青年年龄段上)。
- OSEP 格兰特机会和资金——包括 IDEA 公式补助,IDEA 酌情资助,特殊教育研究计划,和 IDEA 资金。
- 康复服务管理局(RSA)——监管关于对残障人士获得工作和独立生活的支持等计划,如医疗、心理服务,就业培训及其他个性化服务。
- 力争上游基金(Race to the Top Fund)——提供有竞争力的资助以鼓励和奖励各州创造教育创新和改革的条件。
- 用户协助计划(CAP—Client Assistance Program)——该项目的目的是提醒并通知客户关于所有依照 1973 年康复法及其修订法案和残疾人法(ADA)中残障人士可获得的服务和福利及申请程序。
- 州政府辅助技术项目(State AT Projects)——该项目意图提高人们对康复辅助器具和服务的认识和使用技巧。根据法律规定,美国每一个州和地区收到资助来支持辅助技术法案项目(ATA)。这些项目为残障人士的整个生活以及他们的家人或监护者提供服务,为辅助技术服务供应商、管理机构和其他相关机构提供服务来帮助残障人士。
- 职业康复服务(Vocational Rehabilitation Services—VRS)——各州具有自己的联邦基金机构,用来管理职业康复,支持就业和独立生活服务。如果辅助技术可以提高工人的能力,职业康复服务常常会为残障人士支付其使用的康复辅助器具及相关服务费用,以保障残障人士可以继续工作。

除了这些国家和州的项目之外,还有一些私人项目为残障人士提供其需要的辅助技术。

10.1.5 相关法律条文

美国目前有 16 个法案全面和强制保障残疾人使用辅助技术的权益,各级政府在预算中纳入残疾人获得辅助器具的补贴资金,并提供就业的辅助技术;纳入教育部门的预算落实接受教育的辅助技术;纳入其他保障体系的预算落实生活辅助技术(表 10.4)。

表 10.4 美国康复辅助器具支付体系相关法律

序号	美国残障相关法律	时间	主要内容
1	职业教育法案（Smith-Hughes Act of 1917）	1917	为帮助残疾劳工和退伍军人设立康复与培训计划的资金由私人部门承担，联邦政府承担管理和监督费用。
2	士兵康复法案（Soldiers Rehabilitation Act）	1918	规定由联邦职业教育委员会主管伤残退伍军人的职业康复计划。
3	职业康复法案（Civilian Vocational Rehabilitation Act of 1920）	1920	为伤残军人提供职业指导、培训和技能开发服务，由联邦政府出资50%。
4	职业技术康复法案（Vocational Rehabilitation Amendments of 1954）	1954	将联邦与州政府的出资比例由1920年法案规定的1:1上升到3:2，对各州职业康复服务经费数额的确定改为以州人口和平均收入为依据，对精神障碍与智障者服务的补助也大幅增加，并规定了资金的用途、使用方式和范围。例如，对残疾人康复计划费用支付范围的界定是：(1)在参加技术培训期间，政府提供专业工具、设备、服装和交通费用；(2)受训期间，在必要的情况下可以接受适当治疗，费用由联邦政府承担。在需要的情况下可以设立奖学金，鼓励残疾人自立，从而最大限度地为残疾人就业创造条件。此外，该法案对伤残退伍军人和伤残劳工一视同仁，进一步扩大了法案的适用范围。
5	美国残疾人法（ADA—The Americans with Disabilities Act of 1990）	1990	禁止歧视，并确保残障人士在就业、州和地方政府服务、公共设施、商业设施、交通运输上的平等机会。ADA规定为残障人士提供合理的居住设施以满足他们独立生活需求。关于ADA的其他技术辅助可通过ADA技术援助计划实现。
6	残疾人教育法（Disabilities Education Act）	1994	为残疾人提供了在校支持。该法要求州政府为初级和中级学校的残疾学生提供免费的、合适的公共教育。该法案为学校实施特殊教育，评估所有残疾儿童特殊教育的需求及与此相关的服务项目提供了资金支持。

续表10.4

序号	美国残障相关法律	时间	主要内容
7	辅助技术法案（Assistive Technology Act of 1998）	1998	辅助技术法案建立一个由美国教育部管理的基金项目，支持以残障人士独立生活的辅助技术为研究重点的国家项目，要求为各个年龄的残疾人提供与科技相关的服务支持，增加公共机构和私人部门提供、购买科技型设施以及提高为残疾个体提供科技型服务的能力，并对提供这些服务的州给予资金支持。
8	电信法第255部分（Section 255 of the Telecommunications Act of 1996）	1996	第255条规定：通讯设备的制造商和通讯服务的供应商要确保所生产的设备和提供的服务可以被残障人士所接受并使用。
9	康复法案第501部分（Section 501 of the Rehabilitation Act）	1998	该法第501条禁止在联邦就业的残障歧视，规定联邦机构在雇佣、安置以及残障人士在联邦就业的升迁中建立平等行为计划。
10	康复法案第504部分（Section 504 of the Rehabilitation Act）	1998	第504条禁止在联邦基金和联邦管理项目，或在美国境内一切活动（包括就业项目）上对残障人士的歧视。
11	康复法案第505部分（Section 505 of the Rehabilitation Act）	1998	第505条建立对康复法案第五条款的执行条文。第505条(a)(1)提供了对公民权利法案（Civil Rights Act of 1964）公民应具有的权利和章程并遵循第501条。第505条(a)(2)为在第504条定义的公民提供公民权利法案（Civil Rights Act of 1964s）第六条的救济，权利和程序。第508条也通过第505条加强了执行效力。
12	康复法案第508部分（Section 508 of the Rehabilitation Act）	1998	1998年的康复法案是对1973年康复法案的修正。第508条规定消除在信息技术上的障碍，为残障人士增加新的机会，鼓励可辅助残障人士技术的发展。
13	1998年劳动力投资法案（Workforce Investment Act of 1998）	1998	美国国会在1998年的劳动力投资法案进一步强化第508条效力。其主要目的是为残障人士提供访问和使用联邦行政机构电子和信息技术（EIT）。该法案把以前分散的联邦培训计划如工作培训、成人教育、职业康复计划等，转变为一个协调的、综合性、一站式的服务体系，建立了全美范围内的劳动力参与和就业体系（即美国劳动力网络）以满足企业、就业者和希望拓展职业生涯者的需要。

续表10.4

序号	美国残障相关法律	时间	主要内容
14	帮助美国选举法案（Help America Vote Act of 2002）	2002	该法案制定可为国家提供替换打孔卡片选举系统的资金,可建立选举协助委员会以协助联邦选举的管理以及某些联邦选举法律和计划的管理,可为国家和当地联邦选举管理政府建立最低大选管理标准及其他目的。
15	21世纪通信与视频无障碍法案（21st Century Communications and Video Accessibility Act of 2010）	2010	该法案确保所有美国残障人士电话和视频无障碍的服务。例如:智能手机必须可以由盲人或视障人士,以及患有听力障碍人士自己使用。
16	老年人法案（Older Americans Act）	2011	该法案保障老年人的权益,并为老年人提供全面的服务。

10.1.6 小　结

综上所述,康复辅助器具在美国的发展与美国政府对残障人士及老年人的优惠政策以及联邦政府发展的各个项目是分不开的。对一位普通残障人士或老年人来说,医疗保险基本确保了他们使用辅助技术的权益。他们在住院中所使用的康复辅助器具将由医疗保险中A部分（住院保险）全额承担;而居家使用的康复辅助器具将由医疗保险中B部分（补充医疗保险）承担额度内80%的费用,剩余的20%费用也可通过私人保险来承担;对于生活水平较低的群体,美国政府和各州推出了医疗补助计划,虽然各州的医疗补助计划内容略有不同,但是联邦政府为了保障残障人士权益限定了医疗补助强制性福利和可选福利,并根据各州的收入情况进行了50%到80%的资金补助以保障各州残疾人的相关权益;而对于具有特殊疾病的残障人士或退伍军人,美国相关的协会或退伍军人事务部都会根据相关的内部政策对他们进行资助与服务。总的来说,美国残障人士使用康复辅助器具大部分只需要承担一小部分或者完全免费。

10.2　德国康复辅助器具支付体系分析

10.2.1　德国康复支出状况

近十年来,德国对康复辅助器具的支出不断增加。2012年法定医保的治疗器具总支出近50亿欧元,比上年增长2.2%;辅助器具总支出65亿欧元,比上年增长2.7%。其中,呼吸机、失禁护理品、助听器、轮椅无论是支出总额还是医保参保人的人均支出都位于辅具支出的前四名，见图 10.1。

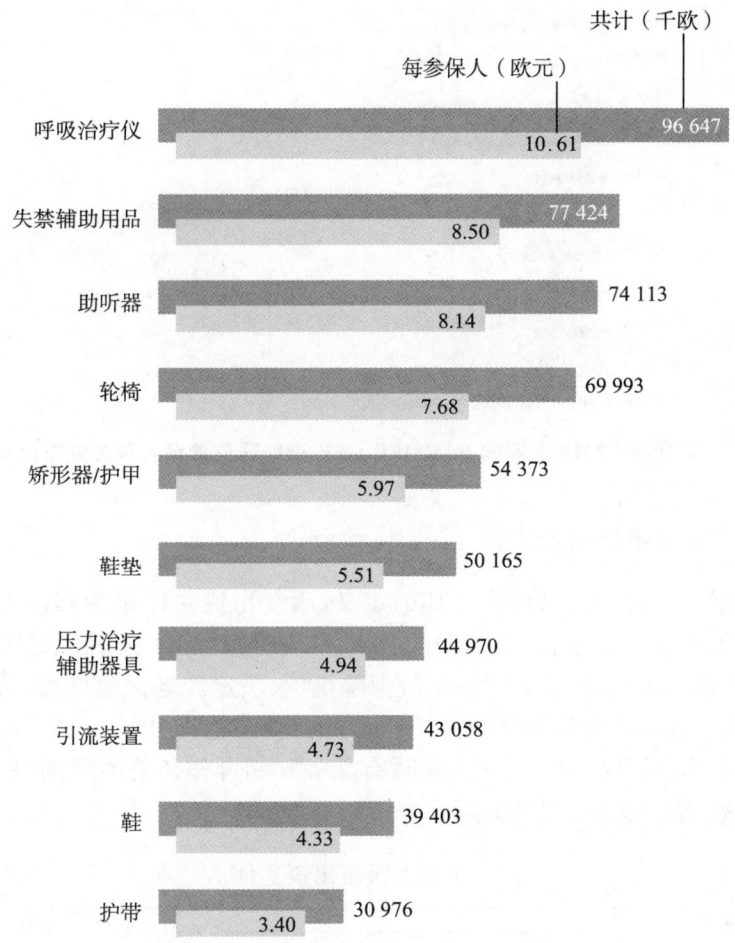

数据来源：BARMER GEK"2013年治疗与康复器具报告"

本文作者翻译

图 10.1　德国保险机构 BARMER GEK 2012 年支付的前 10 名辅助器具

在参保人员中，老年人使用辅助器具的比较多，且随着年龄的增长，比重快速增大。如 2012 年保险机构 BARMER GEK 的参保人员中，70~80 岁的老年人中，有约 1/3 的人使用辅助器具；80~90 岁人群中，就有 52% 的人有此需求；而 90 岁以上的老人，该比例跳跃至 70%，见图 10.2。

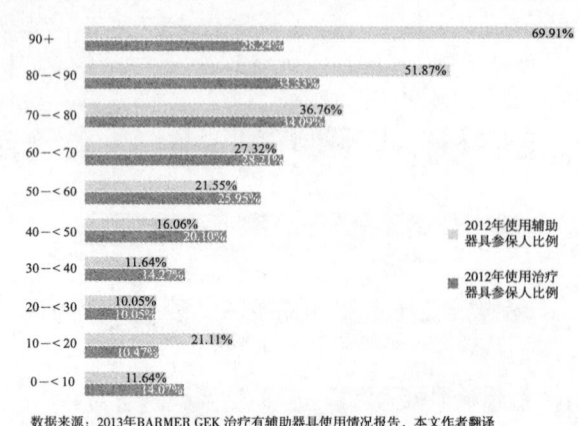

数据来源:2013年BARMER GEK治疗有辅助器具使用情况报告,本文作者翻译

图10.2　2012年德国 BARMER GEK 辅助器具参保人年龄分布比例

10.2.2　德国康复出资主体

根据德国《社会法典》第9部的定义,康复出资主体是为残疾人和潜在残疾人群承担康复服务费用的机构、团体和政府机关等,包括法定医疗保险机构、联邦劳动代理处、法定工伤事故保险机构、法定养老保险机构、战争受害者供养照顾机构、青少年公共救济机构和社会救济机构(图10.3)。这些机构实行独立运作、自我管理的模式,同时有义务互相合作。总的原则是预防为先、康复为后;康复为先、退休为后。

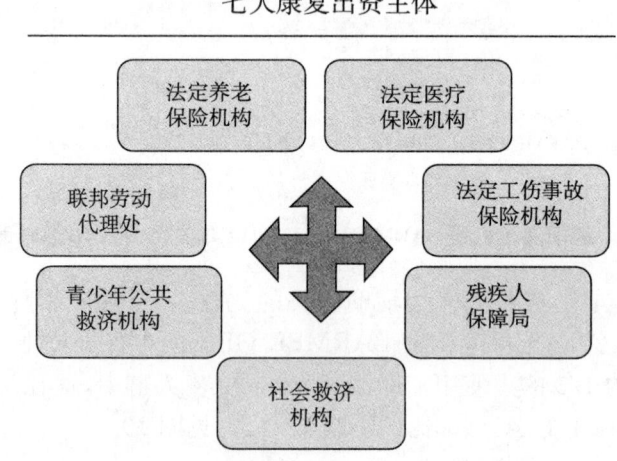

图10.3　德国康复费用的七个主要承担者

残疾人保障局（Integrationsamt）不属于康复体系的出资主体，但根据《社会法典》第 9 部第 2 部分第 1 条负责承担重度残疾人参与职业生活及正常社会生活所支付的康复费用。

这七大康复费用出资主体在历史上逐渐建立和发展，各自都有其一定的服务对象和职能。康复费用支付的原则是，被保人的康复条件符合什么出资主体的要求，该主体就负责支付其必要的康复费用。原则上，法定医疗保险只承担国家法定医疗及护理保险最高联合会编制的辅具产品分类目录中列出的辅具的购置费用。该目录没有法律强制性，但有市场导向作用。

10.2.3　康复费用支付主体职责范围及支付条件

德国的康复服务分为以下大三类：
- 医疗康复服务，目的是预防和祛除潜在残疾、残疾护理或防止残疾恶化；
- 职业康复服务，通过职业康复（比如通过继续教育、改行培训等）能够再度工作；
- 社会康复服务，促使患者融入社会生活，以应对日常生活的挑战和重入社会。社会康复服务比如住房补贴、家政服务、促进相互理解、提供社会与文化生活帮助等等。

德国社会保险的筹资模式是收费制，即社会保险的资金主要来自雇主和雇员缴纳的社会保险费，这部分资金占到社会保险资金来源的 2/3，并且有继续上升的趋势。德国社会保险的收支模式实行现收现支制，即完全的社会互助，没有任何个人积累性质。养老保险方面实行的是代际互助。医疗保险、失业保险等保险实行的是同代人的互助。社会保障给付以保障基本生活水平为准，而不是保证高水平生活或仅仅保证最低生活水平。实行有限差别原则，即社会保险给付根据缴费不同有所不同，但差别有限。不同支付主体具体的职责范围和给付条件见下文。

（1）法定养老保险

法定养老保险对康复服务的责任和任务主要有三大部分，一是向有能力工作的被保人支付康复服务费用，防止其工作能力受到限制或消减已有的限制。二是支付癌症康复。三是支付儿童康复费用。

所支付的康复服务费用主要负责包括医疗康复和职业康复。前者包括所有必要的医疗措施，特别是诊治、用药以及使用辅助器具。后者主要是帮助残障人获得工作岗位，比如为残疾人创造工作环境提供技术支持，或者资助改换职业培训、继续教育、残疾人职业教育，提供残疾人创业过渡金，向职业康复人员提供交通费、儿童保育费或过渡补贴。过渡补贴须用于保障康复人员以及其家人在培训期间的日常生活等等。

法定养老保险的给付条件包括个人条件和法律条件。个人条件比如有从业能力的被保人受到疾病或残疾的极大危害或限制,同时,职业康复措施预期能取得应有的效果。法律条件比如被保人需有至少 15 年的投保时间,或被保人因降低了从业能力而退休等等。

(2) 联邦劳动代理处

联邦劳动代理处下设的每一个职业介绍所都设有负责康复服务的专业团队,专门负责咨询残疾人一般的和个性化的就业机会,共同确定必要的措施。为此,职业介绍所也与其他专业机构及人士进行合作。如医生意见和心理辅导服务将帮助弄清前来咨询的残疾人从事工作对健康条件的要求。技术咨询服务支持回答残疾人工作环境技术支持问题。

如果残疾人可以参加普通的职业培训和继续教育,联邦劳动代理处则提供与普通人一样的服务。若因残疾种类及程度需要特殊的措施,联邦劳动代理处则提供所谓的"参与职业生活"服务,比如承担职业扶持中心提供的改行培训的费用等。

在资金扶持上具体表现为:

- 承担职业培训费用,包括学费、考试费、学习材料费、住宿与伙食费、交通费等;
- 承担生活费用,比如在一个职业恢复教育与继续教育机构(如教育与继续教育扶持中心)的培训费或过渡补贴,以及社保费;
- 承担求职的交通费或车贴;
- 提供自我创业补贴;
- 向残障人用人单位提供帮助:教育费用补贴、教育津贴、设置适合残疾人工作条件的工作岗位补贴、承担试用期费用、参加工作补贴(工资)。

享用劳动局一般或者特殊的参与职业生活康复服务,必须满足两大条件:一是必须有残疾或重度残疾,或者受到一具体的残疾的威胁。二是因残疾而无法再从事现有职业或者得不到扶持就无法就业。

联邦劳动代理处的咨询人员决定申请人是否符合条件。必要时申请人须出示医生诊断书,也可听取代理处内部专业服务人员的意见。

(3) 法定工伤事故保险

法定工伤事故保险人负责工伤事故、上下班事故和职业病的全部康复费用,并采取一切适用的手段控制病情、协调医药治疗,使患者重新步入职场和社会。同时,法定工伤事故保险人支付受伤人员康复期间的生活保障费用。目标是减少不良后果、使受伤人员能重新工作和融入社会。法定工伤事故保险施行赔付原则。

医疗康复领域的服务包括急救、医生及牙医的治疗、提供医药、疗养及辅助器具、家庭健康护理以及住院治疗和康复机构的康复费用。职业合作社拥有自己的医院,向病人提供从早期康复的急诊到愈后护理的全过程服务,同时包括为了重新步入职场和社会所做的疗养和康复。疗养期间,被保人有权要求工伤补贴。这一补贴的支付从用人单位开始停薪算起,共78周。

职业康复方面的服务:发生工伤或患职业病后,一些被保人仍可以从事原先的职业,工伤保险人负责采取各种措施,使被保人兼顾其从业能力、兴趣爱好及目前的职业而尽早、长期地重新工作。

社会康复服务包括社会保险费、按医嘱参加的小组康复运动、交通费、家政服务费、儿童保育费、住房补贴及车贴等。

(4) 法定医疗保险

对治疗和改善疾病、减轻症状、预防、必要陪护,法定医疗保险将提供支付。康复服务内容包括:

- 医生诊治、残疾儿童的早期发现及早期扶持、心理治疗、辅助器具、压力测试、工作治疗;
- 无完全从业能力的患者的分阶段职业康复和社会康复;
- 基本生活保障及其他服务,比如带有部分补贴工资作用的工伤事故医疗补贴,为毛收入的70%。一般用人单位需支付工伤事故发生后6周的工资。之后,被保险人获得医疗补贴,时间最长78周。

(5) 健康损害的社会补偿

这一部分的康复支出主要分为战争和暴力行为受害者的赡养和照顾两部分。一部分是对战争受害者的赡养,另一部分是对战争受害者的照顾。战争受害者赡养及照顾机构为以特殊形式为国家服务而造成的健康损害者提供抚恤金。战争受害者、联邦国防兵、民事性劳务者、暴力受害者、疫苗受损者及遗孀遗孤有权提出抚恤要求。社会补偿包括改善健康状况、采取重新恢复工作的必要措施以及适当的经济供养,具体包括:

- 医疗康复服务,特别是疗养;
- 提供生活保障,如供养健康补贴;
- 养老金和持续的供养津贴,包括基本养老金、补偿性养老金、职业损害补偿以及护理补贴。

如果战争受害者及其家属根据联邦抚恤法获得的养老金和其他收入或财产仍无力支付日常开支的话,战争受害者照顾服务将视情况对战争受害者赡养服务加以补充。服务范围包括职业培训及继续教育、健康补助金或生活特殊补助等职业康复服务。

（6）社会救济

社会救济机构的目标是社会康复。社会救济金领取者不能通过其劳动力、收入和财产实施自助，或者不能从其家庭成员或其他社会救济主体获得必要服务时，社会救济机构将提供社会康复费用，服务内容包括：

- 对应于医疗保险机构提供的医疗康复；
- 对应于联邦劳动代理处提供的职业康复服务和社会康复服务；
- 提供辅助器具、住房补贴、盲人补贴等其他服务。

（7）儿童与青少年救济

儿童与青少年救济机构支付有精神障碍或有可能产生精神障碍的儿童或青少年的康复费用。服务内容包括就业准备或就业教育等职业康复服务、教育心理帮助或生活实践能力训练等社会康复服务，在特殊情况下也提供医疗康复服务。

（8）残疾人保障局

残疾人保障局的服务对象是重度残疾人。针对重度残疾人对工作岗位的特殊要求，残疾人保障局对其他康复出资主体的服务做出个性化的补充。

残疾人保障局本身并不是民法典第9部第6条意义上的康复出资主体，但与康复出资主体有紧密的合作，也与用人单位、雇员协会、工会和残疾人协会有密切的合作。

上述各个康复服务费用承担者对康复服务的给付，在理念上和流程上有一个递进与合作的关系。在医疗和职业康复服务费用支出中，首当其冲的是养老保险。养老保险的给付实行"康复优先于退休"的原则。若残疾是由工伤或由职业病造成的，则康复费用原则上由工伤事故保险负责。法定医疗保险对医疗康复费用的支付，排在其他费用承担者（尤其是法定养老保险、法定意外保险）之后，实行"康复优先于护理"的原则。当没有其他机构（如法定养老保险）承担职业康复服务费用时，联邦劳动代理处来承担。公共青少年救济的支付服务排在其他康复出资主体之后。排在最后的是社会救济机构。

德国康复出资主体及其2011年对实施各种康复措施费用的支出见图10.4。

另外，住院和门诊康复的费用，包括老年人康复，都由相应的康复费用承担者支付。出资的保险等机构须照顾到患者个人的生活状况、年龄、家庭或宗教信仰以及世界观等等。

在法定医疗保险或法定养老保险、但不是工伤事故保险应承担康复治疗费用的情况下，选择非合同机构不需要有特殊理由。但如果费用过高，则必须

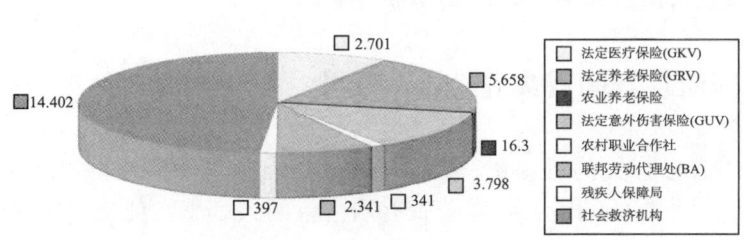

图 10.4　2011 年德国各康复费用承担者支出康复及恢复能力费用分布

自己承担超额费用。总体上来说，所有法定保险的参加人，包括退休人员以及被保人的家属和未成年孩子，都可以有医疗预防和康复治疗的要求。但有可能需其他费用承担者（养老保险、意外保险）过渡性地先承担费用。

门诊的预防与康复治疗上，医疗保险只承担短期的医疗费用（包括处方医药）、疗养地专用治疗费用以及专用药物和促进健康措施费用。医疗保险可以对门诊医疗预防服务在一般费用范围内提供一定的补贴。但 18 岁以上的患者必须自理医药费等附加费用，而且须为门诊康复治疗每天支付 10 欧元。

从业能力受到疾病或残疾限制的被保人，在住院预防和康复阶段每天也须支付 10 欧元的附加费用。对于住院治疗后接下来的门诊康复治疗、或者对于患有某种依赖症或患有精神疾病等的病人，医疗保险支付这种附加费用限制在 28 天以内，已支付的医疗附加费累计计算在内。

原则上，附加费的支付按照附加费的一般规定执行。但如果附加费达到了上限，即总收入的百分之二或慢性重病患者总收入的百分之一，则在日历年度剩下的时间里免除支付。

10.2.4　康复费用支付流程

康复费用的支付流程一般是，患者先根据自身康复需求情况、按照支付主体负责的范围向相关主体提出支付申请。依不同主体的要求，有可能还须上交其他相关材料，比如养老保险机构要求支付申请须与医生鉴定或医生诊断书一同上交。所有康复费用支付主体均有义务提供咨询服务。每一个县和县级城市都设有公共康复服务站，向求助人员提供所有有关出资主体的信息，并提供申请帮助。公共康复服务站点的信息均公布在网上。

之后，康复支付主体将对支付申请做出评估，确定申请人是否符合条件。为此，有时还需进行进一步的论证。比如养老保险机构必要时要请专科医生做出评估；劳动代理处必要时要求申请人出示医生诊断书等。

所有康复服务支付主体依法都有义务在两周内答复支付决定。有时还须将被保人的支付申请转发给其他相关支付主体。

10.3 英国康复辅助器具支付体系分析

英国的辅助器具的补贴统筹在其实施的公费医疗即"全民健康服务"（NHS）。英国所有的纳税人和在英国有居住权的人都享有免费使用该体系服务的权利。所有合法居民，哪怕是外国人，都可以在 NHS 所指定的医疗机构享受基本上免费的医疗服务。国家为 NHS 付账的大部分（80%）来自财政，一小部分（大约 12%）来自国家保险基金（类似于我国的社会保险基金，主要是失业保险和养老保险），还有一小部分来自向病人收费。

在轮椅车配置服务方面，政府是以"租赁"形式配置给需求者的，轮椅车的维护费用由 NHS 负担，轮椅车的所有者是政府。"租赁"的配置方式更多地针对电动轮椅的配置。对于手动轮椅来说，需求者多通过获取政府发放的"轮椅代金券"去指定的机构选择中意的款式。"代金券"仅能获得手动轮椅，其有效期为 5 年，在此期限内，需求者不能再次获取新的"代金券"。英国公民残疾后，政府财政会提供第一台轮椅，患者不需承担费用。但为了鼓励患者积极参与社会劳动，再次更换轮椅的费用是需要自付或医疗保险支付，除非患者丧失劳动和独立生活能力进入养老院或护理机构。

根据《社区护理法案（优质化服务）（英格兰）2003》，Community Care (Delayed Discharges etc) Act (Qualifying Services) (England) Regulations 2003，配置服务中为需求者配置的价格不超过 1 000 英镑的小型辅具由政府全额负担，政府对于必须配置价格超过 1 000 英镑的辅具将会进行严格评估。对于价值较高的大型辅具配置，OT 师做出初步评估后，由英国的房屋管理部门与残疾人设备基金共同承担。

英国 NHS 的健康部对于辅助器具的有一个指导价格（表 10.5）。一般申请者直接使用医院或康复中心免费配置的器具。另外一种选择是，申请者拿着康复医师开出的辅助器具"处方"，在政府指定的零售商店购买，若申请者希望获得比"处方上"功能更强或价格更高的辅助器具，支付差价即可。一般来说，对于轮椅等这类移动辅助器具采取后一种方法。英国市场上的辅助器具的零售价见表 10.6 和 10.7。

表 10.5　英国国家健康部生活辅助器具目录

生活辅助器具零售价	价格区间(£:英镑)
可调型沐浴凳/椅	£13～£130
有扶手和靠背的椅子	£20
坐便器框架和座	£26
浴缸坐板	£13～£16
浴缸座	£13～£15
装配在墙上的淋浴凳	£52
移动淋浴椅	£48
浴室用台阶	£18
旋转喷头	£76
沐浴用升降装置	£266～£290
床用水平仪	£39～£50
床用支撑架(用于床单、被子的架空)	£13
折叠式靠背	£14
床用升高器(一对)	£28
椅子、家具加高器和调节器(一对)	£18～£30
高度可调的推车	£30
高背椅	£106
高脚凳	£18～£20
悬臂桌	£20～£23
室内室外扶手	£3～£80
防滑垫	£9～£15
搬运带	£45
移位用圆盘	£29
轮式助行器	£19～£47
无轮助行器	£17
手杖	£5～£14
金属拐杖	£9

续表10.5

生活辅助器具零售价	价格区间（£：英镑）
转移板	£15～£26
儿童用手杖	£26～£71
拾物器	£4
腿部抬升带	£5
长手柄鞋拔	£2
瓶子倾斜器、盘子挡边、防洒杯子	£2～£13
易拉罐和罐头开瓶器	£10～£17
振动响铃闹钟	£26
文本电话	£233
液体高度指示器	£7
安装在门上的警报器和寻呼机	£110
高度可调的坐便椅	£12～£26
带椅子的便盆	£25～£75

表10.6 英国市场上的各类移动辅助器具价格

种类	价格区间（£：英镑）
手动或电动站立架	£1 578～£4 645
四轮助行器	£60～£529
金属拐杖	£5～£23
儿童手动轮椅	£995～£1 730
儿童家用电动轮椅	£2 200～£2 500
具有站立功能的儿童电动轮椅	£8 500～£10 750
护理者驱动型轮椅(11.5～15 kg)	£99～£509
非折叠式手动轮椅(11.5～15 kg)	£795～£1 730
折叠式手动轮椅(11.5～15 kg)	£860～£1 450
自行驱动型轮椅（15.5 kg and above）	£84～£3 875
2类室内/室外电动轮椅（承重126 kg以下）	£765～£6 955
可躺卧的电动轮椅	£3 465～£7 500

续表10.6

种类	价格区间(£:英镑)
2类四轮代步车	£299～£3 495
3类四轮代步车	£649～£4 495
户外电动轮椅、代步车、轻便手推车	£3 645～£10 000

表10.7 英国市场上的其他辅助器具的零售价

其他辅助器具的零售价：	
有体位变换功能的床	£550～£7 500
电子开瓶器	£10～£20
购物车	£6～£300
家用金属购物车	£26～£129
水龙头旋转器	£5～£11
电动座位悬吊装置	£2 200～£5 111
升降垫	£895～£1 445
可升降马桶座椅	£9～£179
移动坐便器	£69～£230
有减压作用的靠背	£308～£571

第十一章 总 结

通过前面各章对9个西方发达国家的康复辅助器具产业(制造业、服务业)以及相关社会保障政策发展状况的研究,我们可以获得许多有益的启示,这里对这些发达国家的主要启示和经验总结如下。

1. 康复辅助器具制造业规模大,发展速度快,高端产品受重视

欧美日等发达国家的康复辅助器具制造产业规模逐年扩大,产业快速发展,平均增速超过其国家的国民经济增长速度。例如,美国2011年康复辅助器具市场总量达到395亿美元,年增长率4.5%,家用(个人用)医疗器械(按国际标准属于康复辅助器具)市场达到900多亿美元,年均增长率达到7.5%,两项相加则高达1 300亿美元,增长率也远高于美国同期约1.7%的GDP增长率。又如日本2009年的康复辅助器具市场总量达到1.08万亿日元(约1 000亿美元),德国2010年康复辅助器具支出接近142亿欧元(不包括康复医疗设备与家用医疗器械)。

欧美日等发达国家的康复辅助器具行业基础雄厚、产业链条完整,整体竞争力强。一个显著特点是,发达国家的康复辅助器具制造业正从传统制造向高科技发展迈进,同时根据国情不同在康复辅助器具制造业的发展上各有特点。美国依靠雄厚的基金实力和政府的支持拥有发展成熟完善的康复辅助器具制造业,从普惠型到智能型康复辅助器具都有研发和生产,专门型的生产企业众多,且在不断开发研制新产品;像日本这种老龄化最严重、劳动力短缺的国家,大多数科技含量低的康复辅助器具依靠进口,日本国内依靠自身的科技实力正在大力开发智能辅助器具,近年来在进行康复机器人的标准研究,抢占未来该领域的制高点;像加拿大这种劳动力少、成本高的国家,几乎所有的康复辅助器具产品依靠进口,为数不多轮椅制造企业以生产高端智能型产品为主;英国是世界上人口最密集的国家之一,大多数著名的康复辅助器具厂商在英国都有分公司,种类繁多的辅助器具分布在相关行业(机械加工、电子制造等)的企业中生产,英国依靠自身的科技实力自身研发高端辅助器具;欧洲的其他发达国家人口不多,人民生活水平高,虽然自身的产业规模不大,但产品种类丰富,品种齐全,并在不断加快前沿技术突破和创新产品的开发,且取得

了瞩目的成果。此外,发达国家普遍重视辅助器具产品的设计、创新及个性化,辅助器具行业企业与大学、公共医疗保健部门之间的合作与互动密切,行业形成了产、学、研、用相结合的产业链。

此外,发达国家康复辅助器具品种非常多,特别是美国、日本、德国等发展康复辅助器具较早的国家,其产品几乎涵盖了所有种类。如德国的康复辅助器具品种有32 000多种(本国能够生产22 000多种),日本更是有40 000多种。相比来说,我国的康复辅助器具仅有3 000多种,远少于这些国家。

我国目前还未有康复辅具器具行业规模的相关统计数据,但中国老年人口到2020年的消费规模预计达到4.3万亿人民币和中国超过8 000万的残疾人口等因素为康复辅助器具产业注入了强大的推动力。然而,我国目前普惠型康复辅助器具普及率不高,数据显示我国的康复辅助器具服务率仅7.31%。此外,我国智能化康复辅助器具科技关键技术有待突破,例如目前我国鲜有完全自主知识产权的商用康复机器人,高端智能假肢市场基本被国外占领,远程康复系统才刚刚起步等。因此,我国一方面需要大力发展普惠化康复辅助器具,另一方面还需要加快智能化、信息化的高端康复辅具的研发。在产业扶持方面,建议政府采取更积极的税收激励政策,把国家对于残疾人用品生产企业的增值税、产品税及进口税减免政策扩展到康复机构及家庭使用的康复诊疗类等设备,而这两类康复器械在整个康复器械市场中占有更大的比例。此外,与发达国家相比,中国的康复辅助器具生产工艺和科技水平相差甚远,产业结构调整和转型升级的需求依然十分迫切。

2. 康复辅助器具专业人才机制完善,配置服务业发达

欧美日等发达国家在康复人才培养方面重视贯彻落实"ICF"理念,发挥交叉学科的作用,推进综合康复;专业设置与职业发展密切结合;学制发展完善,具有严谨的资格认证制度;课程设置合理,教学重视实践等。欧美日发达国家都有专门的学校培养相关专业人才,且根据社会需求规划培养数量,例如,日本仅培养假肢矫形专业人才的学校就有10所,每年招生超过280人;而美国更是有多达15所假肢人才培养的学校。发达国家的服务机构具有能够面向所有残障者提供服务的专业团队,实现辅助技术系统化服务。此外,辅助器具配置服务等相关人员社会认同度高,薪酬较高。例如在英国有经验的假肢矫形师年薪超过3万英镑(约合28.5万元人民币),若是管理人员则高达7万英镑(约合66.5万元人民币)。美国2013年假肢师、矫形器师的平均年薪为7.3万美元(约合44.53万元人民币),而在爱荷华州的平均年薪高达9.44万美元(约合57.6万元人民币)。在日本养老护理服务是令人尊敬的行业,相关人员需要经过严格考试才能上岗。

此外，发达国家除了对假肢矫形器师进行岗位资格认证，而且设置了其他相关的康复辅助器具专业人员岗位并实行认证制度，如美国的北美康复工程与辅助技术学会（RESNA—Rehabilitation Engineering and Assistive Technology Society of North America）提供辅助技术专家（Assistive Technology Professional）、康复工程技术专家（Rehabilitation Engineering Technologist）以及坐姿与移动专家（Seating and Mobility Specialist）的岗位资格认证。截止到2013年，全美共有辅助技术专家3 640余人，康复工程技术专家35人，坐姿和移动专家158人。这种认证是美国在国际上率先进行的专业人员认证，值得我国借鉴。尽管德国没有辅助技术相关岗位的资格认证，但德国的假肢矫形机械员不仅从事假肢矫形器的配置服务工作，还负责其他个人辅具的加工和个性化配置，如轮椅或康复用床等，以及对患者和患者家属说明产品的适用方法和作用原理，同时，从辅具技术层面向医生和治疗师提供咨询服务等，这类似于美国辅助技术专家的职责。

发达国家的辅具配置服务专业人员数量多。例如，人口8 189万的德国假肢矫形领域有雇员超过36 000人，其中50%以上为注册假肢矫形师。人口1.27亿的日本，经过专业学习通过考试的注册假肢矫形专业人员有3 899人（2011年底）。

此外，发达国家的辅助器具配置服务业发达，配置机构（包括零售商）已经深入到了20万~30万人的社区，如英国伦敦的Tower Hamlets地区人口不到22万，就有政府指定的康复辅助器具服务供应商26家，平均8 400人就有一家康复辅助器具服务供应商，这还不包括该地区卫生服务系统中的各类相关机构。在假肢矫形器配置方面，发达国家的假肢矫形配置机构采取资格认证制度，机构数量多、网络完善，如德国有认证的假肢矫形器相关配置机构1 914家，美国有7 000多家，有意大利也有1 500家。

我国不论是在专业人才培养方面还是配置服务机构方面与发达国家相比都存在巨大差距。我国设有假肢矫形器工程本科专业的高校仅有首都医科大学与上海理工大学2所（另有四川大学医学院设有专业方向），专科专业的高校也仅2所。我国假肢矫形器相关行业从业人员约1万人，从事假肢矫形器配置服务的资格认证企业仅有310多家，大大小小网点的设置不到700个，而我国平均40万人口的县级政区约3 000个。此外，我国注册假肢制作师、矫形器制作师目前仅1 100多人。

因此，无论是从满足现实需要还是同国际接轨出发，培养壮大康复器具行业从业人员队伍、加快设立康复器具服务机构都是当前我国康复器具行业面临的最紧迫、最现实的任务。特别是为了加强专业人才队伍建设，建议教育部设立"康复工程"、"康复工程技术"等相关本科专业,加快人才培养;人社部、民政部、卫生计生委共同制定康复辅助器具相关的执业岗位及资格认证制度,完善专业岗位类型,增设"临床康复工程师"、"康复辅助器具工程师"、"康复辅助器具技师"等专业技术或专业技能岗位。

3. 政府重视康复辅助器具科技投入

发达国家在辅助技术领域具有较高的科研投入,很多辅助器具研发及成果转化经验值得我们借鉴。日本辅助器具技术研究和开发由"医疗福利器械研究所"进行组织。该研究所由日本国内一百余家具有开发生产医疗、康复器械能力的大型企业联合组成,不从事具体研发工作,只负责将经济产业省NEDO(日本新能源、产业技术综合开发机构)下达的大型研发任务,根据各企业的技术特长和研发能力进行技术和任务分解,从而形成最强大的研发生产队伍。据有关报道,日本每年投入7 000亿日元用于福利和康复领域的研究。日本政府最近还特别重视家用服务机器人的研发,在2010年开展了"家用机器人实践应用计划(Home-use Robot Practical Application Project)",专项拨款76亿日元,推动康复机器人进入家庭,推动相关标准的制定。

美国的研究中心多设立在大学和相关的研究机构,分工开展康复器械和辅助器具的研发工作。另有国家残疾人康复研究院、退伍军人管理部、国家卫生院、国家自然科学基金会等国家级科学基金组织,通过专项基金对上述研发机构进行资助,同时还资助2 000多个中小企业,将科研成果转化为实用产品投放市场。美国用于辅助技术的专项科研投入在2003年就达到了GDP的2.3×10^{-5}(美国每年在辅助技术领域的投入比例逐年增大,遗憾的是没有近几年的确切数据)。即使投入比例不变,以2012年GDP推算,美国在辅助技术领域的投入约为3.606 4亿美元。美国的研究中心多设立在大学和相关的研究机构,分工开展康复器械和辅助器具的研发工作。

总的来说,发达国家重视在康复辅助器具领域的科研投入,具有成熟的科研成果商业化转化机制、强有力的风险投资支持、高素质的人力资源、发达的学术机构、政府及相关机构支持和广泛的国际合作,这些是其康复辅助器具产业拥有强大竞争力的重要因素。

我国科技部到"十一五"期间才开始专项资助康复辅助器具的科研项目,但目前资助力度与美国、日本等发达国家相比还相差较远。建议我国政府采取更大力度科技扶持政策,在科技部、民政部等部门设立"康复辅助器具专项研发基金",建设一批国家级康复辅助器具工程中心或重点实验室。

4. 康复服务体系完善合理,有力地促进了康复辅助器具产业的发展

欧美发达国家的康复辅助器具产业的发展也与这些国家完善、合理的康

复服务体系有关。由于康复辅助器具,特别是康复评估、康复理疗与康复训练设备等在康复医学中具有重要的地位,这种极大程度上依赖于器械辅助或支持的医疗服务,也是康复医学区别于临床医学的重要特征。因此,康复医学或康复医疗服务的发展能够直接推动康复辅助器具产业的进步。欧美发达国家由于经济发展水平及老龄化程度高,康复事业起步早,因此,康复医疗服务体系已经发展到较成熟的阶段,如美国、澳大利亚已经建立了以急性康复期护理机构、过渡期护理机构和长期护理机构的三级康复体系,并在各级设立了多种类型的康复机构;德国的康复体系包括医疗康复机构、职业康复机构和社会康复机构(包括过渡性康复机构);日本的康复机构包括专门康复机构、综合医院的康复科和专门为残疾人开设的疗养所,特别建立了覆盖全民的、针对各种功能障碍和残疾人需求的各种康复机构。

尽管目前世界上的主要发达国家的康复体系有不同特点,但由于这些国家的康复不但融入到临床医学的全过程,而且建立了从急性医疗康复、过渡性医疗康复到长期康复护理的完整体系,且整个康复服务大部分纳入了医疗保险支付、护理保险支付及政府福利体系。

美国在康复体系建设方面在国际上领先。美国在急性期、过渡期康复及长期护理的"三级康复体系"中,医疗保险或社会医疗救助可以负担全部或大部分费用,即使是进入长期康复护理,个人支付也仅为19%,对于低收入人群,社会医疗救助会负担全部费用。2002年1月,美国实施了以功能相关分类法(Function—Related Groups,FRGs)为基础的康复预付制,明确了以功能改善为主要医疗保险给付依据,对于能明显改善功能的支具和辅助器具,也给予支付。医疗保险和医疗救助会愿意支付能够改善残疾人身体功能的康复器材,如轮椅、拐杖、手杖、助行器、起身辅助器械以及各种假肢和矫形器。如果患者的残障程度符合标准,需要上述辅助器具,经康复医师诊断后提交相关医疗文件和医疗记录,交由美国医疗保险与医疗辅助服务中心(Center of Medicare and Medicaid Services)审核,即可免费获得或部分报销。即使像非常昂贵的沟通系统,某些私人保险公司也可支付。

又如日本康复机构的康复治疗、训练等相关费用基本上由政府承担,残疾人辅助器具95%由政府承担。日本的康复医疗及康复护理依托《护理保险法》《健康保险法》等完善的法律体系,将大部分急性医疗康复、亚急性康复及居家康复护理等费用纳入医疗保险支付。因此,康复过程中的康复辅助器具大部分无需个人承担。

发达国家这种成熟的康复支付体系直接对康复辅助器具的应用起到了关键性的推动作用,从而推动了康复辅助器具行业的发展。

目前,我国的现代康复医疗体系尚未建立,医学界普遍存在"重医疗、轻康复"的观念。许多康复医疗项目未进入医保或没有设立相关政府医疗救助,长期康复护理几乎是患者个人支付。因此,我国的康复医疗体系严重制约了康复辅助器具的应用与产业发展。建议参考美国的康复医疗体系,建立适合我国国情的"三级康复服务"体系,实施以"功能相关分类法(Function—Related Groups,FRG's)"为基础的康复预付制,优化医疗资源,强化疾病治疗中康复医疗的比例。这对促进康复辅助器具产业发展具有重要意义。

5. 重视立法,建立完善的康复辅助器具支付相关的法律体系

发达国家在为功能障碍者(老年人、残疾人、伤病人)提供优质康复服务的一个重要特点是重视立法。由于欧美日等西方发达国家具有法律制度的传统基础与优势,因此,在康复辅助器具服务(康复医疗及配置服务)领域,制定了一系列的法律法规,形成了较完整的法律体系。其中,美国是在康复领域的立法最早、法律体系最完善的国家之一。

日本与康复保障相关的法律制度多达217部,其中《健康保险法》《老年保健法》《工伤保险法》《介护保险法》《残疾人自立支援法》等保证了患者康复医疗、长期护理涉及康复辅助器具的保险支付。特别是《介护保险法》(政府支付一半购买费用)确定了政府福利应该依靠保险金来实施,该法保障老人可以免费获得或租借日常生活、居家无障碍改造必需的康复辅助器械,并有专门机构负责居家改造、辅具的使用方法咨询、指导、训练等。可见,这些法律对推动了日本康复辅助器具业的发展作用是极大的。

德国社会福利保障制度可概括为"政府立法,福利保障,全民参与,融入社会"。1981年德国已建成世界上最完整的社会保障体系。他们先后制定公布了《社会福利保障法》《残疾人保障法》《工人疾病保险法》《养老金保险法》《事故保险法》《伤残老年保险法》《护理保险法》等。这些法律组成的法律体系保障了不同残疾人康复辅助器具的资金来源。对于3~21岁的残疾人,辅助器具配置及相关服务由政府财政完全承担;21岁以上因工致残者由工伤保险基金负责;21岁以上因病或者其他原因致残的劳动者由养老保险基金负责,非劳动者因疾病伤残康复需要的辅助器具则由医疗保险和长期护理保险基金负责。残疾人辅助器具的资金主要来源于健康保险基金,如医疗保险基金为被保障者提供医疗支持,包括地方健康保险基金、企业的健康保险基金、行业健康保险基金、海员保险基金、薪职人员的选择性法定基金、矿工联邦保险基金、农业工人健康保险基金等,都对各自被保障对象的医疗康复负责。

美国《残疾人法》和《残疾人辅助技术法》全面涉及康复器械和康复辅助器具的扶持政策。美国《康复法》中要求有关机构和厂家在发展电子与信息技

产品时必须考虑残疾人的要求,为辅助器具技术的发展提供了保障。1998年《残疾人辅助技术法》第三条(Assistive Technology Act of 1998, SEC3. Definitions And Rule B16)规定:各类残疾人、少数民族、贫困者、英语不精通者、老年人以及居住在乡村的人,都平等地享有使用辅助技术的权利。对于辅助器具的资金来源,《残疾人辅助技术法》规定了多渠道的筹集方式,包括联邦政府、各个州政府、私人保险公司、私营实体及银行低息贷款等。

英国《身心障碍者服务、代表和咨询法案1986》根据《社区护理法案(优质化服务)(英格兰)2003》,Community Care(Delayed Discharges etc)Act(Qualifying Services)(England)Regulations 2003,配置服务中为需求者配置的价格不超过1 000英镑的小型辅具由政府全额负担,政府对于必须配置价格超过1 000英镑的辅具将会进行严格评估。对于价值较高的大型辅具配置,职业治疗师做出初步评估后,由英国的房屋管理部门与残疾人设备基金共同承担。

总之,发达国家没有统一的残障人士的康复辅助器具服务的资金来源模式,但总体来说政府立法是资金来源的最大保障。立法主要的目的是通过强制性社会保险及政府福利来向患者提供康复医疗及辅助器具服务。对于残疾人(永久残疾)的康复辅助器具配置,有些国家以社会保险为主,福利为辅,有些则社会保险与社会福利并重。如德国、日本的康复辅助器具支付主要以社会保险为主,福利较少,而对于美国、英国、澳大利亚、意大利、瑞士和瑞典等国家,尽管对于急性期、亚急性期康复医疗服务中涉及的康复辅助器具配置服务,大都是以医疗保险保障为主,但对于残疾人及长期护理的老年人及低收入人群也十分重视福利保障,实施社会保险与社会福利并重的政策。

目前,我国只有《残疾人保障法》《工伤保险条例》等少量法律法规中对残障人使用康复辅助器具有规定,但规定不具体,资金来源责任不明确。由于我国残障人数量大,政府福利资金及工伤保险覆盖范围有限,康复医疗及辅助器具保障严重不公平。因此,建议我国应尽快加强康复辅助器具产业促进的立法工作,特别是尽快出台《残障人康复辅助器具福利法》《老年人护理法》《临床康复工程师法》等相关法律,并尽快将基本康复辅助器具配置及医疗服务项目纳入基本医疗保险药品目录和诊疗项目。这些法律将对促进我国康复辅助器具产业进入一个良性发展循环具有重大的决定性作用。

附录一　国际康复辅助器具业发展概况

附录1.1　国际康复工程技术教育发展概况

由于康复服务对象的人群数量巨大,如何有效及高质量地帮助伤残人康复,是世界各国政府与社会面临的一项严峻挑战。在最新颁布的国家标准GB/T 24433—2009《老年人、残疾人康复服务信息规范》中,康复服务被新分为5种类型,即医学康复、工程康复、教育康复、职业康复和社会康复。工程康复即为"康复工程",在新的国家标准中被单独列出,作为康复服务的一种重要方法。然而,作为支撑我国工程康复服务事业关键因素的人才培养,还远不能满足日益增长的患者对康复工程服务的需求。因此,探讨国内外康复工程技术教育发展,对促进我国康复工程技术人才的培养具有重要意义。

一　康复工程技术教育的相关概念

为了研究康复工程技术人才教育的现状与模式,有必要首先阐明"康复工程"、"康复工程技术"、"辅助技术"与"辅助器具"等几个重要的基本概念。实际上,这几个概念在国内外还没有一个统一的标准或定义,这里只是根据相关文献作一探讨。

世界著名的北美康复工程与辅助技术学会(RESNA, Rehabilitation Engineering and assistive technology Society of North America),是国际康复工程与辅助技术的权威组织之一,其组织名称就首先明确了"康复工程"与"辅助技术"是两个独立而又关联的概念。2001年世界卫生大会通过的国际残疾的新分类《国际功能、残疾和健康分类》(简称ICF)认为,个人因素和环境因素与残疾的发生、发展,以及功能的恢复、重建都密切相关。而在环境因素中,首先列出了"辅助产品(assistive products)"的概念,并定义为:"为改善残疾人功能状况而采用适配的或专门设计的任何产品、器具、设备或技术",显然,这里实际上明确了"辅助产品"包括"辅助器具(assistive devices)"与"辅助技术(assistive technology)"两个不同的概念范畴,不过并没有明确说明两者的关系。

在我国,"辅助产品"相当于通常所称的"康复辅具"或康复器具"。

图附 1.1 康复工程与辅助技术及其对应的职业岗位关系

国际上对康复工程一直没有统一的定义。根据一般的资料综合,可以认为康复工程是系统应用科学与工程手段,满足残疾者的功能康复需要的一门学科,即康复工程的任务是设计、制造辅助器具,改造环境并进行环境控制等,以帮助残疾者增强或替代功能。"辅助器具"实际上可以认为是康复工程的技术产品(包括仪器、设备、器具及软件等),而帮助辅助器具应用于残疾者的技术被称为"辅助技术",包括残疾者评估与辅助器具配置(或为患者提供个性化整体技术方案),如进行轮椅车适配、假肢矫形器装配的技术等。综上所述,"康复工程"、"康复工程技术"、"辅助器具"、"辅助技术"的一般关系及其对应的职业岗位可以用图附 1.1 表述。这一关系使我们对康复工程技术(或康复工程与辅助技术)领域的教育专业设置具有指导意义。本书将主要根据此图描述的相关职业,讨论康复工程与辅助技术的教育发展状况。

二 国外康复工程教育概况

对于康复工程与辅助技术的专业教育,许多国家从上世纪 90 年代开始开设了本科以下的教育,但开设的学校相对较少。这里以美国为例进行介绍。作为国际上开展康复工程与辅助技术教育较成熟的国家,美国共有数十所大学开设本科以下康复工程教育,包括本科、专科与结业证书培训,见表附 1.1,

其中新泽西州技术学院是最早开展康复工程技术专业证书培训的学校。另外,奈特州立大学、旧金山州立大学、弗吉尼亚大学、纽约州立大学(布法罗分校)等10多所大学培养硕士或研修证书研究生。除了学校教育,美国国家康复中心、RESNA等机构也提供大量康复工程与辅助技术相关职业资格认证的培训课程。

表附1.1 美国开展康复工程与辅助技术教育的主要学校

序号	学历层次	专业名称	开设学校
1	结业证书班	辅助技术、康复工程技术	加州州立大学、伊利诺伊理工学院、威斯康星大学、新泽西州技术学院等十所大学或学校
2	专科教育	康复工程技术	佛蒙特州技术学院
3	本科教育	康复工程	密西根大学
4	研究生教育	康复工程、辅助与康复技术、康复科学与技术等	奈特州立大学、旧金山州立大学、匹兹堡大学等10多所大学

三 国外假肢矫形器教育概况

尽管更广义的康复工程与辅助技术教育正在世界各国得到迅速发展,但从国内外康复工程技术教育状况来看,假肢矫形技术还是其重要内容之一。早在1953年,作为世界上最早的一所假肢矫形器专业学校的德国联邦矫形器技术学院就已成立,到2010年为止,已培养了1 600多名假肢矫形器技师和工程师。在欧美,多数国家至少有一所大学设立假肢矫形器本科及以下层次的教育。表附1.2列出了欧洲主要发达国家设立的假肢矫形器学专业学校情况。

表附1.2 主要发达国家设立假肢矫形器学本科、专科专业的部分院校

国家	大学名称	学制、学位	备注
德国	Federal Academy of Orthopaedic Technology	4年欧洲文凭(学士)	一般同时培养证书学员和硕士。
瑞典	Jönköping University	不详	
加拿大	George Brown University	2年 大专	
澳大利亚	La Trobe University, Melbourne	4年 学士	
英国	University of Strathclyde	4年 学士	
	University of Salford	4年 学士	

在西方发达国家中,假肢矫形器教育已相当广泛并发展到了相当高的水平,美国就是一个很好的例证。和其他国家类似,美国的康复工程的本科以下层次教育也以假肢矫形器为主。由于发达国家对康复治疗师和康复工程的假肢矫形器师采用了十分严格和规范的资格认证制度,美国对各高校设立此专业要进行资质认可。目前全美国共有 15 所高校获得了国家假肢矫形器教育委员会(NCOPE)的认可。其中有 3 所大学设立了本科专业,它们分别为加州州立大学、华盛顿大学、德克萨斯西南大学。另有 7 所大学设立准学士学位专业(相当于大专),其余为向其他专业毕业后的学生开设短期(一般 6 个月)进修班的学校。这 15 所高校基本上是培养职业假肢矫形技术人才,只有这些认可资质的大学培养的学生,才能取得实习假肢医生资格,进而参加假肢矫形器师的职业资格考试。

实际上,这些学校除了培养本科、专科学生外,还大量培养假肢矫形器技术员,这些学员高中毕业后只经过一年至一年半左右的培训。同时,美国的许多高校还培养相关专业的研究生,这些学校中,西北大学被认为在假肢矫形器方面是最好的。

除日本外,亚洲以及第三世界国家和地区在培养假肢矫形器学专业人才方面,相对欧美发达国家还较落后,这些国家和地区的假肢矫形技术教育大多以设立专门学校来开展,这与欧美发达国家在大学设立专业进行高等教育不同。这里把查找到的亚洲国家或地区设立的假肢专门学校的情况汇总于表附 1.3 中。

表附 1.3 亚洲部分国家或地区设立假肢矫形技术学校的情况

国家或地区	设立专门培训学校情况	学制、学位	备注
柬埔寨	1 所国家假肢学校	2 年 技工培训	
越 南	1 个国家假肢矫形技术培训中心	2 年 技工培训	
日 本	10 所假肢矫形技术学(其中 5 所为近年增加的)	3 年,参加国家资格认证	各校一般每年招收 10~30 人
韩 国	1 所国家假肢矫形技术学校	刚建立,不详	
巴基斯坦	白沙瓦大学(Peshawar University)	4 年 学士	25~30 人/年
泰 国	1 所国家假肢学校	2 年 专科	15~20 人/年,约一半继续获学士学位
中国香港	香港理工大学设置假肢矫形器专业方向	3 年 荣誉学士	5~10 人/年
另外,阿富汗、孟加拉等国家设有国际红十字会或 WHO 的培训学校			

其他比较著名的第三世界国家的假肢培训学校，主要还有萨尔瓦多的 Don Bosco 大学和坦桑尼亚假肢学校。

四　相关专业课程设置情况

要发展康复工程专业教育，显然应设立相关的专业进行多层次的培训。而教育的成功与否很大程度上取决于学生的培养方向的确定，即要明确康复工程教育的目标。以美国奈特州立大学康复工程硕士课程与佛蒙特州立技术学院专科课程为例，来看这一专业的课程设置情况：奈特州立大学康复工程硕士课程几乎涵盖了康复工程与辅助技术的主要知识点，不过其按照"康复工程师与技术员"与"康复工程咨询师"两个方向进行选修；而作为开设美国第一个康复工程技术专科专业的佛蒙特州立技术学院，其专业课程主要侧重机械、电子、计算机方面，只有残疾学和居家与机械改装是与康复工程密切相关的课程，见表附1.4。

表附1.4　美国康复工程硕士与专科专业课程比较

项目	课程名称
美国奈特州立大学康复工程硕士课程	4门核心课：康复工程技术（一）、康复工程技术（二）、康复医学概论、康复技术实习 7门选修课：人机接口设计、适应性计算机技术、残疾人用微机技术、沟通增强和代偿、轮椅建造、残疾人房屋设计、产品研发等
美国佛蒙特州立技术学院，康复工程技术专科专业主干课程	制造工艺学普通电子学、技术制图（Ⅰ，Ⅱ）、应用力学、机械学、材料强度、数字系统、计算机改装、残疾学、电子学应用、居家与机械改装、技术通讯、其他选修课

作为康复工程领域的假肢矫形器技术专业，不同国家或学校根据此专业的人才培养理念与将来就业方向，其专业基础课的设置有不同的侧重。表附1.5归纳了美国、日本、英国、法国的课程设置特点。

表附1.5　西方主要国家假肢矫形技术专业课程设置比较

国家	课程特点分析	学生培养方向
美国	①重视假肢矫形器技术的专业课程，分科详细；②重视医学基础与康复医学基础；③对工程基础特别是机械、材料工程基础不够强调	假肢师、矫形器师（装配、制作）
日本	①重视医学基础和机电一体化工程基础；②特别强化了康复治疗学专业知识，如物理治疗学和作业治疗学等；③加强了有关法规教育；④知识结构非常全面	①假肢矫形器师；②康复治疗技师与康复工程师

续表附1.5

国家	课程特点分析	学生培养方向
英　国	基本同日本,但涉及康复医学专业知识不多	有设计能力的假肢师、矫形器师
法　国	① 与美国类似;② 特别重视医学课程,总课时达到400~500学时;③ 足部矫形另设专业	假肢矫形器师或技师、足部矫形师

五　假肢矫形器学教育的类别与职业认证

西方国家对假肢矫形技术专业的毕业生,设置了相应的职业资格认证制度。由于美国有职业认证制度,其对假肢矫形器相关职业的认证制度非常规范。认证制度规定,只有上述15所国家认可的学校毕业的学生才有资格参加职业资格认证。这一制度保证了假肢矫形器专业教育所培养学生的就业前景。这15所学校毕业的学生,在获取实习医生资格,到相关康复医学机构工作一定年限后,可向美国假肢矫形器师认证委员会(ABC)申请资格考试,合格后发给相应的职业资格证书。国际假肢矫形器师协会(ISPO)也制定了假肢矫形器专业人员的三级分类制度,进行严格的考试认证,其要求的假肢矫形器的教育培训也基本上围绕这三个职业资格级别的入职条件,进行分层次教育。这三类教育分别为:① 1类:假肢师/矫形器师(或等效名称)。入学要求:大学入学水平(或同等水平);培训:3~4年正规学位教育(或等同)。② 2类:矫形外科技师(或等效名称)。入学条件:"O级"水平(英国)或等效水平;培训:3年非学位的正规教育。③ 3类:假肢技术员/矫形器技术员。入学条件:初中毕业或同等水平;培训:实际工作培训。

ISPO认为第三世界国家最好参照第二类开展假肢矫形技术教育,工业国家参照第一类。实际上这只是一个指导标准,要根据所在国实际需求而定,如美国等工业国家也有各层次的教育。

六　我国康复工程教育概况

我国康复工程总体来说教育起步较晚,设置本科以下层次该专业的学校极少。上海理工大学于2006年在医疗器械工程专业下设置了我国第一个康复工程本科专业方向(4年制),并在所管理的上海医疗器械高等专科学校设置了第一个康复工程技术专业(3年制)。目前,本科专业方向每年约有学生30人,专科专业有学生50~60人。本科与专科专业均以假肢矫形器为课程核心,扩展了康复辅助技术、康复训练与治疗设备、生物力学、人—机工程学、机械、电子与计算机等课程。本科的目标是培养具有设计能力的假肢矫形器师与康复工程师,专科的培养目标是假肢矫形器师与康复辅助技术专业人员。

在康复工程研究生教育方面,大多是在生物医学工程一级学科点下设置康复工程二级学科研究方向。目前已有10多所大学设置了这一研究方向培养研究生。

在假肢矫形器专业教育方面,我国于1987成立了民政部湖北省假肢技工学校,招收假肢厂在职职工,学制两年。至1994,中德合作建设了中国假肢学校,2001至2008年,长沙民政职业技术学院与中国假肢学校联合举办专科层次的假肢高等职业教育。2003年,首都医科大学与中国假肢学校签署协议联合举办四年制的假肢矫形工程本科教育,至2008年协议到期,双方合作终止,培养了两届学生。2009年,首都医科大学开始自主设置假肢矫形器工程本科专业(隔年招生)。2007年,民政部成立北京社会管理职业学院,将中国假肢学校并入改为假肢矫形康复系,举办假肢高职教育。20多年来,中国假肢学校共培养了假肢矫形器专业的本科生53人、大专生216人、中专129人、技校生100人。目前,北京社会管理职业学院假肢矫形康复系每年招生约50人(3年制高职)。

七 现状分析与建议

目前世界上许多国家无论人口多少,基本都有相应的康复工程(技术)或假肢矫形器专业的高等教育,特别是人口多的大国如美国、日本等更是有多所学校设立了各层次康复工程人才的培养。从各主要国家康复工程专业教育的课程设置比较分析来看,各国的培养模式与课程设置有不同的侧重点。总体来说,相对我国数量巨大的残障者对康复工程的需要,我国康复工程与技术的教育相比美国等西方发达国家,无论从学校数量、国家对这一特殊专业管理的规范,还是教育的层次、类别等方面均存在很大的差距。由于康复工程技术的教育,对促进我国康复工程与辅助技术的产业与技术进步具有重要意义,因此,需要政府重视对该专业的政策扶持和人才就业机制的引导,加强与完善执业与职业资格认证的学历教育规范,同时也希望行业专家学者与企业家继续共同支持与推动。

附录1.2 国际智能护理床技术发展概况

世界卫生组织规定60岁以上老年人达到人口总数的10%或者65岁以上老年人达到7%,称为人口老龄化。据调查,目前全世界60岁以上老年人口总数已达6亿,有60多个国家的老年人口达到或超过人口总数的10%,进入了人口老龄化社会行列。人口老龄化的迅速发展,引起了联合国及世界各国政府的重视和关注。而我国老年人口数量之大,位居世界之最。另外,由于我国人口众多,每年因为各种疾病、工伤、交通事故等原因造成的残障人士也逐年增加,他们存在不同程度的能力丧失,如行动、视力、及语言等。为了能够更好的服务这些弱势群体,为了实现2015年"人人享有康复服务"的宏伟目标,中央和地方政府大力扶持康复器械产业的发展,"十一五"以来,科技部已经累计投入与康复器械相关的国家"973"、"863"及"科技支撑计划"等项目经费达近5亿元。

护理床是一种为了方便照顾残障者发明的护理产品,其分类方式较多,例如通过驱动方式可将其分为手动和电动,根据护理的对象情况可分为重症护理床(critical care beds)、强化护理床(intensive care beds)、中期护理床(intermediate care beds)和儿童护理床(paediatric care beds)等。根据其床板的拆分块数可分为二折床、三折床、四折床等。通常情况下床板的折数越多,它的机械功能越复杂,能实现的护理功能越多,例如二折床通常只能实现患者起背和平躺的功能,而七折床可以实现起背、抬腿、翻身、排便处理等诸多功能。目前在国内的相关企业和研究所中护理床的机械功能研究基本已经十分完善,不弱于欧美等发达国家,缺少的是智能控制技术、人机交互和传感器融合技术,这些关键技术的缺失导致高智能化的护理床技术只掌握在发达国家手中。国内市面上高智能化护理床难觅踪影或者价格让大多数需要的家庭难以承受。

对于患者和家庭来说护理床是十分重要的,增强护理能力,减轻家庭和社会负担,帮助患者早日回归社会。智能护理床可以智能地辅助患者翻身、起背、屈伸腿等活动防止褥疮,也可以智能地辅助患者排便,便于清洁减轻护理强度。本书主要介绍智能护理床,对其发展和国内外现状进行描绘分析,并推测智能护理床的广阔的市场前景和未来的发展趋势。

由于目前护理床功能概念划分模糊还没有统一的分类方法,我们将对护理床按如下方式进行分类以便于描述:

(1) 按照功能分为医疗辅助类的护理床和生活护理类的护理床。
(2) 按照结构分为一体式护理床和床椅分离式护理床。
(3) 按照控制方式分为手动护理床、普通电动护理床、智能护理床。
(4) 按照使用场合分为居家型护理床和医护型护理床。

1. 国内市场上护理床的现状

随着我国经济水平的发展,我国人口的平均寿命水平也逐年增高,统计数据显示2011年我国65岁以上人口多达1.2亿,占总人口数的9.12%,远高于

7%的人口老龄化标准,意味着我国已经步入老龄化社会。伴随着市场的需求和居民收入的提高,电机驱动控制的电动护理床将逐步替代以手摇杆控制的手动护理床。以当前国内市场看,市场上现有的护理床的不论是动力还是结构以及其他方面都有了一定的改善,以电力为驱动的电动、多功能居家护理床慢慢取代了市场上传统手动护理床,成为了市场销售的热卖点。同时,护理床的功能等多方面有了很大的提升。现在市场上的多功能电动居家护理床根据需要能够提供起背、屈抬腿、站立、左右侧翻、床上排便等功能,并且通过其他附件能实现清洗等附加功能。目前,电子技术快速发展,因此电动护理床也走上了多功能化和智能化的道路。对于老年人和残障人士家属而言,照顾瘫痪老年人和残障人士起背、翻身、换褥、沐浴是一件很麻烦很消耗体力的事情。但是使用了电动护理床后,使用者家属就能够很方便地使用电动护理床提供的各种起背、站立、翻折等功能,轻松完成照顾老年人和残障人士的工作。数据表明在国外发达国家的养老服务机构的床位能够供应 5%~7%的老人入住,而在国内,仅能满足 2.35%的老人入住,养老服务的缺口,必须通过增强养老机构的建设和利用高科技养老来填补。

2. 国内外护理床研究概况

护理床的研究历史在国外可以追溯到十九世纪二十年代,当时世界第一款带有可调节的护栏的床出现在英国,此后随着技术发展,各种类型的护理床面世,如 1874 年第一款可以升降的护理床被注册专利,20 世纪初期世界上第一款三折床也被称为抬背床由美国印第安纳大学医学院研发,而按键操作的护理床最早出现于 1945 年的洛杉矶。此后随着研发工作的进展,各种现代的智能的护理床出现。

从技术上来讲,国内目前的研发目光更多地集中在基于中国人人体特点的人机工程学的设计,而国外公司对于护理床产品的研制包括工艺、智能化等方面。此外高端智能的护理床只有少数发达国家企业才有大批量的研制生产,如美国的 Stryker Medical 公司,瑞典 Getinge AB 集团下的的 ArjoHuntleigh 公司,日本的 Paramount bed 公司等,国内大部分高智能护理床目前仍然停留在实验室阶段,例如北京航空航天大学的床椅一体化服务机器人、上海理工大学的多功能康复护理床机器人等。总结下来目前国内外护理床研究的技术概括如下几点:

(1)将患者从平躺姿态转换为坐的姿态或站立的姿态的转换结构设计,有多种类型,例如四边形结构或者机器人臂机构等。

(2)对于患者当前体位的检测的多种方式,例如,压力传感器分析、图像分析、温度检测等。

（3）对于护理床脚轮的选用设计，如选用万向轮和中控轮等。

（4）注重 cad 和 cam 辅助设计，相比传统工艺从设计到制作都降低成本提高效率。

（5）智能护理床在尽可能减少护理人员的劳动强度的前提下，考虑到患者的需求并进行大量的人机工程学设计。

（6）控制方式智能化，实现定时翻身、语音控制、自动烘干等。

接下来是描述几款比较有代表性的智能护理床和它们的技术参数。

Stryker medical 公司开发了一款 In Touch 护理床，见图附 1.2，通过电推杆和联动的机构实现普通护理床的起背、升降安全护栏等功能，微机系统控制实现可播放的 24 种语言的临床短语，便于诊治各国患者，并且记录 50 位患者的体重变化，护理人员能够据此调整护理计划，最大地帮助患者。此外智能测控系统满足定制自动清洁和定时的翻身改变患者体位的需求，内置压疮评估量表 Braden Scale，方便医生和护理人员了解患者的情况，定制不同的康复计划，播放音乐和自然中的声音，舒缓患者的压力，基于云端的服务器让所有 ICU 使用中的 In Touch 可以实现数据同步。

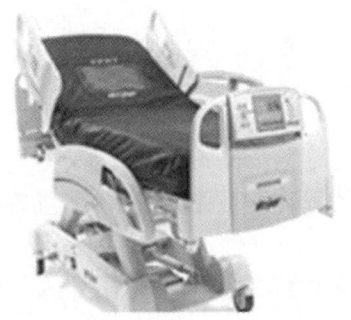 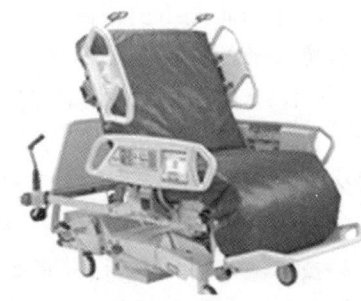

图附 1.2　Stryker medical 公司的 In Touch　　图附 1.3　Hill-rom 公司的 Totalcare P500

Hill-rom 公司开发了一款 Totalcare P500 护理床，见图附 1.3，在结构上同样依靠电推杆实现平躺、起背、站立等功能，集成了该公司研发的 Microclimate 智能系统。其数字部分功能包括可以记录并储存多位患者的信息，并且能够检测床面四个区域的压力、温度、摩擦等信息，基于患者的体重，智能地对发生褥疮的高危区域进行干燥和散热处理，减少了褥疮发生的可能。此款护理床拥有支持无手 CPR（心肺复苏）的接口和 20 度的特伦德伦伯卧位一键转换和复位、一键警报等紧急施救功能。

ArjoHuntleigh 公司开发了一款 Enterprise 9000 护理床（图附 1.4），拥有便利的自清洁、除菌的能力。此护理床的所有组件基于模块化设计，便于维护。通过传感器和智能测控技术护理床可以较为精确的测量记录患者的体重,误差在 0.5 千克以内,最大承载重量为 250 千克,可以通过控制系统控制电推杆的伸缩以实现调节床面的高度、倾斜、起背、屈膝、抬腿等功能。护栏上的液晶屏能将这些变化的数据(靠背角度、倾斜角度等)以数字形式显示在控制板上。另外考虑到紧急状况出现的可能,此款护理床有支持自动 CPR 和两边手动的 CPR 的接口。护理床上带有蒸发式的清洁除菌系统,这套系统可以使护理床保持清洁状态,提高患者的舒适度也降低了护理人员的护理强度。

Paramount bed 公司研发了一款 Qualitas Gamma 护理床,见图附 1.5,设计贯彻安全、主动、高效、高质四项原则,在机械功能上实现了起背、抬腿、高低调节、特伦德伯伦卧位变换,控制方式有患者控制和护理人员控制两种,操作便利。在按键设计中参照人机工程学理论进行防误按设计,保障使用者的安全。制作上采用材料特殊选择和加工,可以与 X 光兼容。此护理床的脚部床尾板可以通过感应患者脚的位置来自动调节,另外此款护理床上有着吸氧机、CPR、输液架的接口,另附有用于肌肉牵引的机架,尽量保障患者的生命安全和提高康复治疗的效果。

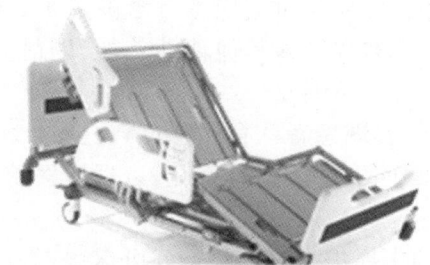

图附 1.4　Arjo Huntleigh 公司的 Enterprise 9000

图附 1.5　Paramount bed 公司的 Qualitas

Panasonic 公司开发了一款 Robotic bed,见图附 1.6,它依照人机工程学的设计,让床体可以像轮椅一样带动使用者坐起并开出床框,预防褥疮也拓展了患者的活动空间,同时这款护理床也包含着一个先进的家电控制器和屏幕以及第三方的视频监护设备,这种床能够大大减少护理人员的工作强度。

上海理工大学康复工程与技术研究所 2013 年正与企业合作,设计一种多功能康复护理床机器人,见图附 1.7,这种护理床具有轮椅式自动床体分离、对接功能,具有站立、翻身、大小便处理等护理功能,并能进行居家无障碍环境控制,这项技术申请了多项专利,可望很快投入生产。

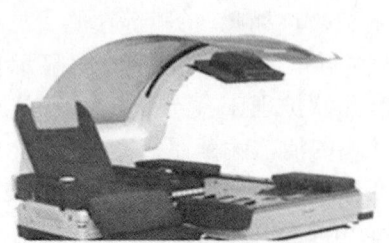

图附 1.6　Panasonic 公司的 Robotic bed

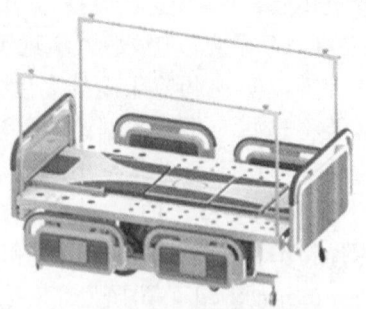

图附 1.7　上海理工大学的康复护理床机器人

3. 智能护理床核心技术分析

从上述的几款代表性的智能护理床进行对比分析,得出智能护理床需要的核心技术如下:

(1) 多功能智能测控技术:智能护理床可以通过传感器将人体某些特定的生理信号转换为电信号采集,然后通过微机系统处理这些电信号实现智能测量生理信号和智能控制护理床和其他仪器,从而实现患者家庭监护、信息传递、家庭环境控制、生理信息检测、娱乐益智等和其他辅助功能,以适应医院、家庭、福利院等场合。

(2) 日常生活护理技术:智能护理床可实现患者饮食照料、体位变换、大小便的排泄、躯体移动等功能,提高护理工作的人性化、准确化,以适应医院、家庭、福利院等场合。

(3) 智能交互技术:由于智能护理床的主要护理对象是重残卧床患者,这些患者大部分丧失了肢体运动功能,无法像正常人一样用肢体操作机器,因此需要研发适合该机器人的智能交互技术,特别是眼动控制、语音控制、嘴动控制以及基于图像识别的机械臂自动定位技术。

(4) 安全保障技术:由于护理床使用对象的特殊性,安全是第一要素,智能护理床的安全保障技术应当有智能报警、CPR兼容、智能特伦德伦伯急救卧位转换等技术,尽量适应各种护理需要。

4. 智能护理床发展展望

基于目前国内外的研究状况,智能护理床的研究依然是任重而道远。护理床与患者的接触可以说是康复器械中最为紧密的,而且随着社会老龄化加剧,脑卒中偏瘫全瘫患者逐渐增多,护理床尤其是智能护理床所具有的社会价值也将越来越大。

在欧美和日本护理床的市场价值也日益壮大,如 2011 年在美国医用护理床的市场份额达到 53 亿美元。据日本机器人协会估测，到 2025 年，日本国内机器人市场份额将达 9 310 亿日元(合 74.5 亿美元)。而这些机器人将主要应用于医疗护理和福利服务方面。

在我国由于技术起步晚，国民生产收入水平等限制，护理床的普遍率和技术水平比起欧美等国还是较为逊色的，但是国家目前也在大力推进康复护理产业，在《国民经济和社会发展第十二个五年规划纲要》中明确提出到 2015 年每千名老人拥有 30 张养老床位的具体指标。按照上述养老机构及日间照料中心的发展趋势，预计全国未来 5 年内，将新建 600 万张养老机构新床位及数万个日间照料中心。另外在国家 863 计划的支持下，我国在服务机器人研究和产品研发方面已取得一定成绩，其中包括助老助残方向。通过生物机械学、人机工程学、智能控制、人机交互和传感器融合等技术水平的提升，国内的智能护理床水平也会大幅提升，再加上国家政策的大力扶持，智能护理床必将有着广阔的前景。

附录 1.3　国际上肢康复训练机器人技术发展概况

我国是脑卒中疾病高发的国家之一，据有关数据统计，我国 40 岁以上脑卒中患者已达 1 036 万人，每年新发病人数高达 200 万。在脑卒中患者当中，有 70%到 80%的病人因为残疾而无法独立生活，而在这类患者人群中，上肢受损的占绝大多数。现代康复理论和实践证明，卒中病发后及时进行康复训练可以有效恢复患肢运动功能。患者运动功能的改善又可提高患者的满意度，降低可能因长期护理而产生的高额费用，减轻社会压力、节约社会资源。

康复训练机器人是一种将传感、控制、信息、康复医学、生物力学、机械学等诸多学科融合在一起的新型机器人技术，这种技术在康复医疗领域的应用近年来成为各国研究的一个热点方向。依据现代循证医学(Evidence Based Medicine, EBM)和连续被动运动(Continuous Passive Motion, CPM)理论，通过康复机器人的协助，可使患者无需医护人员全程协助的情况下依照偏瘫情况不同进行主被动康复训练，这种高效的治疗方式可使患者更快地恢复健康，并可一定程度弥补我国康复医疗资源不足的现状。

1　脑卒中上肢康复训练机器人的分类

现在全世界的上肢康复训练机器人有着繁多的种类，依据其各自的不同的应用部位、训练模式和使用方式，这里通过下表的几种分类方法对目前的上肢康复训练机器人研究成果进行如下分类，见表附1.6。

表附1.6　上肢康复训练机器人的分类方法

序号	分类方法	类　型
1	按训练模式	外动力被动
		患者自主运动
		主动＋被动
2	按减重支撑方式	末端驱动支撑
		外骨骼支撑
		悬吊支撑
3	按自由度	单自由度
		多自由度
4	按使用方式	穿戴式
		非穿戴式
5	按使用部位	手臂型（全臂、肩关节）
		手部型
6	按驱动形式	电　动
		气　动
		自身力源
7	按单双侧训练方式	单　侧
		镜　像
8	按用途分	神经康复
		肌骨康复
9		按其他方式分

目前，世界许多国家对上肢康复训练机器人进行了研究。为了说明各种类型的上肢康复训练机器人的分类方式，这里对几种典型的上肢康复训练机器人的类型举例说明，见表附1.7。

表附 1.7　几种典型分类方法的上肢康复训练机器人类型举例

分类方法	分类名称	典型研究成果
按康复训练模式进行分类	外力被动训练式上肢康复训练机器人	瑞士 Hocoma 外动力康复训练机器人 Armeo Power
	主动训练与被动训练相结合式上肢康复训练机器人	美国麻省理工学院 MIT-MANUS
按使用方式进行分类	穿戴式上肢康复训练机器人	日本筑波大学 HAL-5
	非穿戴式上肢康复训练机器人	英国利兹大学 iPAM Mk1（intelligent Pneumatic Arm Movement）
按使用部位分类	肘关节上肢康复训练机器人	美国 Myomo 公司 MPower1000
	全臂上肢康复训练机器人	意大利 Technobody 公司 MJS（Multi-Joint System）
	手部康复训练机器人	香港理工大学外骨骼手

本书主要按照使用方式分类法对国内外脑卒中上肢康复机器人的研究现状进行介绍，并对各研究成果的特点和应用进行简要分析。

2　国内外脑卒中上肢康复训练机器人的研究现状

康复机器人技术在美国、日本和欧洲的一些老龄化现象严重的发达国家受到了广泛重视。康复机器人在这些国家起步较早，且近年来发展势头迅猛，催生了很多已产品化投入市场的优秀研究成果。而在我国，康复机器人还是一个新兴朝阳产业，其发展程度与发达国家有着较大的差距。但随着我国老龄化进程的加剧和政府对老年人残疾人康复产业关注的日益增加，近年来在我国也已出现了一些上肢康复机器人产品。

2.1　非穿戴式康复机器人

MIT-MANUS 是由美国麻省理工学院研发的一种上肢康复机器人，见图附 1.8，共有 6 个自由度和 3 个可选训练模块：平面模块、手腕模块和手部模块，可以辅助患者进行主动与被动混合训练。其中平面模块可牵引患者的肘和前臂在水平面上做 2 自由度平移运动；手腕模块提供了 3 自由度

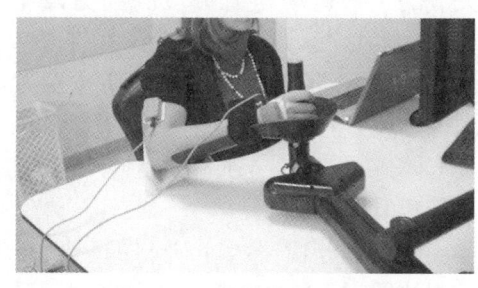

图附 1.8　美国麻省理工学院 MIT-MANUS

的阻抗训练,可辅助患者的前臂和手腕关节进行活动;而具有一个活动自由度的手部模块则可以辅助患者手掌部分的关节进行训练抓握活动。此外 MIT-MANUS 还可采集位置、速度、力等信息以供分析,同时将训练运动状态的相关信息显示到电脑屏幕上为患者提供视觉反馈。

图附 1.9　美国华盛顿大学研发的 CADEN-7

美国华盛顿大学研发的 CADEN-7 (Cable-actuated dexterous exoskeleton for neurorehabilitation)是一种具有 7 个自由度外骨骼动力臂,见图附 1.9,该机器人采用绳索传动方式以减少运动时的转动惯量,并可以实现机械结构肩、肘、腕多个关节的复合运动。整个机械结构为可逆驱动设计,可以辅助患者进行自主意志的主动训练,并对整个训练过程进行监控和诊断。此外,该系统还配有整合了 19 种日常生活上肢运动的训练运动数据库,具有丰富的训练模式。目前该机器人正在进行虚拟现实系统和日常生产助力方面应用的设计。

iPAM Mk1(intelligent Pneumatic Arm Movement)是由英国利兹大学研发的一种上肢康复机器人,整个机构分两个支撑模块(上臂模块和腕手模块),每个模块各 3 个自由度,可通过双模块联动辅助患者进行主被动训练,结合虚拟现实技术引导患者完成各种简单的训练任务,增强训练融入性和趣味性,并可以对相关训练数据进行记录和分析。

意大利 Technobody 公司研发生产的 MJS(Multi-Joint System)可实现以肩关节为主的多关节上肢康复运动。此机器人通过气动环路控制进行肩关节的 3 个自由度主被动运动、肩关节与肘关节的主动运动与肩关节的助力及阻力运动,同时可具有完整的肩关节评估系统,以及任务导向式视觉及听觉反馈训练系统,可进行被动训练、等张训练及本体感受训练三种不同的康复模式进行康复。

由瑞士苏伊士大学研制的 ARMin 是一种具有 7 自由度的半外骨骼式上肢

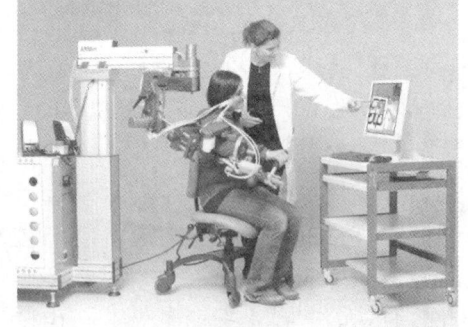

图附 1.10　瑞士苏伊士大学研制的 ARMin

康复机器人,见图附1.10,具有被动训练、游戏治疗和作业导向治疗(task-oriented training)三种训练模式,其中作业导向治疗(task-oriented training)结合了传感器和虚拟现实技术,患者在机器人的协助下进行运动,一只虚拟手臂会在虚拟环境中还原患者动作,完成拿取、放置物体等一系列的日常作业活动。此训练模式增强了康复训练与日常生活的联系,帮助患者更快恢复日常生活能力。目前此机器人已成功推出第三代产品ARMin Ⅲ。

上海理工大学研发的智能交互式上肢康复机器人,见图附1.11,可以实现被动、助力、阻力、等速等训练模式。该机器人系统的动力系统集中于底座,对普通非穿戴式外骨骼机器人机械臂体积大、惯量大、噪音大的缺点进行了优化。通过语音、肌电信号(surface electromyography, sEMG)、触摸可对机器人进行智能及远程交互控制,并拥有记录实时数据及进行虚拟现实训练等功能。

图附1.11 上海理工大学智能交互式上肢康复机器人

哈尔滨工业大学设计了一种面向偏瘫患者,可实现单关节和多关节运动的5自由度穿戴式上肢康复机器人。此机器人根据偏瘫患者上肢单侧受损的特点,利用偏瘫患者的健肢运动的表面肌电信号驱动康复机械臂,从而辅助患者患肢实现康复训练。此训练方法可实现患侧肢动作的精确控制,从而保证了训练安全,还可以提高患者运动积极性,助其保持正确运动的感觉,并为研究患者受损上肢表面肌电信号与肌肉运动的关系打下了基础。

2.2 穿戴式康复机器人

穿戴式外骨骼康复训练机器人因其重量轻、便于携带的特点,近年来成为康复机器人的一个热点发展方向。患者通过佩戴外骨骼机器人可以随时随地康复训练,还可以对其日常活动进行一定程度的辅助,这极大地减轻了对社会医疗资源的压力。

由美国Myomo公司推出的MPower1000是一款可家用的穿戴式脑卒中康复机器人,见图附1.12,此产

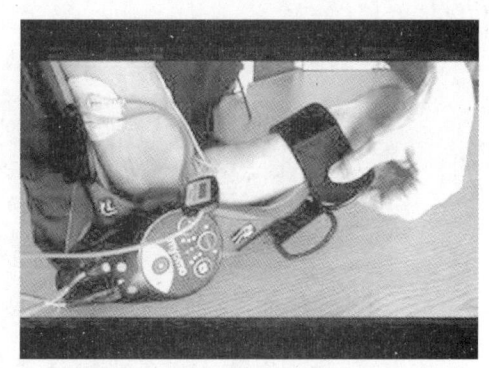

图附1.12 美国MPower1000

品提供肘关节一个自由度的康复训练,具有轻巧便携的特点,重量只有 846 克。在 MPower1000 肘部支撑角靠近皮肤一侧有用于检测使用者微弱表面肌电信号(surface electromyography,sEMG)的肌电传感器,通过采集的肌电信号可控制机器人协助患者完成肘关节内收、外展等训练动作,还可通过协助患者完成一些简单的日常活动(举起物品)来使其手臂运动能力逐渐得到恢复。此机器人还有易于使用的控制按键和内置的蓝牙功能,可以与外部应用程序和系统进行实时通信,以便于记录训练相关数据,让患者使用更为便捷、训练更加高效。

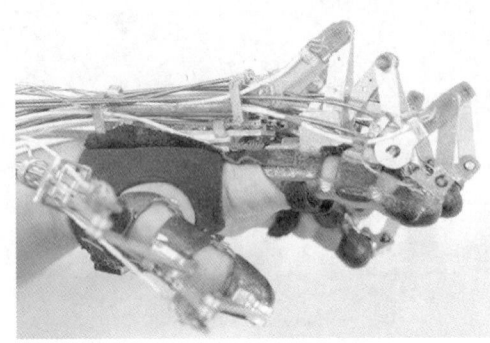

柏林工业大学(Technical University of Berlin)研制了一种外骨骼手部机器人,见图附 1.13,该设备采用力感应装置感应患肢手指关节(紧绷、放松)的微弱的力信号、上肢肌肉拮抗肌的肌电信号为引导,驱动电机拉动绳索来带动整个外骨骼运动,从而带动因久未运动而丧失运动能力的患肢进行康复运动训练。该设计手指机械结构支持 4 个自由度,设备支持 16 个自由度的运动传感。

图附 1.13 柏林工业大学外骨骼手部机器人

由澳大利亚悉尼科技大学(University of Technology,Sydney)研发的穿戴式外骨骼手部机器人采用五个独立电机,见图附 1.14,可驱动患者的五个手指完成单独活动或进行联动,此设备基于双侧肢联动会提高康复训练效果的理论研制,训练时在患者健侧肢穿戴一只安装了传感器的控制手套,通过采集患者健侧肢的运动信号,从而带动运动功能受损的患侧肢按照与健侧肢相同的方式进行运动。

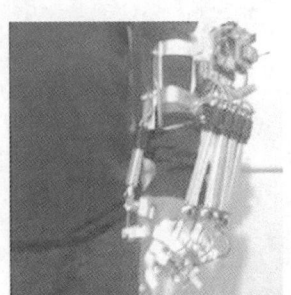 

图附 1.14 澳大利亚悉尼科技大学穿戴式外骨骼手部机器人

由日本筑波大学研发的 HAL-5 是目前最为成熟的穿戴式外骨骼机器人产品,这种外骨骼通过采集使用者的表面肌电信号来进行驱动,从而辅助使用者进行一系列的活动。HAL-5 的特点是采用模块化设计,可由整机(全身辅助训练)拆分为各个独立功能模块,以满足使用者不同的需求,见图附 1.15 至图附 1.16)。

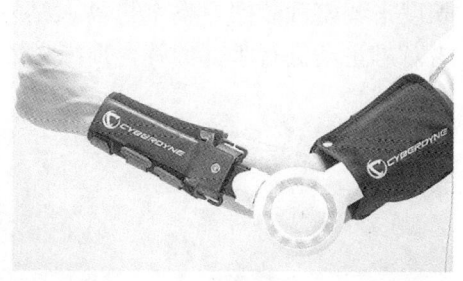

图附 1.15　HAL-5 机器人肘部单关节模块

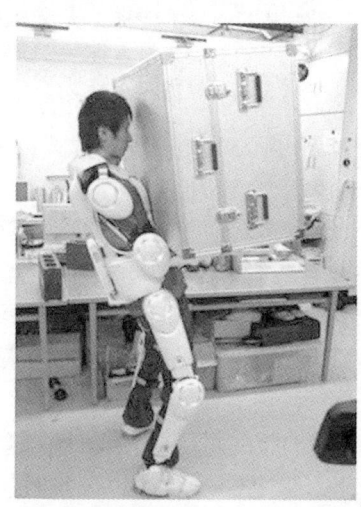 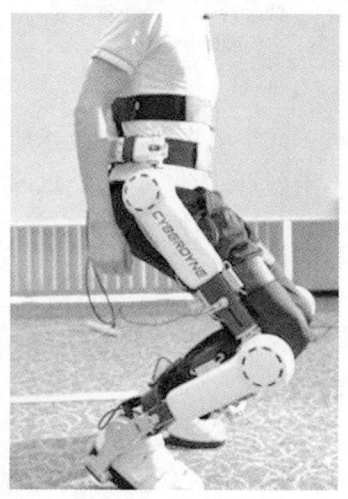

图附 1.16　HAL-5 机器人全上肢模块和下肢模块

全上肢模块:可辅助上肢功能障碍患者进行进食等日常活动,也可对正常人进行力量增强辅助其搬运重物。

肘部单关节模块:此模块小巧轻便(只有 3 千克重),采用锂电池,一次充电可进行 2 小时左右的单关节单自由度训练。此外还附带便携式训练检测器,实时掌握训练数据。

下肢模块:辅助搬运病患、辅助患者日常行走,结合跑步器械搭建训练平台进行行走训练。

目前 HAL-5 机器人的最新一代样机被欧美等发达国家的康复医院以租借形式进行临床实验,不久将投入市场。

由香港理工大学研发的外骨骼手机械训练系统通过采集患者皮肤表面的肌电信号控制手部开合,见图附 1.17。机器人内置调节器,可按照患者的手指长度来调整和装嵌。整个机器人结构轻巧便携,利于中风病人使用。可由患者意志主动进行手部的开合训练和帮助患者处理简单的日常生活事项。

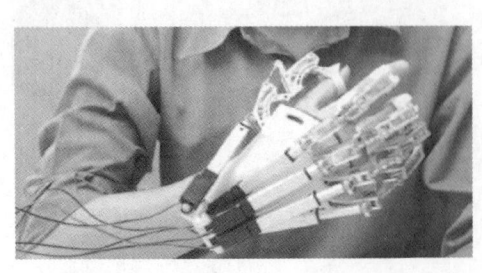

图附 1.17 香港理工大学外骨骼手机械训练系统

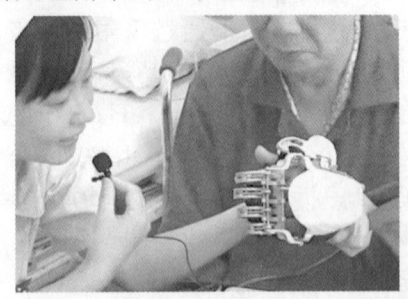

图附 1.18 上海理工大学 Rehand 穿戴式外骨骼手功能康复训练机器人

上海理工大学康复工程与技术研究所研制的 Rehand 穿戴式外骨骼手部训练机器人系列,见图附 1.18,通过两个电机和联动机构实现手部的多自由度运动,采用适应手指屈伸的变瞬心的仿生结构设计使患者佩戴更加舒适,而机构的自锁功能设计进一步提高了训练安全性。该机器人具有互动式生物反馈训练、语音控制互动式训练和双侧手同步训练等多种训练模式。训练器整体重量(含控制系统)小于 500 克,可由患者轻松携带,从而达到康复训练与辅助日常生活的效果。

华南理工大学研发了一种具有 5 自由度上肢的可穿戴便携式康复外骨骼机器人。这种机器人的所有自由度都由患者的肌电信号驱动,从而通过患者的自主意识进行对其运动能力受损的肢体进行训练。该机器人具有可穿戴和便携的特性,可以成为辅助卒中偏瘫患者进行日常运动的新方式。在训练过程中,患者的所有康复运动数据(包括患者的表面肌电信号数据和每个关节的运动数据)都会被相应的传感器采集,可以方便对训练数据进行在线分析和离线记录。

3 总结与展望

通过对上文列举的研究成果进行分析,现在脑卒中上肢康复训练机器人大部分还属于不可便携的非穿戴式设备,这些设备笨重且昂贵,无法满足广大卒中患者的使用需求。而近年来新兴起的外骨骼穿戴式机器人则反映了其未来的发展趋势:(1) 小型、轻型化,穿戴式的康复机器人更实用便捷,方便患者日常使用;(2) 智能化,自适应和人机交互与虚拟现实系统结合进行康复训练;(3) 网络化,可进行远程服务,采集数据进行分析;(4) 家庭化,一般使用成本低、安全性好的材料便于产品的普及;(5) 模块化,针对不同的患者使用不同训练模块。

随着我国人民生活水平的不断提高,老年人、残疾人、偏瘫患者等对肢体健康的追求越来越高、范围也越来越广。应用康复机器人技术不仅能减轻康复师负担、提高效率且能对康复过程提供更精确的控制和更丰富的模式选择,因此其具有很好的医学应用价值。2012年,国家相继发布《智能制造装备产业"十二五"发展规划》《"十二五"国家战略性新兴产业发展规划》等重要文件,康复机器人毫无疑问已成为我国下一阶段发展的重点方向。

但相对于欧美等发达国家,我国该产业尚处于起步阶段,设备大多由国外进口,成本昂贵,维修不便。康复机器人产业在我国未来的发展有以下几个重点方向:(1) 开拓产业思路、适应世界先进发展趋势;(2) 实行医工合作、鼓励创新设计;(3) 完善相关科研政策、进行重点扶持;(4) 优化产品注册、简化繁琐程序。

巨大的社会需求和国家的大力支持使上肢康复机器人在我国的发展有着必然性和可行性。相信在不久的将来,康复机器人在我国会成为康复养老产业重要的一环,让更多的患者重获健康。

附录1.4　国际外骨骼式动力矫形器技术发展概况

矫形器是装配于人体外部,通过力的作用以预防、矫正畸形,补偿功能和辅助治疗骨关节及神经肌肉疾患的体外使用装置的总称。近年来,随着矫形外科、康复医学及现代高分子材料学、生物力学的发展,矫形器的研发、制作、装配取得了长足的进步,在欧美发达国家不仅被广泛应用于临床骨科、矫形外科及康复医学科,而且已经成为运动创伤外科和骨外科制动、固定、治疗、康复训练等主要的辅助装置。

外骨骼机器人技术是融合了传感、控制、信息,并为操作者提供一种可穿戴的机械机构的综合技术。类似于昆虫的外骨骼,能穿戴着在人体外部,给人提供保护、额外的动力的能力,增强人体机能,使得操作者能够轻松地完成很多艰难的活动和任务,如使腿残疾的人能自己站立和上楼,让普通士兵在负重的情况下依旧健步如飞等。

作为外骨骼机器人在医疗康复领域的应用,康复外骨骼的主要任务是辅助外伤患者进行术后的康复训练,依据现代循证医学(Evidence Based Medicine,EBM)和连续被动运动(Continuous Passive Motion,CPM)理论,可以使患者在尽可能短的时间内恢复健康。

1 外骨骼式动力矫形器的基本概念

矫形器是用于改变神经、肌肉和骨骼系统的机能特性或结构特性的体外装置,主要分为上肢矫形器、下肢矫形器、躯干矫形器和矫形鞋四类。其基本功能包括稳定与支撑、固定和保护、预防或矫正畸形、产生动力、代偿和辅助及牵引等五种。

外骨骼式动力矫形器就是将传统矫形器的稳定与支撑的功能、代偿和辅助功能及产生动力的功能进行整合,并融入新兴的外骨骼机器人技术以实现患肢即时步态分析、辅助运动康复、日常生活功能代偿等一系列康复辅助功能的辅助器具。

随着世界人口老龄化进程的加剧和因脑卒中而导致的残疾人口的增加,目前各国都在大力展开关于外骨骼式动力矫形器的研究。而随着各国对康复产业的日益重视和科技的迅猛发展,尤其是传感器技术、材料技术、控制技术和仿生学技术等相关领域的突破,外骨骼机器人系统的研发也取得了很大的进步。现阶段已经有多种成熟的外骨骼矫形器投入使用、甚至商品化投入市场。根据使用特性和使用部位的不同,外骨骼式动力矫形器可分为上肢外骨骼式动力矫形器和下肢外骨骼式动力矫形器两大类,下文分别对其国内外研究状况进行综述。

2 上肢外骨骼式动力矫形器发展现状

动力上肢外骨骼矫形器与传统上肢矫形器一样是作用于整体或部分上肢的矫形器。主要作用为扶持麻痹或因外伤而功能受损的肌肉、补偿降低或丧失的肌力、保持与固定肢体在功能位置、帮助无力的肢体运动等。而为了更有效地帮助患者进行康复,上肢外骨骼式动力矫形器又增加了如绘制患者肢体运动轨迹以分析患者肌肉受损情况,结合虚拟现实仿真技术进行康复训练,使用压力传感器分析患者肌力情况以调整康复方案等功能。

现在主要的上肢外骨骼式动力矫形器主要包括:全上肢外骨骼式动力矫形器、肘关节外骨骼式动力矫形器、手部外骨骼式动力矫形器。

2.1 全上肢外骨骼式动力矫形器

全上肢外骨骼式动力矫形器是作用于整个上肢的动力矫形器。其主要作用是将仿生外骨骼的固定功能与电机、气动肌肉等外部动力相结合,引导运动功能受损的患肢进行运动,以达到康复患肢的目的。

由美国 Thales 公司研发的上肢外骨骼式动力矫形器见图附 1.19,利用绑带上设置的力敏电阻传感器(FSR sensors)感应患肢手臂上微弱的肌力变化,从而驱动具有 4 个自由度的外骨骼矫形器来协助运动功能受损的患肢进行运动。此外骨骼控制系统采用无延时数字滤波器消除一些因质量和惯性力而产生的无关信号造成的偏差，并根据逆运动学方法建立数学模型计算，以确定每个电机的相应转速来实现仿生运动，达到适合患者佩戴的效果。

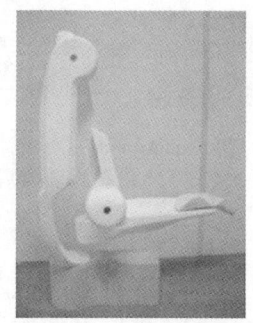

图附 1.19　Thales 公司上肢外骨骼式动力矫形器

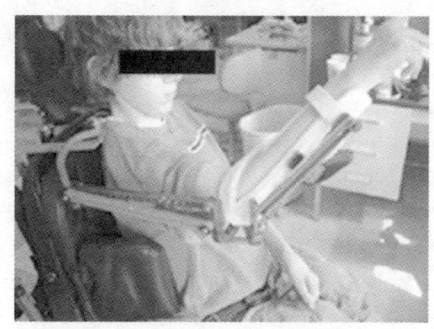

图附 1.20　The Wilmington 外骨骼式动力矫形器

由美国特拉华州立大学的 Daniel Ragonesi，Tariq Rahman，Whitney Sample 等人设计的 The Wilmington 外骨骼式动力矫形器（WREX）采用松紧绑带固定设计，见图附 1.20，主要用来协助上肢肌无力的儿童进行康复训练。系统外部力源的安装方式由参与 WREX 系统研究的患者的运动表现来决定，以不断提升系统的功能表现。经过试验，该研究提出两种驱动方式：

（1）"Torsional"法：在外骨骼每个关节安装一系列的驱动电机。

（2）"In-line"法：将驱动电机与重力平衡弹力绑带连接在一起。两个电机安放的动态仿真模型都以病人的运动数据为基础来执行。

试验结果显示，使用"Torsional"法需要大幅降低使用电机的扭矩，目前该系统的设计仍在完善中。

2.2　肘关节外骨骼式动力矫形器

肘关节外骨骼式动力矫形器作用于患者肘部，现主要用来辅助患者的肘关节的内屈及外展运动。

由布鲁塞尔自由大学的 I. Vanderniepen，R. Van Ham，M. Van Damme，R. Versluys 和 D. Lefeber 设计的肘部外骨骼式动力矫形器，见图附 1.21，采用平衡位置可调和可控的执行机构（MACCEPA），该机构采用上下两个电机驱动调整机械结构平衡位置和驱动外骨骼。这种外骨骼的机械结构依据人肘部运动建模仿生设计，穿戴灵活，且十分便于患者随身携带（整个外骨骼重量小于 1 千克）。

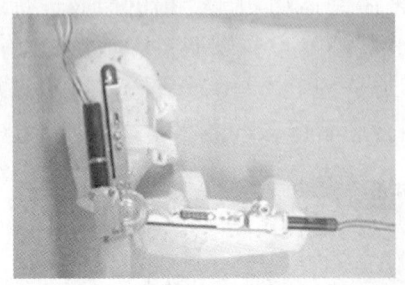

图附 1.21 布鲁塞尔自由大学设计的肘部外骨骼式动力矫形器

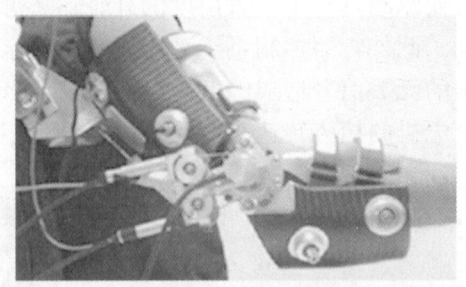

图附 1.22 BioRobotics 研究所设计研制的肘关节外骨骼式动力矫形器

由意大利 BioRobotics 研究所设计研制的肘关节外骨骼式动力矫形器,见图附 1.22,通过采集患肢的肌电信号的控制系统(EMG)来对整个外骨骼结构进行驱动,其肌电控制系统基于 NEUROExos 控制平台,患者的手臂肌电信号经过系统计算后反馈到装配的电机上,从而驱动肘部外骨骼进行内屈及外展运动,以协助患者进行康复训练。

2.3 手部外骨骼式动力矫形器

手部外骨骼式动力矫形器是指作用于手指或整个手部的矫形器,其作用主要以辅助运动功能受损的患肢进行抓握等日常活动,训练手部肌肉以达到康复为目的。

柏林工业大学的 Andreas Wege, Konstantin Kondak 和 Guenter Hommel 等几位科学家设计了一种基于力感应控制的外骨骼手部康复设备。该设备采用力感应装置感应患肢手指关节微弱的力信号、上肢肌肉拮抗肌的肌电信号为引导,驱动电机拉动绳索来带动整个外骨骼运动,从而带动因久未运动而丧失运动能力的患肢进行康复运动训练。

该设计手指机械结构支持 4 个自由度:内收和外展,在掌指关节(MCP),近端指间(PIP)关节和远端指间(DIP)关节;在(MCP)关节处外展与收合。手掌免去了机械元素所以使得手部灵活的双向运动变为可能。目前整设备支持 16 个自由度的运动传感,而拇指的运动传感支持正在研发中。在进行康复训练的同时,该系统还加入霍尔传感器和光电编码器分别对手指机械连杆和电机轴的角度变化情况进行采集,从而获取整个外骨骼手的运动实时数据以进行运算和控制。

欧洲 NEUROBOTICS 综合项目小组的 A. Chiri,F. Giovacchini,N. Vitiello 和 E. Cattin 和 ARTS Lab 的等几位科学家联合研制出了一种采用电机拉动钢丝绳驱动的机械外骨骼手部康复机器系统——HANDEXOS 外骨骼手部康复系统,见图附 1.23。该系统可以实现因受损或偏瘫而呈现握紧状态的手部在安全范围内伸展运动。整个机构简洁轻便,还能实现手部的运动模型分析和计算,并通过将动态捕捉标记整合在整个机械结构中,实现整个手部运动的三维动态捕捉建模,以更好地研究使用者手部的运动情况以便于康复训练的进行。

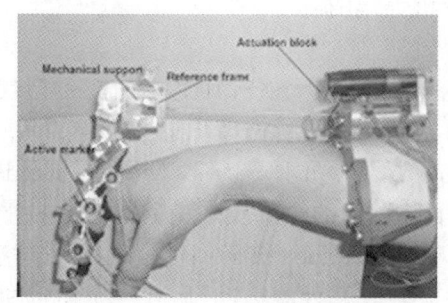 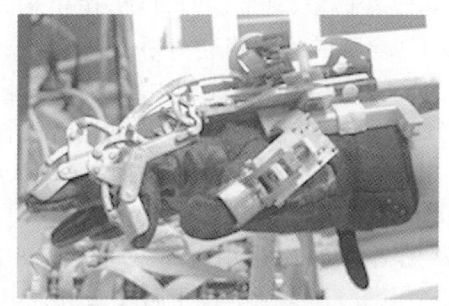

图附 1.23　HANDEXOS 外骨骼手部康复系统　　图附 1.24　固定式外骨骼康复训练机械手

浙江大学机械电子控制工程研究所研制的固定式外骨骼康复训练机械手,见图附 1.24,采用连杆结构,通过电机驱动丝杆螺母获得动力,结构简单,手部外骨骼通过支撑部分承担重量,不会对患者构成负担。该设计提供了多个自由度的运动,可以完成更多更灵巧的康复训练动作。

香港理工大学设计开发的外骨骼机器训练系统,见图附 1.25,通过病人皮肤表面的肌电信号测定手部开合的讯号。此装置由内置调节器和机械手组成,并可根据病人不同手指长度来调整和装嵌。整套系统设计轻巧便携,中风病人可以在系统的协助下,按照个人意志进行手部的开合,训练手部和处理日常生活事项。

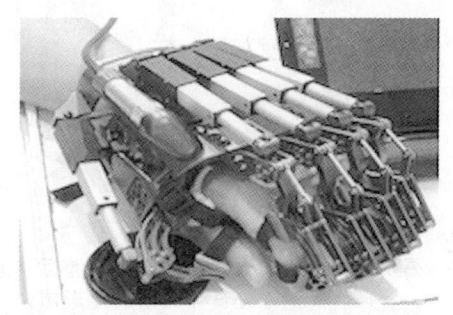

图附 1.25　肌电控制外骨骼机器训练系统

上海理工大学生物力学与康复工程研究所在上海市重点科技攻关项目的支持下,正在开展一项基于肌电生物反馈的穿戴式外骨骼手功能康复训练器。该训练器的结构设计将在上海理工大学生物力学与康复工程研究所已有腕关节驱动仿生假手技术的基础上进行改进研究。目前已经完成了 2 种欠驱动原理模型设计。

3 下肢外骨骼式动力矫形器发展现状

下肢矫形器主要与步行有关,现阶段下肢外骨骼式动力矫形器主要分为:全下肢外骨骼式动力矫形器和踝足外骨骼式动力矫形器。两者均起到辅助步行,支撑体重,辅助康复训练,仿生步态分析等作用。

3.1 全下肢外骨骼动力矫形器

全下肢外骨骼式动力矫形器作用于患者的整个下肢,其主要功能包括代偿运动能力较弱的肢体、辅助患者进行日常活动和进行病理步态分析等。

由美国范德堡大学的 Hugo A. Quintero, Ryan J. Farris, Michael Goldfarb 等人联合设计的辅助脊柱损伤患者下肢运动的全下肢外骨骼式动力矫形器见图附 1.26,采用臀部驱动技术 HGO(hip guidance orthosis)。该技术包括 3 个电机,其中两个位于膝关节处使其完成内收及外展运动,另外一个协助机械结构与臀部耦合,系统通过分布在髋关节和膝关节的传感器采集患者通过臀而产生的角度变化信号,见图附 1.27,经过分布嵌入式系统 DES(distributed embedded system)的分析和计算实现电机的实时控制和对整个外骨骼机械结构的行走姿态及患者重心位置进行调整。

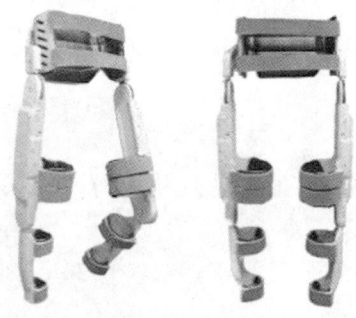

图附 1.26 辅助脊柱损伤患者下肢运动的全下外骨骼式动力矫形器

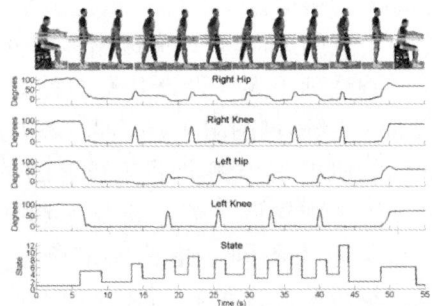

图附 1.27 外骨骼系统行走过程中膝关节和臀部的角度变化

整个外骨骼系统采用内置锂聚合物电池供电(能支持 1 小时行走),经试验,其行走速度目前能达到 0.8 千米/小时。该系统使用效果良好,并且能够实现患者坐姿、站姿、行走的姿态切换,全重量仅为 12 千克,十分方便患者使用和穿着。

日本筑波大学于 2008 年研发了一款名为 HAL 的新型高科技机械服(动力矫形器),见图附 1.28,这款机械服由筑波大学发明,主要用来辅助失去独立行走能力的老年人和残疾人行走。该动力矫形器由集成在机械结构的微电脑控制,整个系统仅重 22 磅(约合 10 千克),系统由一组电池驱动,绑在使用者的腰间。HAL装有主动控制系统,采用机电传感器来辨别使用者的运动意识,可以探测到人体表面非常微弱的信号,信号经过处理传输给绑在膝盖和腿上的机械支架和动力装置,从而帮助使用者完成站立、步行、爬楼和举重物等日常活动。

图附 1.28　筑波大学研发的 HAL 机械服(动力矫形器)

图附 1.29　以色列发明的机械服(动力矫形器)

2009年以色列瘫痪工程师艾米特·高弗尔也发明了一种外骨骼"机械服"(动力矫形器),见图附 1.29,该"机械服"可以帮助腰部以下半身瘫痪者重新站立起来,它由电子机械腿、身体感应器和一个背包组成,背包中装有电脑控制盒和可充电电池。使用者可以用遥控腕带选定某种设置,譬如站立、坐下、行走或爬楼梯等,并需要通过一副拐杖维持身体平衡。如果使用者选择"行走",那么当他身体前倾时,就会激活"机械服"上的身体感应器,促使机械腿开始向前迈步。

由上海大学设计的用于步行训练的下肢外骨骼矫形器——主动步态矫形器(powered gait orthosis,PGO)见图附 1.30,

图附 1.30　动力步态矫形器

利用拉格朗日法建立了下肢外骨骼矫形器在跑步机上双足步行的动力学模型。在此基础上,设计了实现下肢外骨骼矫形器的轨迹跟踪控制的计算力矩加比例微分反馈控制系统,并采用 Lyapunov 方法,分析了控制系统在建模存在误差情况下的稳定性和收敛性;并在 Adams.Matlab 虚拟样机协同仿真平台上进行了下肢外骨骼矫形器的步行仿真实验,结果表明该控制方法对下肢外骨骼矫形器的轨迹跟踪控制是有效的,可以通过该系统实现对因脑卒中而引起下肢运动功能受损者的康复训练。

3.2 踝足外骨骼动力矫形器

踝足外骨骼式动力矫形器是具有从小腿到足底的结构,对踝关节运动进行控制的矫形器。其主要作用为辅助患者行走和康复训练,研究行走时小腿肌肉的状态等。

由美国密歇根州立大学的 Daniel P. Ferris, Keith E. Gordon, Gregory S. Sawicki, Ammanath Peethambaran 等设计研制的踝足外骨骼式动力矫形器,见图附 1.31,采用人工气动肌肉驱动外骨骼产生跖屈力矩,通过外骨骼上安装的人工肌肉长度变化来驱动脚踝的运动,并通过计算机控制人工肌肉的膨胀速度,来模拟人在散步和跑步等不同状态下的肌肉伸展的峰值扭矩,从而对人行走时的处于神经机械运动(neuromechanical)状态下对肌肉的控制进行研究,为将来的步态康复研究提供有价值的数据依据。

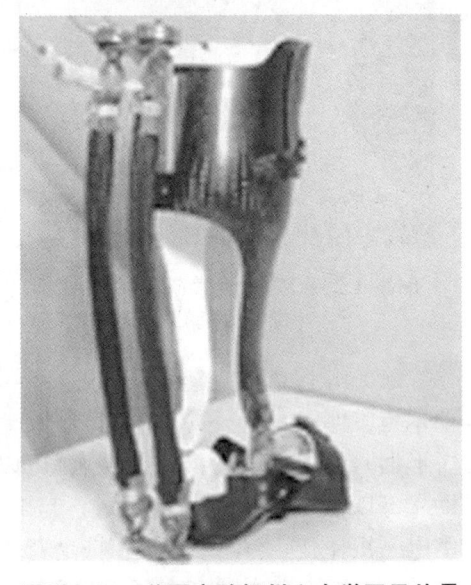

图附 1.31　美国密歇根州立大学踝足外骨骼式动力矫形器

由美国亚利桑那州立大学的 A. Mehmet Oymagil, Joseph K. Hitt, Thomas Sugar, Jennifer Fleeger 联合开发的踝足外骨骼式动力矫形器,见图附 1.32,主要为因中风而导致下肢瘫痪的病人的康复训练而设计。该外骨骼采用电机—弹簧—连杆肌腱组驱动外骨骼,并结合一个闭环控制器和在 Matlab 环境下的实时嵌入式系统对外骨骼的即时步态进行控制,以达到良好的康复效果。该设计采用低能耗电机及变速箱组件,具有低能耗、轻便、耐磨损的特性。

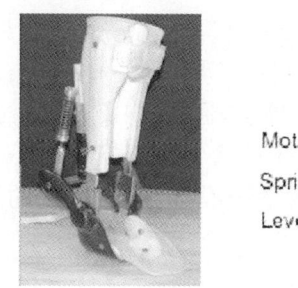

图附 1.32 美国亚利桑那州立大学踝足外骨骼式动力矫形器

除了上肢矫形器和下肢矫形器以外,为了进一步增强动力外骨骼的实用性和使用范围,一些国家研制出了适用于四肢的动力外骨骼。2010 年,日本东京大学研制了一种适用于四肢的新型超级"机械服"(动力矫形器),见图附 1.33,可以协助老年人随意地搬运物体。这种"动能协助机械服"可以加强穿戴者手臂和腿部的力气,并避免背痛和肌肉痉挛。

4 外骨骼式动力矫形器的发展趋势

外骨骼技术涉及机械、电子、控制、计算机、传感器等科学领域,是多种高新科技的集成。根据上述对国内外外骨骼式动力矫形器的研究状况分析,我们可

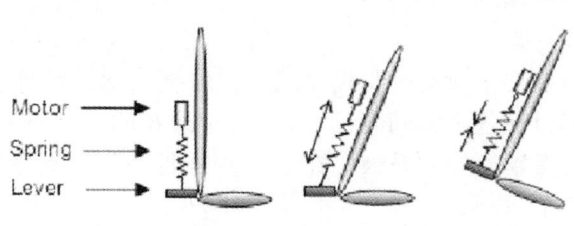

图附 1.33 日本研制的超级"机械服"

以看出,随着科技的不断创新与进步,外骨骼系统的智能化、人机耦合、模块化和微型化的程度越来越强大。

(1) 智能化

随着计算机集成技术和人工智能技术的不断发展,外骨骼式动力矫形器大多都有一套完整的计算机控制系统来对其机械结构的运动进行控制和调整,使外骨骼的运动状态可以根据使用者的具体需求和状况进行人性化调整,以达到更好的康复治疗效果。

(2) 人机耦合

人机耦合技术是实现人机智能系统的关键技术之一。外骨骼系统和操作者之间的交流是双向的,同时还可以集成多种耦合方式来扩展信息耦合的渠道。人机耦合技术的发展,将会使人机配合更加准确密切,有利于操作者顺利方便地完成动作。而随着动态仿真技术的不断成熟,人体运动数据将会变得更加具体和精确,在未来更加强大的运动数据库的支持下,外骨骼的仿生效果

将会更加理想。

(3) 模块化

目前几乎所有外骨骼系统都采取模块化设计理念,通过采用这种方法,设计者可以在各个不同时代,运用当时最新的科技针对某个功能模块而不是整体进行重新设计和升级。在未来的外骨骼机器人系统设计中,模块化的运用将会更加广泛。

(4) 微型化

现在正在研制和开发的外骨骼系统都比较庞大笨重,不利于操作和携带。借助于计算机和传感器等技术越来越小型化,未来的外骨骼系统也会趋向微型化。例如日本筑波大学研制的民用的 HAL-5 系统和美国研制的军用的增加单兵负重的 HULC 系统中位于背包中的控制系统,都采用了像 i-Phone 那样小巧但功能异常强大的控制单元来替代,而位于各个部位的传感器将会被更加轻巧敏捷的传感器替代。此外,随着材料科学、人机工程学和机械加工工艺的不断进步,将来外骨骼机械系统也一定会变得更加贴合人体、更加便于携带。

附录 1.5 国际饮食护理机器人技术发展概况

护理机器人,一般是指为需要护理的人的身体功能和生活提供支援,或者为护理人员提供支援的机器。因此,饮食护理机器人就是指为需要护理的人提供饮食支援的机器。它服务的对象主要为老年人、残疾人特别是手部残疾或那些因患有脑血栓、肌肉萎缩而造成的手部不灵活的患者,甚至无手的病人。

据第六次人口普查数据可知,中国 60 岁以上的人口高达 1.85 亿,占总人口的 13.9%,中国已经进入"老年型"国家的行列。据中国残联 2006 年公布一项统计数据显示,我国有 8 296 万残疾人,肢体残疾人数达 2 412 万人。随着人口老龄化的加重,老年人和残疾人的有效护理和护理所需人力资源的紧缺之间的冲突日益加剧。饮食护理又是最重要的日常活动。就此而言,护理人员必须频繁地和被护理者交流以便去帮助他们选择食物、选择喂食的间隔等。这些护理活动必将耗费大量的人力资源,而现有的机器人技术日渐成熟,特别是语音识别和图像处理技术的发展,已经实现可以代替这些护理人员的功能了。饮食护理机器人已经为残疾人和老年人的日常饮食护理活动提供了一个有效的解决方案。

1 饮食护理机器人的分类

近年来,国内外相继研发了各种饮食护理机器人,这些饮食护理机器人大致分为以下几类。

1.1 按使用形式分类

按使用形式可以将饮食护理机器人分为两种类型:(1)轮椅式。该类型的机器人主要是安装在电动轮椅车上的机械手臂。当用户坐在轮椅上时,就可以通过操纵杆自由操控机械臂完成进食活动。这种形式的机器人方便使用者在不同的地方进餐。(2)餐桌式。这类机器人通常置于餐桌上,用户需要位于餐桌前才能够喂食,固定了用户的进餐位置,较轮椅式而言不够方便灵活。

1.2 按餐盒型式分类

按照餐盒的位置是否固定,饮食护理机器人可以分为两种类型:(1)固定餐盒型。固定餐盒型饮食护理机器人大多采用固定的餐桌、餐盒或餐盘加自由度较多(5 DOF 或 6 DOF)的助餐机械手的形式构成。(2)运动餐盒型。运动餐盒型通常为旋转(移动)的餐桌、餐盒或餐盘加自由度较少(2 DOF 或 3 DOF)的喂食机械手的形式构成。运动餐盒型的机器人通过餐桌或餐盒的旋转大大减少了机械臂的自由度,从而弥补了机械臂的设计不足。

1.3 按人机交互方式

按人机交互方式,饮食护理机器人可以分为三种类型:(1)机械触摸式。机械触摸式人机交互方式包括操纵杆(颌动、手动、脚动)输入、按钮(手按、脚踏)输入、键盘输入、触摸屏输入等方式。(2)语音识别式。语音识别式交互方式是利用语音处理技术实现患者和机器人之间的语音交互。(3)视觉识别式。视觉识别式人机交互方式是利用图像处理技术,通过识别患者的头部视觉信息,判断患者的头部运动特征,作为控制信号控制机器人完成喂食任务。早期研发的饮食护理机器人主要是采用机械触摸式的交互方式。随着语音技术和图像处理技术的发展,越来越多的饮食护理机器人已经将语音交互和视觉识别交互运用到机器人中。

2 国外饮食护理机器人发展状况

20 世纪 80 年代开始,英国、美国等发达国家陆续研发出了多种饮食护理机器人。这类护理机器人的出现极大地减轻了护理人员的作业负担,为残疾人和老年人的日常生活带来了许多便利。这里按照使用形式分类中的餐桌式与轮椅式分别论述其技术发展状况。

2.1 餐桌式饮食护理机器人发展状况

早在 1982 年的时候，荷兰就已经开发了一个装在餐桌上，名为 RSI 的服务机械手，它具有喂食和翻书功能，开创了饮食护理机器人研究的先河。1987 年英国 Mike Topping 公司成功研制出一款用于日常生活护理的康复机器人 Handy1。Handy1 已经商业化，现在有 100 多名严重残疾的人经常在使用，它被誉为是"世界上最成功的康复机器人"。图附 1.34 所示，Handy1 使用了一个 5 自由度的机械臂和 3 种可拆卸的托盘来满足使用者的不同使用需求。Handy1 包含一个激光扫描系统，食物安放在若干个餐盘中，喂食开始时会有 7 束光线在餐盘后面从左至右的扫描，等到光线扫到患者想要的食物时，患者只需按下开关，机械臂就会盛取该食物并送至患者嘴边，当食物盘空了之后，扫描系统就会自动越过空的地方。同时，该扫描系统还包括第 8 束光线，用户在吃饭时可以得到水或饮料。

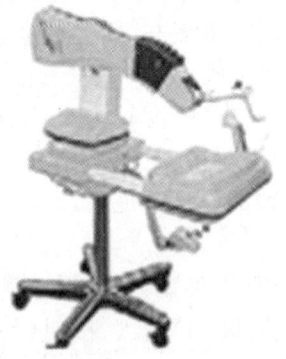

图附 1.34　Handy1

图附 1.35　Winsford Self-Feeder

1999 年美国 Sammons Preston 公司生产了一款电动助餐器具 Winsford Self-Feeder，见图附 1.35。它有两个机械臂共同辅助进餐，其中一个臂是装有勺子的，另一个臂是用于将盘子里的食物推到勺子上的，就餐时勺子通过电机驱动旋转餐桌下部转轴来调节机器人餐桌的高度，以帮助不同身高的手部残疾患者进食。就餐时患者只需轻微运动头部触碰下颌开关，就可启动开关将食物推上餐匙，然后送至用户嘴边。

2009 年，美国的一家公司又开发出一款护理机器人 Meal Buddy，见图附 1.36。该机器人是世界上首个四轴饮食护理机器人，它包括一个 3 自由度的机械臂和配套的餐盘和餐桌。机械臂由 3 个电机驱动，它的餐盘餐桌设计采用的是磁力吸附的原理，即利用磁力将餐盘和喂食机械臂安装在餐盘上的固定位置，这样既方便安装，同时易于拆卸，也增加了其便携性。它在餐盘的设计上充分考虑到喂有汤汁的食物时可能造成的汤汁滴落问题,因此设计时在碗的上方加了一个横杆,每次装完食物后,就会在横杆上刮一下勺子底部,这样就可以避免汤汁的滴落。

图附 1.36　Meal Buddy 喂食机器人及其餐盘

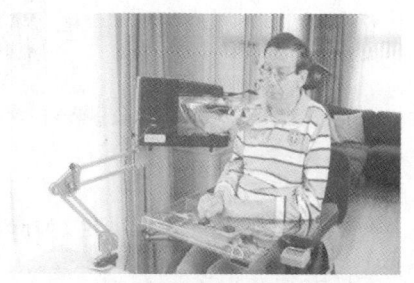

图附 1.37　"就餐系统(Dining System)"及其餐盘餐勺

"就餐系统(Dining System)"是美国 Mealtime Partner 公司研制的一款电动辅助进食装置,见图附 1.37。使用时餐勺的运动轨迹是固定的,餐勺有旋转和伸缩两个自由度,餐勺的旋转用来盛取食物,伸缩用来将食物送至用户嘴边。它是安装在一个固定支架上的,该支架固定在普通餐桌上并且可以根据需要手动调节不同的高度,用餐时,用户只需触动开关按钮,机器人就会自动盛装食物,然后勺子伸到用户的嘴边,用户就可以就餐了。三个餐盒分别装不同的食物,通过餐盒的转动来选择不同的食物。

2001 年日本 Secom 公司研发出帮助残疾人或者老年人吃饭的机器人 My Spoon,如图附 1.38 所示。该机器人通过安装于固定盘底的 6 自由度机械臂来帮助残疾人或者老年人进食,食物盘是固定在底座上的,被分成了四个独立的矩形空间。它采用的是机械触摸式的人机交互方式,有标准颌动、加强脚动和手动开关三种操控方式,见图附 1.39。My Spoon 是通过一个勺子和一个叉子共同配合来抓取食物的,取食时叉子先缩回

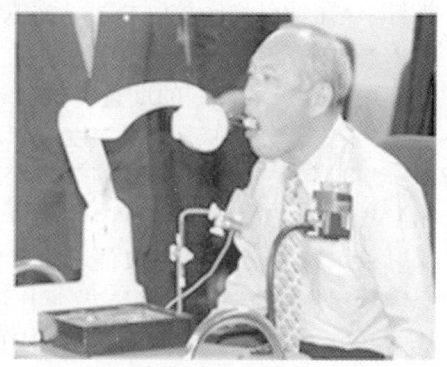

图附 1.38　日本 My Spoon 机器人

一段距离,勺子接触到食物后,叉子再伸出来与勺子一起共同夹住食物送至用户嘴边,叉子再缩回,此时用户就可以吃到食物了。My Spoon 已经产品化,是一款能与英国的 Handy1 相媲美的非常成功的饮食护理机器人。

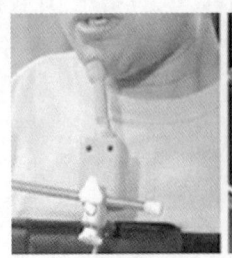 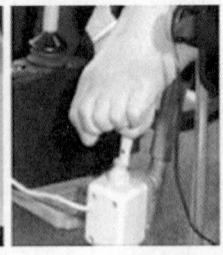 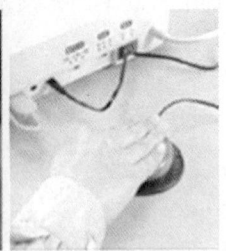

a.标准颌　　　　　　b.加强脚　　　　　　c.手动开

图附1.39　My Spoon 机器人的三种操控方式

日本神奈川工科大学研制了一款面向四肢瘫痪用户的喂食机器人，见图附1.40，由辅助进食机器人系统和人机交互系统组成。其特点是通过超声波检测头部转向摆动信号，控制显示器界面中鼠标指针位置；使用两个光纤传感器检测用户脸颊鼓胀动作并采集距离信号，实现鼠标的点击确认功能，进而控制相关喂食动作。四肢瘫痪的用户在进食时，若使用下巴操

图附1.40　神奈川工科大学助餐机器人

纵杆，存在难以稳定控制机器人的弊端，进食会带来一定难度。此外，此款机器人通过采集头部和脸颊的运动信号，实现人机交互功能，操作简单，为四肢瘫痪用户提供了良好的助餐环境。

2.2　餐桌式饮食护理机器人发展状况

1985年法国展开了关于MANUS服务机械手的研究。见图附1.41，MANUS是安装在电动轮椅上的仿生机械手，它具有6个自由度，通过模仿人类手臂工作的特点，能够抓取位于配套餐桌上任意位置的物体。用户通过使用一个键盘和鼠标、摇杆或触摸屏来操作该机器人，最大可以抓取1.5千克重的物体。

2005年德国不来梅大学在FRIEND I 的基础上，见图附1.42，开发出了功能更全面、智能化水平更高的FRIEND II 多功能康复服务机器人，如图附1.43所示。FRIEND II 机器人包含一个7自由度的仿人机械臂和一个智能托盘。作为一款易于上肢残疾人操作的多功能康复服务机器人，使用者坐在轮椅上即可完成视觉系统引导下的目标识别功能。它配备的智能托盘分为物体重量的实时测量和基于"人造皮肤"测量其位置参数的两个子系统，可测量托盘上物体的重量，并确定物体相对托盘坐标系的位置。

图附 1.41 MANUS 服务机械手

图附 1.42 FRIEND I

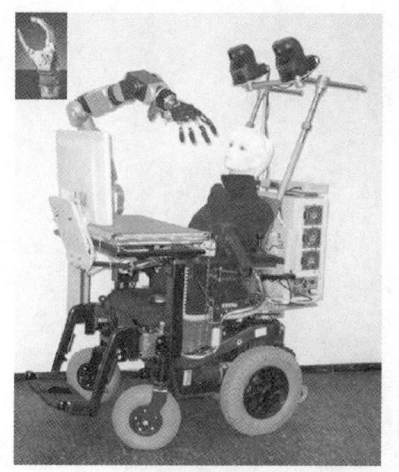
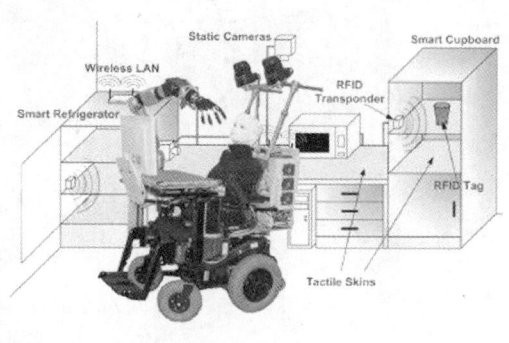
图附 1.43 FRIEND II 和智能居家环境中的 FRIEND II

3 国内饮食护理机器人发展状况

饮食护理机器人是目前国内各大学及科研院所积极研究的方向。2006年海军工程大学所研制的可控式用餐机，见图附1.44。它采用一个驱动电机，利用连杆机构的原理来驱动整个机械臂。机械臂只有一个自由度，无空间旋转自由度，利用餐盘和餐桌的同时旋转来弥补手臂结构设计的缺陷。餐勺在餐盘中的取餐位置固定，通过脚踏按钮来操作。但该机器人自由度

图附 1.44 可控式用餐机

少,智能化程度较低,只能完成在特定环境下的简单助餐,还需进一步完善才能投入市场使用。

同样也在2006年哈尔滨工程大学研制了一种新型助餐机器人MY TABLE,见图附1.45。它由单片机控制,用于帮助手部残疾的人进餐。该机器人由一个旋转餐桌、一个2自由度的机械臂组成,机械臂可以实现旋转和上升功能,利用餐桌的旋转来弥补机械臂自由度不足的缺陷。它有3种人机交互操作模式可供选择,分别为头戴鼠标、脚踏开关以及语音识别。进餐时,患者只需坐在餐桌前,选择一种操控方式就可以帮助患者进餐了。由于该机器人还处于功能样机阶段,体积比较大,且不易拆卸,故还需要继续改进以便实现产品化。

图附1.45　MY TABLE 助餐机器人

4　小结

国内对饮食护理机器人的研究起步较晚,与西方发达国家相比差距还比较大。目前,市场上饮食护理机器人产品全部都被西方国家垄断,且价格十分昂贵,售价一般在人民币几万元到十几万元不等,不能得到很好的普及和推广。

因此,在该类机器人以后的开发和研制过程中,应在实现功能的基础上努力降低成本,使其能够更好地为残疾弱势群体服务。同时,机器人的功能应该多样化,可以满足不同类型食物的喂食需求,如喂食流质、半流质和固体食物,还应该提高其便携性和对不同使用环境的适应性。此外,机器人的安全问题也不容忽视,应采取限位开关、急停按钮等硬件的措施来保障安全,还要设置软件保护和机械保护确保使用者的安全。

附录 1.6　国际智能轮椅技术发展概况

联合国发表报告指出,全世界人口老龄化进程正在加快,今后 50 年内,60 岁以上老人的人口比例预计将会翻一番。由于各种灾难和疾病造成的残障人士也逐年增加,他们存在不同程度的能力丧失,如行走、视力、动手及语言等。为了给老年人和残障人士提供性能优越的代步工具,帮助他们提高行动自由度,重新融入社会,目前许多国家对智能轮椅进行了研究,使智能轮椅具有自主导航、自主避障、人机对话等各种功能。

智能轮椅是将智能机器人技术应用于电动轮椅,融合多种领域的研究,包括机器视觉、机器人导航和定位、模式识别、多传感器融合及用户接口等,涉及机械、控制、传感器、人工智能等技术,也称智能轮椅式移动机器人。接下来我们具体介绍智能轮椅的国内外研究现状、关键技术及其发展趋势。

1　智能轮椅国内外研究现状

自 1986 年英国开始研制第一辆智能轮椅来,许多国家投入较多资金研究智能轮椅。由于各个实验室的目标及研究方法不尽相同,每种轮椅解决的问题及达到的能力不同。

1.1　国外研究现状

1989 年法国开始研究 VAHM(Véhicule Autonome pour Handicapé Moteur)项目,第一阶段的智能轮椅由轮椅、PC486、超声波传感器、人机界面和一个匹配用户身体能力转换的图形屏幕组成,设置为手动、自动、半自动三种模式,手动时轮椅执行用户具体指令和行动任务;自动状态时用户只需选定目标,轮椅控制整个系统,此模式需要高度的可靠性;半自动模式下用户与轮椅分享控制。在此基础上,经改进研制出第二代产品,见图附 1.46。

西班牙 SIAMO 始于 1996 年,项目第一个成果是一个轮椅原型,见图附 1.47,其中电子系

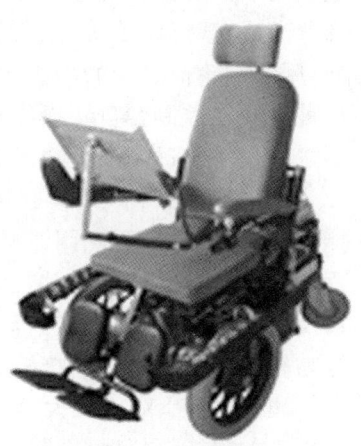

图附 1.46　VAHM

统完全由 ALCALA 大学电子系开发,包括运动和驾驶控制(低级控制),基于语音的人际界面、操纵杆,由超声波和红外传感器组成的感知系统(高级控制),轮椅可以探测障碍及突发不平地带。随着项目的发展,整个系统包括一个完整的环境感知及综合子系统、一个高级决策导航与控制子系统和人机界面三个部分,人机界面有五种方式:呼吸驱动、用户独有语音识别、头部运动、眼电法及智能操作杆。

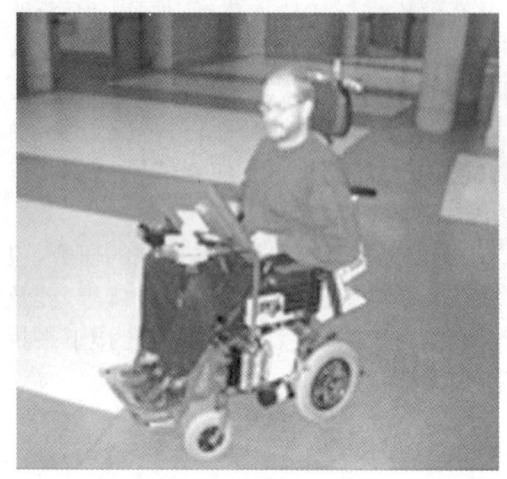
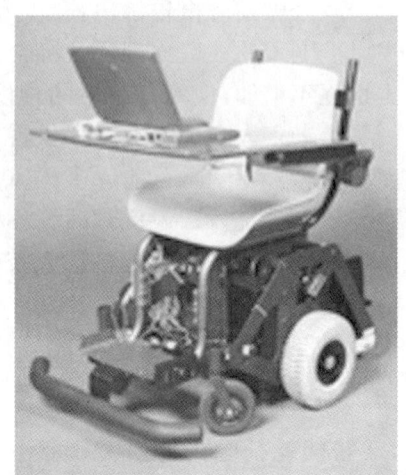

图附 1.47　SLAMO　　　　　　　　图附 1.48　Wheelesley

麻省理工智能实验室的智能轮椅 Wheelesley,见图附 1.48,为一半自主式机器人电动轮椅,配备有计算机控制和传感器,还装有一个 Macintosh 笔记本电脑用于人机界面交互,其硬件从 KISS 学院买来用于机器人实践。系统由两部分组成,智能轮椅控制系统提供低级控制,实现避障和保证正确的运动方向;用户和轮椅之间的人机界面提供高级控制。这个智能轮椅允许用户通过三种方式来控制:菜单、操纵杆和用户界面。其中,用户界面模式下,用户和机器之间仅需通过用户眼睛运动来控制轮椅,即用鹰眼系统来进行驱动。

希腊 Foundation for Research & Technology Hellas 开发了已商业化的智能轮椅 MEYRA,见图附 1.49,由笔记本电脑控制,安装有 6 个声呐传感器、里程计和全景视觉传感器,增加了传感器、计算功能,为实现导航用的电子器件以及用户界面(触摸屏、声音命令)等模块。用户可通过操纵杆直接控制或通过与轮椅串接的电脑间接控制该轮椅,神经全景摄像头具有 360°视野范围。

澳大利亚 Monash 大学智能机器人中心的 Ray Jarvis 教授开发了一个四轮驱动的智能轮椅,见图附 1.50,该系统在保护用户的同时可以提供最大的自由度,软胎设计适宜森林路径和海滩。国立澳大利亚大学的 Alex Zelinsky 教授在该机器人基础上引入眼睛跟踪仪。该轮椅区别于其他轮椅的特点是系统通过探测用户面部角度和瞳孔方向来控制轮椅,使其可以沿着用户目视的方向运动,当用户向下看时轮椅减速,眼睛抬起时轮椅加速。

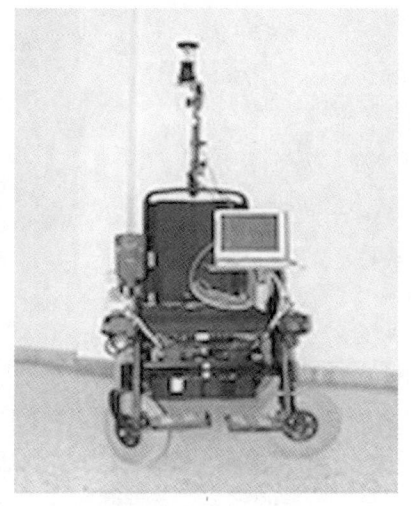

图附 1.49　MEYRA

图附 1.50　Jarvis 原型机

1.2　国内研究现状

我国开展智能轮椅研究较晚,在结构的复杂性和灵活性上和国外相比有一定的差距,但是也根据自己的技术优势和特点,开发出了具有自身特色的智能轮椅平台。研究单位有中科院自动化所、上海交通大学、香港中文大学和上海理工大学等。

中国科学院自动化研究所研制了一种具有视觉和口令导航功能,并能与人进行语音交互的机器人轮椅,见图附 1.51,曾在"863"计划十五周年成就展展馆的人群中穿梭自如。此项研究高度重视了智能轮椅人机控制界面的设计,在轮椅的设计中综合运用模式识别实验室有关图像处理、计算机视觉和语音识别等最新成果,使人能通过语音控制轮椅自由行走,轮椅可以实现简单的人机对话功能。

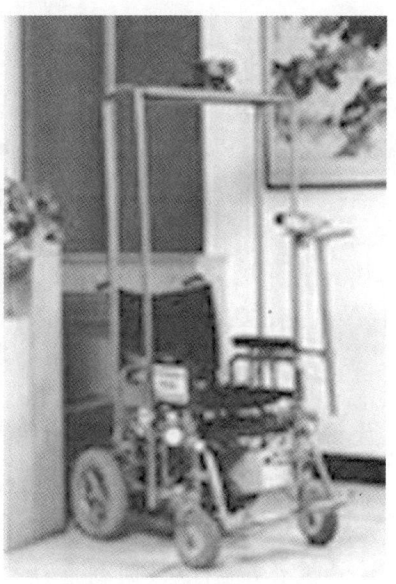

图附 1.51　中科院智能轮椅

上海交通大学电子信息与电气工程学院自动化系自主机器人研究组研发的"交龙"智能轮椅,见图附1.52,配备有激光测距雷达和视觉等多种传感器,能够跟踪主人的引导,自动记忆环境地图,具有高精度和高可靠性的自定位能力,可以在人员流动的动态环境中完成大范围的自主导航。灵敏迅捷的避障和路径规划性能赋予该轮椅高度的安全性和机动性,触摸屏和语音交互功能,满足了不同残障用户人机交互的个性化需要。"交龙"智能轮椅可以运行全自动和手控模式,并且支持基于无线网络的遥控操作。

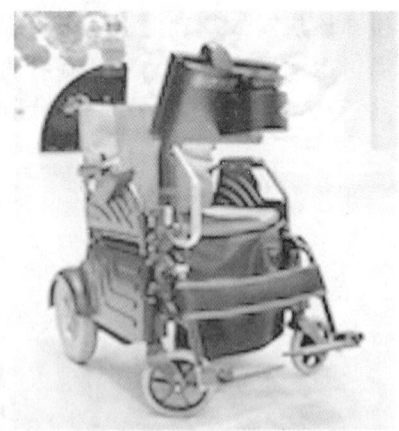

图附1.52 "交龙"智能轮椅

香港中文大学机械与自动化工程学讲座教授徐扬生研发的智能轮椅是以头部或眼球动作操控的智能轮椅,见图附1.53。电动轮椅的控制对于残疾人或者中风患者会造成困扰,因为他们的手一般经常会出现抖动,而且不灵活。智能帽可以作为一个友好的人机界面,通过使用者头的转动、或者眼球的转动控制轮椅运动。

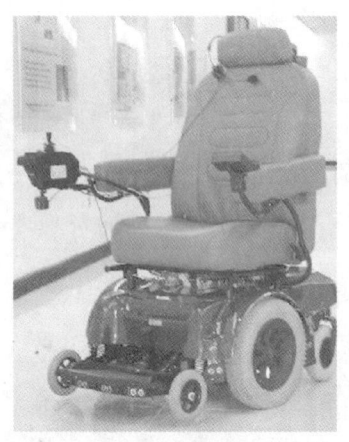

图附1.53 香港中文大学智能轮椅

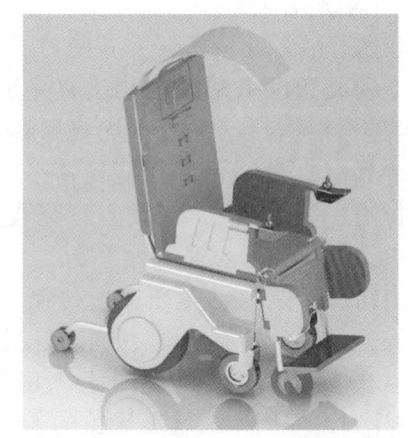

图附1.54 上海理工大学智能轮椅

上海理工大学生物力学与康复工程研究所研发的具有护理床功能的智能轮椅,见图附1.54,机械结构上能够进行坐姿、站姿及平躺的姿势转换,并配备有护理床功能;电气控制有万象杆操纵、人机界面和语音控制三种控制方式。该研究所已完成基于声控轮椅车平台的居家无障碍控制系统研发。

2 智能轮椅研究关键技术

智能轮椅作为服务机器人的一种,涉及了机器人技术、信息技术等多个领域的技术,其关键技术一般由以下 3 个部分组成:导航系统;运动控制系统;人机接口。下面介绍其关键技术的研究现状。

2.1 导航系统

智能轮椅的导航技术主要来源于机器人技术,但由于智能轮椅是以人为中心的控制系统,其导航又具有特殊性。导航系统要解决 3 个问题:轮椅空间位置、方向、环境信息的检测,所获信息的分析及环境模型的建立,使轮椅安全移动的运动路径规划。

导航的方法很多,根据环境信息的完整程度、导航指标信号类型、导航地域等因素的不同,可以分为基于地图导航、基于航标导航、基于视觉导航、基于传感器导航、基于味觉导航、或是其中几种方法结合起来构成导航系统等。

2.2 运动控制系统

智能轮椅控制一般分为几种级别,对应不同控制子系统,其控制系统应是对外界环境高度开放的智能系统,行走时对各种道路状况做出实时感知和决策,根据局部规划的结果和当前轮椅的位置姿态和速度向机械装置发出行驶命令,实现避障、前进等功能,并在保证用户舒适度的前提下提高移动速度。因用户要平滑、安全地使用轮椅,系统要有足够快的反应能力,要求处理速度快,满足实时性的要求,且正确度高。故控制算法的研究特别重要,常用的算法有最优控制算法、PID 路径跟踪算法、预瞄控制算法、模糊控制算法和神经网络控制算法。实际控制通常采用多种算法综合,以期达到最佳控制效果。

2.3 人机接口

用户在使用智能轮椅过程中需要不断地与机器人沟通,人机接口的灵活、简便易用是智能轮椅高效运行的基础。操纵杆和功能键盘是最常用的接口方式;平板显示器和触摸屏可以采用简单方式操作,同时还可以显示机器人的反馈信息;可通过在一个压力开关上吹气以激活期望的输出从而实现对轮椅的控制;语音接口有普适性,但是成本较高,还不能实现完整的自然语言交流;针对有语言障碍的用户还出现了以摄像机监测头部、眼睛和手的动作、位置来判断意图并形成控制命令的接口方式;穿在身上的触觉服可以测量身体的姿态变化,判断用户意图;测量手臂或脖颈等部位肌电信号也能用来作为驱动命令;鹰眼系统通过测量眼电压来确定眼睛和颅骨的相对位置;用户通过移动头部或眼睛来移动屏幕上光标选择操作项目。通常一个智能轮椅系统需要同时设计多个人机接口方式以便选用。

3 智能轮椅研究发展趋势及展望

经过20多年的研究发展,世界各国的研究者相继开发了多种智能轮椅平台。应用智能机器人技术于智能轮椅取得了一定的成效,功能不断丰富,安全可靠性不断提高,但是也存在一定的问题:智能轮椅的研究还停留在实验室或是少数定做,并没有真正产业化,所以在研究上仍有许多空间;智能轮椅的人机交互接口,仍处于通过人机接口对轮椅进行简单控制的阶段,对自然交互中使用者无意识行为与有意识行为的区分还很欠缺,无法达到自然交互;智能轮椅的控制系统成本高、功耗大、续航能力差,因而难以在普通家庭中得到普及。鉴于此,智能轮椅未来的发展趋势有以下几个方面:

(1) 产品化。产品化是任何高新技术服务于社会的必经之路,采用嵌入式控制系统将是智能轮椅未来的发展方向。利用嵌入式产品功耗低、运算能力强的特点,将能够实现真正的智能轮椅产品。

(2) 人性化。系统设计者应充分考虑不同使用者的需求,从细微处出发,设计安全、舒适、合理的智能轮椅,如增加轮椅换姿功能以便使用者休息和进行下肢训练;安装报警装置;通过多种人机交互结合,更方便使用者操控及减少因误识别而导致的误操作;加入辅助机械臂帮助上肢残障使用者生活活动。

(3) 模块化。要实现智能轮椅的批量生产,智能轮椅的各项功能必须模块化,包括导航系统、人机接口、运动控制等,便于为不同的用户定制不同的功能模块组合,同时也便于对各个功能模块的升级和再开发。最重要的是模块化能够降低成本,真正达到在普通家庭中普及。

随着人工智能、模式识别、图像处理、计算机技术、嵌入式控制和传感器技术的发展,智能轮椅的功能将更为完善、丰富,也将真正进入老年人和残障人士的生活。

附录1.7 国际人体外动力假手技术发展概况

假肢是康复工程的重要内容和组成部分,直接关系到残肢者的健康。假肢是使截肢者康复、回归社会的重要手段。上肢假肢则是为上肢截肢者安装的假肢,用以代偿失去的上肢功能。近年来因战争、交通事故、自然灾害以及糖尿病、心血管病等疾病导致截肢的人数在不断上升。因此开展假肢的研究对于改善残疾人的生活条件和促进其医疗福利事业具有重要的现实意义和经济价值。

随着科学技术的发展,上肢假肢技术近年来取得了一系列重要的进展,接下来将从假手手头、假手控制信息源、脑机接口、智能假手等几个方面来分别介绍上肢假肢的研究状况及发展趋势。

1 假手手头的研究

假手手头结构的研究主要涉及两个方面,一是多关节多自由度假手手头的研究;二是针对部分手指缺失的假手手头的研究。传统假手手头一般只有一个自由度,只能进行简单的张合动作,在功能及灵活性方面存在很大不足。有的研究者提出了多手指多自由度假手,如Manus手、RTRII手、HIT手和i-LIMB手等。其中Manus手采用Geneva结构,利用特殊的齿轮使拇指只用一个电机实现绕2个不同轴的转动,并可实现

图附1.55　i-LIMB手

4种抓取模式,其食指与中指基关节由一直流无刷电机驱动,中关节与远关节由交叉腱通过与基关节耦合传动。RTRII手是基于欠驱动原理设计的,这种基于欠驱动自适应原理的假手手指机构有3个关节,用一个驱动器驱动,其后两个关节是被动运动的。哈尔滨工业大学开发了HIT欠驱动手、HIT腱驱动手、HIT耦合连杆手等。由苏格兰Touch Bionics公司开发的i-LIMB仿生手,见图附1.55,是全球上市的首款多关节仿生手,其中五个手指分别由一个电机驱动,每个手指有2个关节,这两个关节不能独立运动,是耦合的。这种假手外观及功能方面都与真人手形似,能够进行各种抓握动作,灵活度高,具备先进的精细动作执行功能。

由此可见,带指关节的多自由度假手手指的运动执行机构主要分为两种,一是欠驱动机构,即指驱动器(如电机)少于节点的自由度。欠驱动假手只需要少数电机即可实现多关节的联动,这样可以简化机械结构,减少体积和重量,降低控制的难度和假肢的费用,增加手的灵活性和仿生性。缺点在于经由弹簧复位,平稳性差。另外一种是耦合

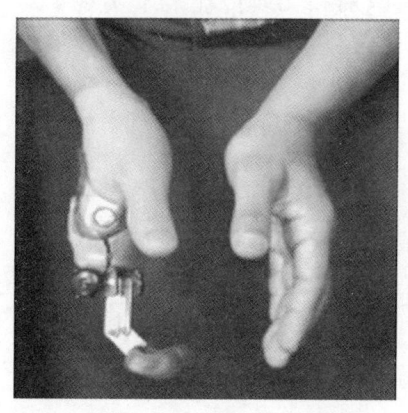

图附1.56　电动半掌假手

机构,即每个手指上不同指节转角之间有固定的关系。

假手手头设计的另一焦点则是针对多指截断的患者。临床上,部分手指缺失的病人大多选择使用未受损的部分而不装戴假肢,但这往往会因未受损部分过多使用而导致损伤,如果使用被动型假肢的话,病人则认为没有安装全部假肢的必要。这就要求设计一种完全功能型假肢,而且要求它使用时不能过多地影响未受损的部分。图附1.56所示为先进臂动力公司(Advanced Arm Dynamics,AAD)的电动半掌假手。另外,AAD公司还研制了一款防水型电子手头(water resistant electric terminal device,ETD),这种防水性设计使假手能在脏、湿的环境下使用。

2 假手控制的信号源研究状况

除了传统的肌电控制方法外,最近几年,许多学者在其他控制信号源的研究方面也取得了很大的进展。

2.1 语音控制假肢的研究状况

语音控制是目前解决由于肌肉及皮肤问题导致无法使用肌电假手问题的重要途径。语音特征易检测,识别效果较好,甚至可以进行人机交互,因此语音控制假肢可以弥补肌电信号(EMG)和脑电信号(EEG)控制的不足,从而进一步满足残疾人的需要。语音控制的原理见图附1.57。近年来,语音假手的研究取得了一些进展,如IBM的ViaVoice和Dragon公司的Dragon Dictate系统取得了很大的进步,它具有说话人自适应能力,新用户无需对全部词汇进行训练;Dept. of Instrumentation Tech.S.J.C.E的Udayashankar等设计了一种简单语言指令假肢控制系统,不仅控制效果好,当指令增多时,还可以对系统编程完成更多的功能;哈尔滨工业大学的宋超等对基于SPCE061A的多自由度假手语音控制系统进行了研究,利用语音识别和无线传输技术实现了对假手的远程语音控制,但文献中没有说明这项研究对语音识别的抗噪性及可靠性,也未报道研究是否进入临床应用阶段。

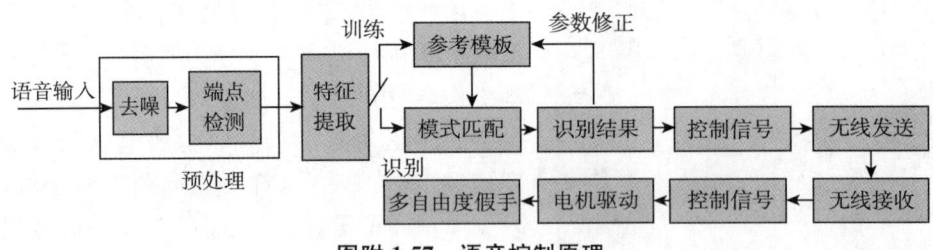

图附1.57 语音控制原理

2.2 肌音控制假肢的研究状况

肌音(mechanomyogram，MMG)是一种机械信号，反映了纤维震颤产生的机械震动。肌音具有低频、宽功率谱等特性，它的频率大约在 5~50 Hz 左右，功率谱范围是 10~50 Hz。目前，世界上已有许多关于 MMG 应用、MMG 信号处理等的研究。其应用之一是用 MMG 信号来检测电机的控制策略，如 Orizio 已证明肌音可以作为力的一个辅助手段，以震颤的生理力量和肌电图来获取有关肌肉力学模型以及对肌肉运动的控制的信息，其控制假手的基本原理见图附 1.58。

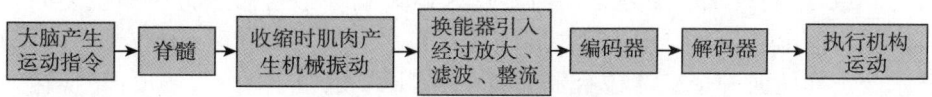

图附 1.58　肌音控制假手的原理

与传统 EMG 控制电动假肢相比，MMG 存在许多优势，如传感器放置位置的非特异性、远端信号测量的可行性、皮肤变化不敏感性、皮肤电极表面鲁棒性好、传感器成本低等，且其传感器易于与假肢套筒形成一体化。Barry DT，Leonard JA 等已经开发了一种三态控制肌音假手，并经由不同控制方法证明其在不同环境下的可行性。Jorge Silva 等设计、实现并测试了一种新型的适用于肘关节离断的 MMG 驱动假手，它由特殊的硬件和软件模块组成，与传统的两点采集肌电传感系统相似。一般的 MMG 信号控制假手原理如图附 1.58 所示。

然而，使用 MMG 信号控制假肢也存在一些缺陷，如 MMG 控制会增加制造的成本，外界环境干扰会造成 MMG 不可靠等，需要保证传感器正确安放，注意意外撞击产生的干扰信号的可能性等。因此，要将 MMG 假肢实际应用还有较长的路要走。

2.3 神经假肢的研究

近年来，经现代神经生理学研究发现，神经系统具有可塑性，不仅对外界各种刺激有强烈的代偿能力与适应能力，而且在结构与功能上具有损伤后自我修复能力或重建能力。神经活动模式对疲劳和干扰不敏感且重复性好，而且神经信息传递时彼此互不干扰，清晰度好。利用神经埋藏电极引导出神经信号，经模式分类后建立起神经信号与肢体运动的映射关系，从而控制假肢运动，将是一种理想的假肢控制模式。

目前这方面的研究取得了不少成果。例如，Wessberg 实现了当地和互联网的复杂假肢机器人手臂的长期控制。复旦大学附属医院陈中伟院士等通过残肢者神经信息的检测与数据分析,研究了上臂三大主神经(正中神经、桡神经和尺神经)的相互协调关系、信息发放模式以及神经信号支配运动的机理。张晓文、高忠华等探讨了采用上臂三大主神经的神经束内的募集自主运动信号控制上肢假肢的有关问题。但是,利用神经活动作为假肢的控制信号存在不少缺陷,如有时需利用显微外科手术将电极和神经联系起来,这会对截肢者造成一定的创伤,给病人带来一定的痛苦和术后影响。

2.4 脑电控制假肢及脑机接口技术的研究

开发具有人体大脑"随意控制"与"真实感觉"的假肢一直是假肢技术研究者的梦想,这一技术的核心是如何实现人体大脑神经与假肢传感系统之间具有输入与输出功能的人机接口,即脑机接口(Brain-Computer Interface,BIC)技术。正如任何一个交流或控制系统一样,BCI也包括输入,输出,转换输入输出的成分等功能,见图附1.59。

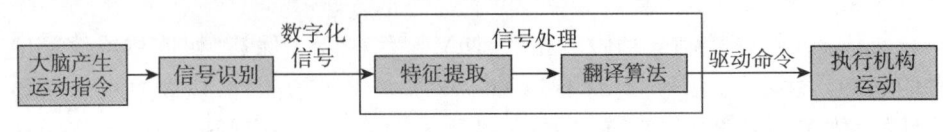

图附 1.59　BCI系统

BCI是指建立人体与计算机或其他设备之间交流和控制的通道,从脑电或神经元放电信号中提取出控制信号,用于控制计算机、假肢或其他设备。它最大的特点是不依赖于脑的外围神经系统与肌肉的正常输出通道。目前,用于脑机接口的人脑信号有:EEG(脑电图)、EMC(脑磁图)和fMRI(功能性核磁共振图像)等。当前大多采用的信号是EEG。近几年,随着对脑电信号与意识间的关系的研究,上肢假肢脑机接口的研究取得了许多成果。例如,2004年,SCIENCE报道了用意识控制神经假肢的研究报告。清华大学的程明等人研究一种基于脑机接口技术的康复辅助机械手运动的控制方法,实现了利用诱发脑电控制多自由度机械手完成倒水动作的过程。基于脑电的BCI已经成功应用于表面电极神经假手和可移植Freehand系统中。

在假手的真实感觉方面,密歇根大学整形外科教授保罗·塞德纳研制出一种人造神经,有望帮助残疾人用义肢感知冷暖。现阶段已在实验室动物身上成功运用这项技术,预期在10年内可以用于人体。意大利科学家开发了一个新型机械手,能通过神经系统与截肢的伤残人士相连,让使用者利用大脑意识控制这个机械手,并且能感受到触觉。

然而,BCI目前的发展仍存在不少问题,如脑电信号的微弱性和复杂性等,许多理论仍处于实验探索阶段,有待更深入的研究。BCI的发展主要取决于以下几方面:认识到BCI的研究和发展是一个交叉问题,涉及神经生物学、工程、数学等多门学科;BCI性能的长期和短期评价的重要性;注意影响用户辅助技术接受的因素等。但随着技术的不断完善和发展以及研究工作的进一步发展,BCI必将逐步成熟,造福人类。

3 智能化假手的研究

概括来说,智能假手融合是指利用微电子技术、智能控制技术、生物医学工程与传感器技术等高新技术,制作出的能够模仿人手感觉和动作的仿生手,提高假手的灵活性及与环境的交互能力。

智能假手应具备以下特点:轻型的结构、精巧的动作和抓取物体时的及时性、准确性、可靠性等。智能假手的智能主要体现在抓取物体时对物体形状和力的自适应控制能力。简单来说,缺少抓取过程中假手力的传递会导致抓取物体的破坏,或者至少是可能发生滑移导致抓取不可靠等。解决的方法主要是在假手与物体接触部分装上触滑觉传感器。如英国牛津大学的Peter Kyberd等人把力觉和滑觉传感器应用到假手上,使假手能根据反馈信号有效地控制对物体的抓取动作,而这种假手的手指能够完全地伸展和收缩。英国科学家研制成一种金属铝智能假手,它通过拉紧两条前臂上的肌肉而进行操作,在每一条肌肉上有一个电极来读取电子信号,然后将它们输入微型计算机,而且假手的手指尖上有一个传感器来探测夹紧的力的大小,并能探测被夹物品由于滑动而产生的振动。另外,仿生手的研究也取得了很大的进展。如英国Touch Bionics推出世界首款手指可独立运动的仿生手,这种新产品名为"ProDigits",能够让失去部分或整只手掌的病人拥有像正常人一样可灵活抓握的双手,它通过识别

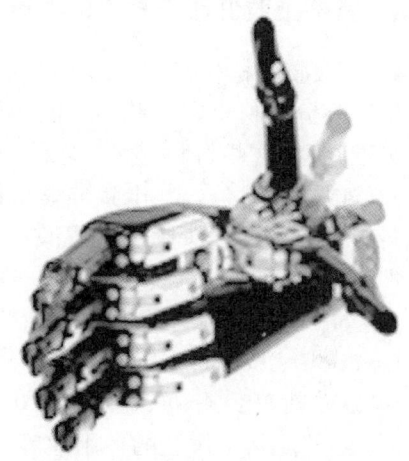

图附1.60 最新款i-Limb脉冲仿生手

分析使用者手掌剩余部分的肌肉群信号来工作;该公司还推出最新款i-Limb脉冲仿生手,见图附1.60,称其使用脉冲调制技术,可为使用者带来前所未有的舒适感,同时,它利用特殊内置软件实现了蓝牙连接。i-LIMB仿生手是全球上市的首款多关节仿生手,其中5个手指分别由一个电机驱动,每个手指有2个关节,这两个关节不能独立运动,是耦合的,这种假手外观及功能方面都与真人手形似,能够进行各种抓握动作,灵活度高,具备先进的精细动作执行

功能。

英国 RSL Steeper 公司也最新推出了 BebionicV3 版仿生手,见图附 1.61,在目前国际市场上性价比最高,而且其在结构设计、强度、力量、可靠性等方面表现也很卓越。

另外 还有德国 OTTO BOCK 的 Michelangelo,见图附 1.62,不同于一般的仿生手,Michelangelo 仅仅具有 2 个马达,通过复杂的机械结构完成许多传统假肢无法完成的动作,比如捧碗、夹勺等,非常实用,患者使用评价亦很高。

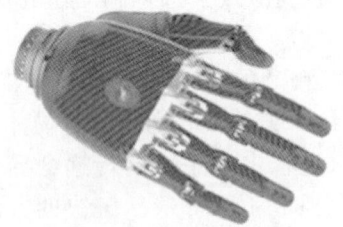 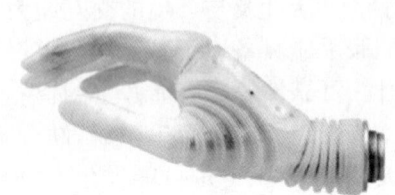

图附 1.61　BebionicV3 仿手　　　图附 1.62　Michelangelo 假手

4　其他上肢假肢新技术的发展

4.1　假肢新材料和接受腔的研究

高分子材料在假肢中不断得到应用和发展,各种性能不同的高分子材料相继问世,这些材料轻便、美观。有的研究者研究了具有特殊仿生功能的材料,如形状记忆合金、电致伸缩材料、压电材料等来制造仿人皮肤及人工肌肉。科学家首次用木头制造了假肢材料。据称,该材料最适合填补骨肿瘤移植或严重的骨折等医疗领域留下的空白,同时也可在工程和太空领域大展拳脚。

近年来,假肢接受腔的研究取得了很大的进展,如真空硅胶滚轴衬套(suction silicone roll-on liners),改善了残肢的承重和能量消耗;flexible sockets 改善力分布;根据人体特征修正的接受腔(anatomically contoured sockets)提高了假肢的适用性等。

4.2　肌电假手的新发展

肌电假肢是指提取截肢者自身残端或臂部的 EMG(Electromyogram)信号,经过电极检测、募集放大、识别处理等来控制假肢活动。已有许多 EMG 信号控制的假手应用于临床,如 Russian hand、Boston Arm、Otto Bock、Utah Arm 等。近年来,利用 EMG 信号控制假肢已经取得了许多有意义的成果。

(1) 假手的速度控制

随着高速动力假肢的发展,对假肢的不同速度提出了要求,从而使患者能够有目的、准确地抓握物体。如 Otto Bock 的加速感应手,速度从 15 mm 每秒到 300 mm 可以均匀增加(标准手运行速度大约是每秒 130 mm),并且强化了 EMG 信号处理技术和改进了软件设计,使感应手可以更迅速地响应肌电信号。

(2) 肌电感应手

目前世界上最先进的肌电手是肌电感应手,它不仅可以控制和操纵手部、腕部、肘部的动作,还可以控制握力,感应所拿物体而自行加力。如 Otto Bock 的 SUVA 感应手,见图附 1.63,这种假肢在原有肌电控制的基础上,实现了比例控制,比例控制系统可以使假手开合速度随着肌电信号的强弱而变化。另外,SUVA 感应手还增加了握力自动调节系统,可以自动调节握取力,不需要人工干预。

图附 1.63　SUVA 感应手

(3) 比例控制假手

比例肌电控制是使假肢的某些运动变量(如肘关节角度、手握力等)随某些肌电参数变化,从而使假肢的动作功能更强,更接近于自然肢体动作。Otto Bock 推出的 DMC plus 肌电手,采取新型的(动态模式)DMC plus 控制,这种控制具有新型的安全模式,用最大力量抓握一次后,就需要稍高的 EMG 信号才能张开手,这种模式减少了由于肌肉无意识收缩而张开手的机会。上海科生假肢有限公司也推出了具有比例控制性能的肌电手,该肌电手动作精细准确,可自如地拿鸡蛋、蛋糕等易坏物品。北京英中耐的最新的肌电手是"增强型多重控制肌电手",适用于大多数前臂截肢和上臂截肢患者,可以配置开关或通过一两个感应器实现比例控制。

5　上肢假肢的发展趋势

经过近年来广大学者与工程技术人员的研究,人体上肢假肢朝着更加仿生化、智能化、精巧化等方向发展。随着上肢假肢技术的进步,上肢假肢将在未来以下几方面取得发展:(1) 获得感觉的多样性与真实性。传感技术的应用随着高性能传感器的研发,假肢将有望获得触觉、滑觉、力觉等多种感觉。这种感觉还有望与人体神经信号相连接,使人体大脑有与真实人手一样的感觉。(2) 新材料、新技术、新工艺的应用。科研人员一直在尝试具有某些特殊仿生功能的材料,如形状记忆合金、磁致伸缩材料、凝胶等,并以此基础研制具有感觉功能的仿人皮肤和人工肌肉。(3) 控制方式及控制信息源的多样性,特别是智能控制技术的应用以及生物信息到物理控制信息的转换等。随着各种控制技术的发展,假肢的动作将更加灵活;(4)微型机械的应用。随着计算机和纳米技术的发展,微型马达、微电极等各种微型产品及微型操作系统的产生,假肢的重量将减轻,外观更加优化。

附录1.8 国际居家无障碍环境控制交互技术发展概况

我国各类残疾人和长期卧床的老年人大量存在,他们在居家环境中的一些基本的日常活动无法自理,这严重影响了他们的正常生活。四肢不能活动的重残病人和老年人,其嘴、牙和颈部的动作还能受脑神经的支配,因此利用这些尚存的活动能力,对居家环境中的各种设备进行控制,如利用机械开关、头操纵杆、吹/吸气、嘴叼棒、眨眼、语音、脑电图等作为输入信号,控制家中的电器设备,实现喝水进食、开关电灯、拨打电话、选择电视频道、开关门、拉窗帘、操作轮椅、紧急呼叫、操作计算机等等。居家无障碍环境控制技术帮助老年人和残疾人不同程度地恢复生活自理能力,为他们提供一个方便的居家生活环境。

本书以居家无障碍环境控制技术的人机交互控制方式作为主线(即无障碍环境控制系统的访问途径),介绍该领域的国内外研究现状。在国内外的相关文献和研究中,居家无障碍环境控制技术的控制方式主要分为:机械开关、吹/吸气、语音、手势、脑电信号、肌电信号、基于视觉的面部表情控制等。

1 机械式交互控制

1.1 开关控制

早期的无障碍环境控制系统输入接口主要采用机械开关或者电磁开关,一般情况下一个机械开关由两个接触点和一个执行器组成。见图附1.64,1980年,新西兰的R. D. Jones等人为四肢瘫痪的患者设计了一个手持开关控制器和一个下巴开关控制器,可以紧急呼叫护士、控制灯具开关和电源插座等。1998年A. Wilson设计了一个叫"Jelly Bean"的机械开关。Lancioni开发了特定使用位置的振动传感器用于识别下巴和手的动作。Antonucci等人设计的应用于身体的不同部位的逻辑组合开关,可以避免

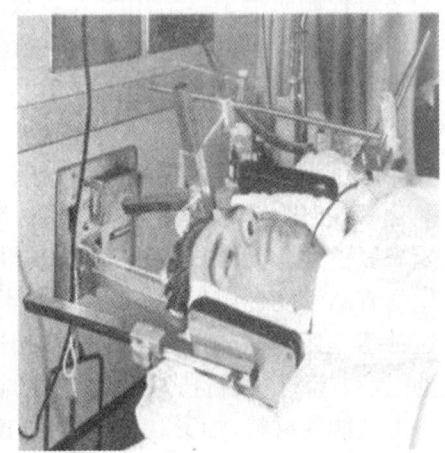

图附1.64 R. Jones设计的下巴开关控制器

不恰当的身体动作造成的错误操作。

1.2 吹/吸气控制

2005年,见图附1.65,美国佐治亚州立大学计算机科学系设计了一种新型的基于吹/吸气控制的无障碍控制接口,使四肢瘫痪的残疾人能够方便地控制电脑,通过空气流量传感器,检测空气流动的方向和强度,其中模糊推理系统能够处理更为复杂的吹/吸气流信号,比如偶然操作造成的错误信号(咳嗽),用户与系统的交互基于两个选择操作,指向(定位光标在电脑屏幕中的位置)和单击。

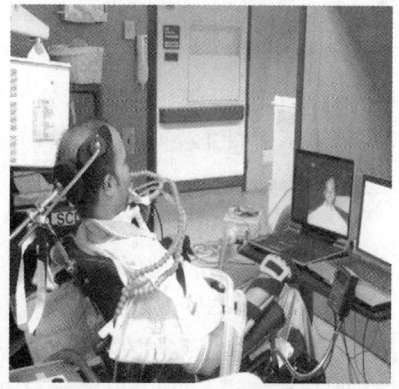

图1.65 佐治亚州立大学设计的新型吹/吸气控制系统

1.3 牙齿、舌头、头控制

2006年,K.Kuzume设计了以牙齿触摸的声音为控制信号的环境交互设备。运用牙齿传导传声器、音频放大器和FPGA(Field Programmable Gata Array)芯片,通过骨头传声器收集牙齿触摸的声音信号,骨头传声器连接一个高灵敏度的振动传感器,收集牙齿触摸引起的振动,将这些振动转换成音频信号,这些设备可以固定在用户的头上,收集牙齿的振动,从而将振动信号转化为控制信号。

2008年,美国佐治亚理工学院仿生学实验室设计了一个舌头驱动系统,见图附1.66,通过一个磁感应传感器模块来检测由

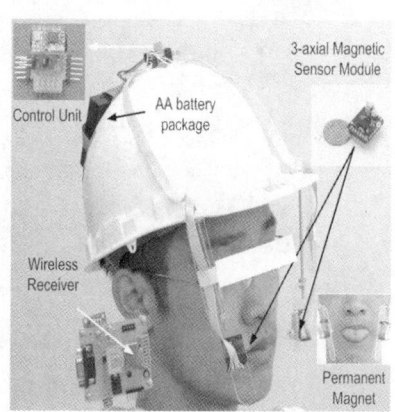

图附1.66 佐治亚理工学院设计的舌头驱动系统

于舌头的运动引起的嘴巴内磁场的变化,由计算机将信号转化成控制命令,实现对环境设备的控制。

2001年Yu-Luen Chen设计了一个头操作计算机鼠标的控制接口,采用两个倾斜传感器放置在头部两侧的耳机上,确定头部的位置,一个倾斜传感器检测头部的横向运动,驱动鼠标的左右位移,另一个检测头部的垂直运动,驱动鼠标的上下位移,一个触摸开关装置与脸颊接触,触发开关执行单一的单击或双击。

2 智能视觉交互控制

2.1 手势控制

目前,对手势识别大部分的研究主要集中在手的方向和姿态的识别,美国伊利诺伊大学 Beckman 研究所和日本中央大学的系统工程学系都对这个方向进行了研究。

2007 年,韩国科学技术高级研究院设计的居家无障碍控制系统,见图附 1.67,系统由三种交互方式组成,基于视觉的手势识别、基于声音的语音识别和基于传感器的动作识别。三个单独的图像数据获取摄像头捕获指尖点的三维坐标,通过比较预定义的某家电矢量坐标的位置,来确定所选择的电气设备。护理床上安装了 336 个压力传感器,测得用户的躺卧姿势,生成压力分布图像,根据用户身体躺卧的姿势来控制护理床的弯曲和升降。

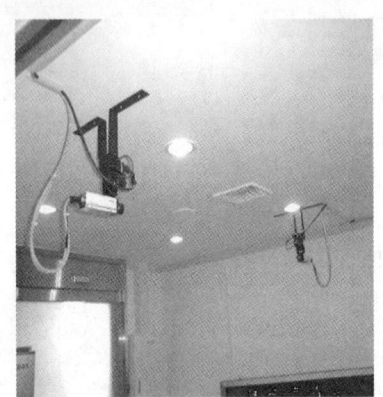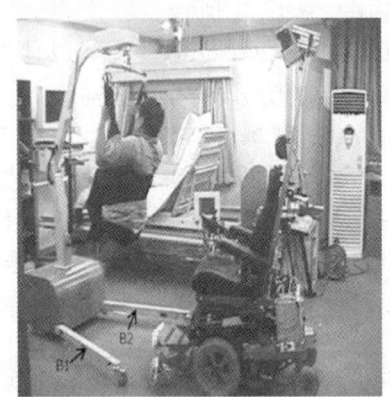

图附 1.67 辅助智能床控制系统

2009 年,美国俄克拉荷马州立大学设计了可穿戴式手势识别系统。系统由分割模块与识别模块两个模块组成。基于神经网络的分割模块,用来检测手势的开始和结束点。在识别模块中应用层叠隐马尔可夫模型 HHMM(hierarchical hidden Markov model)。其采用多传感器融合的方式来收集从脚到腰部的传感信号,几个基本的手势被分配为几个不同的命令,从而帮助残疾人完成对家电的控制。

2.2 眼动控制

目前应用于无障碍环境控制领域的基于眼球运动的控制方式主要是眼电图法和计算机图形法。2000 年,Lankford 等人设计了基于视觉的眼球追踪装置,通过计算眼角膜反射与瞳孔中心的偏移量来控制鼠标。2003 年,Bates 提出了结合眼动追踪和头操作的计算机访问辅助接口。

2011年,韩国Dongguk大学电气工程学院设计的基于眼球运动的无障碍控制系统,如图附1.68所示,通过物体识别和视线跟踪的方法,实现重度残疾人选择和控制家电设备,该系统设计了一种可穿戴的眼镜形状的设备,使用外红相机和照明设备来捕捉图像。实验的结果表明获取的视线跟踪坐标和真实的物体位置只有1.98度的误差。

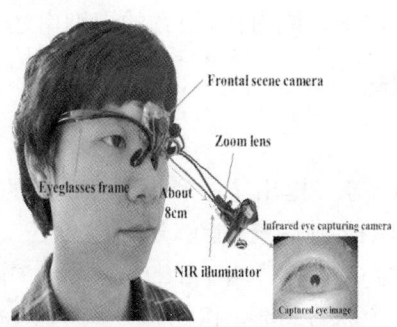

图附1.68 Dongguk大学设计的基于眼球运动的控制系统

2.3 面部表情控制

随着计算机技术的发展,面部表情识别技术在无障碍环境控制技术领域发展起来。2002年,Betke为严重残疾人设计了一个基于视觉的鼠标控制接口,系统用摄像机追踪用户的面部特征(鼻、唇)以及身体其他部位的变化,将他们转换成屏幕上鼠标指针的移动。2003年,K. Grauman设计了基于视觉的控制接口"BlinkLink",自动检测用户的眨眼,准确地测量其持续时间,自愿的长闪烁触发鼠标点击,非自愿的短闪烁会被忽略。2006年,Mauri等人通过面部色彩追踪,建立一个残疾人的辅助控制接口。

3 语音识别交互控制

2011年,新西兰Massey大学设计了一个帮助老年人起居的语音无线家庭自动化控制系统,该系统通过语音命令的自动识别和低功耗的无线通信模块组成,通过语音命令来控制所有的灯光和电器,使用差分脉冲编码调制算法压缩语音数据。经测试,参与测试的35个有不同英语口音的人发送命令的识别率达到79.8%。

2011年,上海理工大学生物力学与康复工程研究所设计的居家无障碍环境控制系统,见图附1.69,该系统将语音识别控制

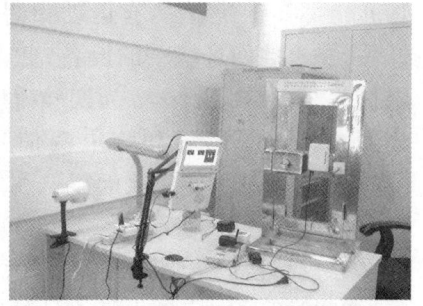

图附1.69 上海理工大学设计的居家无障碍环境控制系统

技术、无线信息传输技术、嵌入式移动计算技术相结合,将居家环境中的灯具、电控门、报警器、电视机等电器设备互联为一个系统,为行动障碍人士提供一个语音识别控制终端,方便地控制居家环境中的各种电器设备,可以随时通过语音提示系统、视觉提示系统了解各种电器的运行状况,从而构建一个实用的、基于语音控制的重残患者居家环境无障碍系统。该系统使用起来训练简单,不受语言种类限制,抗干扰能力强,语音的识别率达到90%以上。

4 电生理信号交互控制

4.1 脑电信号控制

2009年,G.Edlinger等人提出了一种基于P300的脑电图信号结合虚拟环境技术的残疾人环境控制系统,能够迅速地选择更多的控制命令。2011年,g.tec医学工程公司设计了一个联合P300和稳态视觉诱发电位SSVEP(steady-state visual evoked potential)的环境控制系统,SSVEP被用来运行一个简单开关的切换,可以控制系统的启动和停止,P300用于控制几个可控设备的应用程序和一个独立的控制命令,经过测试,控制的准确率为90%。

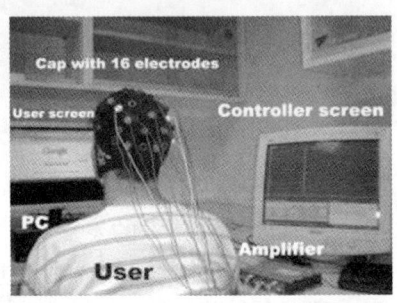

图附1.70　NBIO公司设计的脑机接口

2011年,西班牙NBIO公司设计了一种基于脑电图的环境控制系统,见图附1.70,在头皮安装16个电极,检测P300和N2PC信号。该系统已经开发了三个应用程序,第一个应用程序是允许访问互联网和控制计算机,第二个应用是可以控制家电设备,第三个应用是作为一个基本的通信工具。

4.2 肌电信号控制

近年来,肌电信号识别技术成为无障碍环境控制领域的一个研究热点。1996年,Gryfe等人为有运动障碍的残疾人设计了一个利用肌电信号的控制开关,操控他们环境中的设备,此开关设定一个预定的阀值,以消除环境噪声干扰。2000年,Barreto为四肢瘫痪的残疾人设计了一个鼠标控制接口,把采集到的肌电图信号和脑电图信号转化成控制二维光标的移动。2002年,Y.Chen等人基于使用表面肌电图信号的想法,把它转换成一个触发脉冲,为残疾人设计电话系统控制接口。2006年,Huang研发了一个基于面部肌电信号的鼠标控制接口,实验的准确率大于80%。

2006年日本广岛大学设计的无障碍控制系统CHRIS,该系统使用肌电信号作为输入信号,用于控制电动轮椅、家用电子设备和视频游戏机。系统硬件包括一个用来接收和测量生物信号的传感器单元，一个处理和识别的主控单元和发送接收无线电波的传输单元组成，用户可以通过切换基于 GUI 的分层菜单操作家用电器设备。

5　小结

通过上述对居家无障碍环境控制的人机交互技术发展状况分析，我们可以看出，目前人机交互的控制方式正向智能化方向发展。其目标是通过计算机，检测、捕捉和识别患者残存的电生理、语音或局部运动信号，以实现失能者与环境设备的无障碍交互。目前，居家无障碍环境控制交互技术将更多地整合各种交互方式，实现多模态交互系统，并与互联网技术结合实现远程控制技术的应用。此外，已有的无障碍环境控制技术，吹吸气、口持棒、机械开关等，其交互方式简单直接，但会造成使用者丧失其他自由度。基于脑电信号、肌电信号的控制方式距离实际的应用要求还有很大差距，需要在信号特征的提取及处理方法、通讯速度和控制的准确度等方面深入研究。语音、眼控和手势是人们最容易接受的控制方式，语音识别、目光识别和手势识别技术近年来取得了较快发展。

无障碍环境控制技术在国外发展很快，从残疾人的需求出发，已经做成了许多较成熟的产品。但在国内还刚刚起步，和国外有较大差距。随着社会的进步，残疾人对居家辅助设备的需求也会越来越大，所以发展和研制适合中国人使用的残疾人环境控制系统非常必要，居家环境控制技术的研究在国内将会有广阔的发展前景。

附录二 发达国家康复医疗服务业考察报告3例

2014年初,喻洪流教授受中国康复与专用设备标准化技术委员会委托,代表中国专家参加了国际标准化组织辅助产品技术委员会无障碍设计工作组(ISO/TC173/SC7/WG5)第一次会议。该会议在斯德哥尔摩的瑞典辅助技术研究院召开。为了解发达国家康复治疗设备及其在康复医疗中的应用情况,他还顺道访问了北欧两个著名的康复医学机构——爱沙尼亚塔尔图大学(University of Tartu)医院运动医学与康复治疗中心(以下简称康复中心)以及瑞典最高学府卡罗琳斯卡学院(Karolinska Institute)附属Danderyd医院康复医学科。为和国内同行分享国外康复事业发展的信息,就此写成两篇简报。

附录2.1　瑞典卡罗琳斯卡学院康复中心随访略记

作为欧盟成员国及北欧国家,瑞典是世界最发达的国家之一。根据2012年统计数据,目前瑞典人口约960万,其中65岁以上的共有183万,占总人口的18.9%,80岁以上的约50万,占65岁以上人口的27.3%,是世界老龄化程度最严重的国家之一。瑞典的高老龄化社会及发达经济极大地促进了康复医学的发展。

瑞典卡罗林斯卡学院(Karolinska Institute,原名皇家卡罗琳学院)是瑞典排名第一的大学及瑞典最大的医学研究中心,位于首都斯德哥尔摩郊外的索尔纳,建成于1810年,也是欧洲乃至世界最优秀的医科大学之一,其临床医学与药学在欧洲排名第一。该医学院还是诺贝尔生理学或医学奖的评选机构以及欧洲研究型大学联盟(LERU)的成员。

今年年初,笔者在瑞典健康护理研究院Nils Person先生的陪同下访问了卡罗林斯卡学院所属大学医院康复医学科。康复医学科主任Christian Andersen教授及神经康复技术团队负责人Jörgen Borg教授在Danderyd医院热情地接待了笔者,并安排了多名科室医生一起开了一个座谈交流会,见图附2.1。在交流会上,Jörgen Borg教授和笔者分别介绍了卡罗林斯卡学院大学医院康复医学科的情况和上海理工大学在康复工程领域的研究概况。在双方饶有兴致地讨论与交流之后,Jörgen Borg教授陪同笔者参观了他们的研究实验室及"认知功能测试与训练屋"。

图附2.1　卡罗林斯卡学院专家座谈

1　医院康复医学科简况

卡罗林斯卡医学院大学医院康复医学科下设疼痛与精神压力（Pain & Stress）康复门诊部、神经康复门诊部及神经康复住院部三个部门，并有由医生组成的专门研发团队。康复医学科有设在 Danderyd 医院与 Huddinge 医院的两个临床诊所，主要承担斯德哥尔摩地区的康复医学服务。Danderyd 医院康复科主要是脑损伤的康复门诊与住院，以及慢性疼痛、精神压力相关的失调、慢性疲劳综合征、痉挛及小儿麻痹后遗症的康复门诊；Huddinge 医院康复科主要是脑损伤、慢性疼痛及痉挛的康复门诊。

Danderyd 医院神经康复住院部现有床位 41 张（目前斯德哥尔摩地区有人口约 200 万），2012 年该院康复科共接待 210 名住院病人，其中脑卒中与脑外伤各占约一半，平均康复住院时间 45 天。两个医院共接待门诊病人 40 825 人。

卡罗林斯卡学院附属的大学医院康复医学科现有教授 2 人、副教授 4 人、博士后 13 人、博士研究生 9 人，另外还有来此进修的各国康复医生或治疗师，技术与科研力量雄厚。

2　康复医学科科研概况

卡罗林斯卡学院大学医院康复医学科十分注重科研工作。Jörgen Borg 教授较详细地向笔者介绍了他们康复医学科的主要研究领域与方向。

2.1　康复临床研究

在这方面该部门主要开展了脑神经功能障碍的预后与干预研究：（1）脑卒中；（2）外伤性脑损伤；（3）缺氧脑损伤；（4）运动失调；（5）认知障碍。

2.2　新设备与技术的开发、评估与临床应用

1. 手功能康复器 Neuroflexor（图附 2.2）

用于抵抗肌肉痉挛的机械装置及肌肉牵张反射的诊断与评估。

2. 下肢辅助行走装置（机器人服）（图附 2.3）

对脑卒中患者进行早期步态训练。该项目与日本筑波大学及 Cyberdyne 公司合作。据 Jörgen Borg 教授介绍，该装置是医院向 Cyberdyne 公司租借用于临床，每月租金约 15 000 瑞典克朗（约合 14 000 元人民币）。

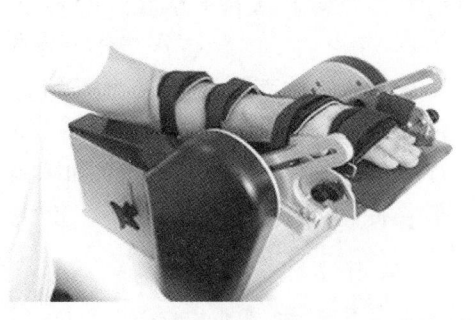
图附 2.2　Neuroflexor

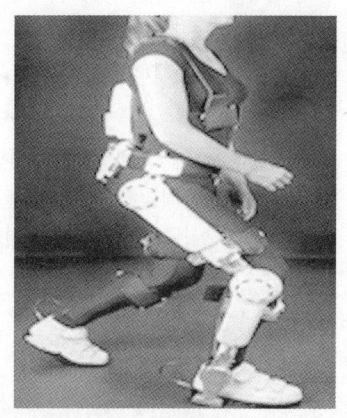
图附 2.3　外骨骼机器人辅助步行临床研究

3. 远程康复训练

研究并应用一种远程训练的交互解决方案。治疗师能够从医院、诊所远程指导脑卒中患者进行居家康复训练。

2.3　手功能康复研究

在手功能康复方面,目前开展了 3 个项目的研究:

(1) 抓握力增强手套研究(图附 2.4)。对神经肌肉障碍患者改进手功能的一种康复训练手套进行可行性研究。

图附 2.4　抓握力增强手套

(2) Prohand 项目。应用生物标记来预测脑卒中的手功能结果(图附 2.5)。这个项目应用肌电、脑电、电刺激、磁刺激等技术组成的测试系统,对手功能与脑部神经之间的关系及各种治疗方法的影响开展了一系列广泛深入的研究。

(3) HandinMind 项目。研发及测试一种新的脑卒中手套。

(a) 电刺激

(b) 磁刺激

图附 2.5　生物标记的手功能评估研究

2.4 认知支持研究

在认知功能康复方面,该部门目前主要开展了以下3方面的工作:

1. 神经心理研究

该科成立了神经心理学小组,专门开展认知方面的神经心理学研究。

2. 认知功能训练与评估屋(@home-apartment)(图附2.6)

康复中心建立有居家认知训练与评估屋。这是一套以训练认知障碍者在家中独立生活的专门实验室,患者一般在此生活4天时间,进行ADL的训练与评估。

图附2.6 认知功能训练与评估屋

3. 陪护机器人

在认知功能训练与评估屋引进了远程陪护机器人(图附2.7)。该机器人可以由亲属或工作人员远程操控实现对患者的居家移动跟踪,并可进行实时对话交流与指导帮助,使老人或患者就像有人在身边一样亲切。实际上,这种机器人对认知障碍患者有帮助,也适用于对一般独居老人及肢体障碍者的生活辅助。

笔者亲自在隔壁的远程操控室操作试用了该陪护机器人的远程移动跟踪功能。在个人电脑上,基于鼠标引导非常方便地实现了对患者的移动跟踪、周围环境监控与实

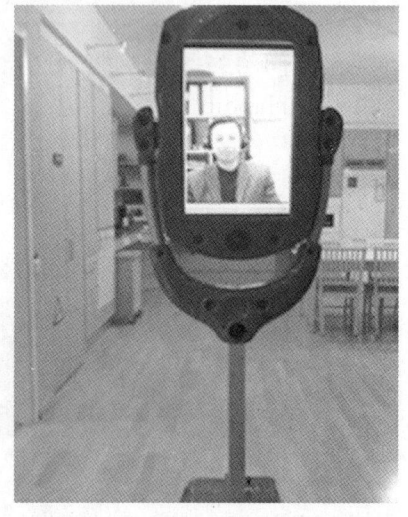

图附2.7 笔者体验陪护机器人操控

时对话。此外,笔者还在机器人旁体验了这种远程陪护机器人,由于"他"的运动与实景特性,使人感觉机器就像一个真实的人在你身边。据了解,这种机器人目前已经进入家庭。在瑞典,患者经过评估后有关慈善机构会予以资助购买。

3　几点感受

这次笔者到卡罗林斯卡学院康复中心访问时间较短,了解还不够深入。然而,这次随访却给笔者的印象颇深。首先,卡罗林斯卡学院康复医学科作为瑞典最好的康复医学中心,其不但十分注重科研,建立了一支包括 20 多个博士、博士后在内的强大专职研究队伍,而且在临床康复中,开展得康复项目非常广,不但包括通常的神经康复,还包括慢性疼痛、精神压力相关的失调、慢性疲劳综合征等方面康复,特别是后面两项,在我国康复科开展的还较少;其次,其十分注重新技术的应用及临床研究,与康复设备研发的理工科大学及相关公司建立了紧密的合作关系,不但开展新设备的临床试验研究,还及时把最新的技术应用于临床,如上述的行走辅助外骨骼机器人、陪护机器人、远程康复等技术的应用等。此外,该中心对认知障碍者的 ADL 训练与评估方法也值得我国借鉴。

附录 2.2　爱沙尼亚塔尔图大学康复中心随访略记

爱沙尼亚是北欧波罗的海三国之一,西向波罗的海,北向芬兰湾,人口约 140 万,首都为塔林。爱沙尼亚的最高学府塔尔图大学(University of Tartu)是已有 379 年历史的欧洲最古老的大学之一,也是欧洲著名的科英布拉集团成员(剑桥大学和牛津大学也是该组织成员)。该校医学院是欧洲最著名的医学院之一,其临床医学在全欧排名前五。学校师资人员共 3 500 名,其中教授和高级科研人员 1 200 名,学生 1.8 万人。

塔尔图大学附属的大学医院设有运动医学与康复中心(诊所),康复中心下设住院部与门诊部。笔者首先访问的是医院康复住院部,这是一座独立多层楼房,与医院门诊部有数公里的距离,周围绿树环绕,环境优雅。当笔者在今年 1 月抵达塔尔图市时,这个北欧国家已是一片白雪皑皑。室外深冬的寒风吹过,让人感觉到一阵刺骨的冷冽。然而,当笔者踏进塔尔图大学康复中心住院部大门之时,一股似春日的暖流却扑面而来。康复住院部主任 Aet Lukmann 博士等 5 位医生在门口笑容满面地热情迎接笔者的到来,并专门安排了一个小型交流座谈会(图附 2.8)。

图附 2.8　塔尔图大学座谈交流

　　Aet Lukmann 博士首先向笔者简要介绍了塔尔图大学医院康复中心的情况。医院康复中心由康复住院部、康复门诊部、运动医学中心及护理部等四个部门组成。爱沙尼亚共有包括各医院的康复部或独立的康复中心 10 余家相关的康复机构，但塔尔图大学康复中心是其中技术水平最高、设备最先进的。爱沙尼亚总理也曾在此住院康复，在医生办公室的墙报栏还留有他的感谢信。在座谈交流后，中心研究人员陪同笔者参访了医院的康复住院部、康复门诊部与运动医学中心，这里做简要介绍。

1　康复住院部

　　该康复住院部主要是对神经系统、骨科疾病或创伤的患者进行住院康复。部门有一支专门的康复团队，包括专门的康复医生（5 人）、物理治疗师（8 人）、语言治疗师（1 人），临床心理学家（1 人），护士（7 人）以及个人护理工人等人员（图附 2.9）。该住院部设施条件优越，拥有各种先进的物理治疗设备与运动康复训练设备（图附 2.10 至图附 2.12）。

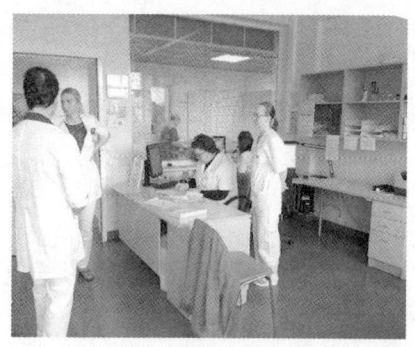

图附 2.9　干净整洁的护士办公室一角

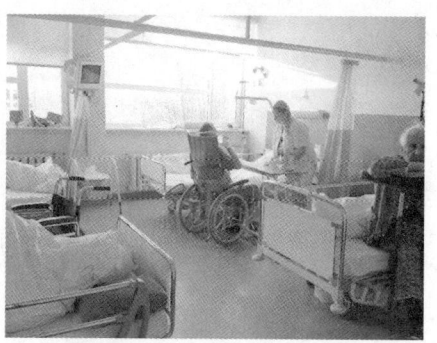

图附 2.10　住院部普通病房

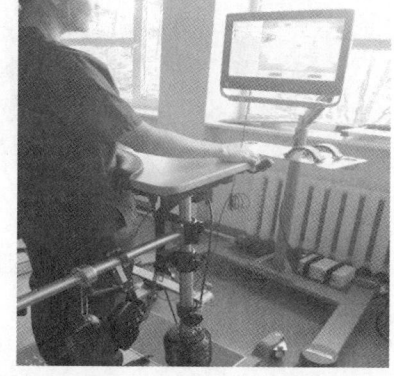

图附 2.11　运动康复训练室一瞥

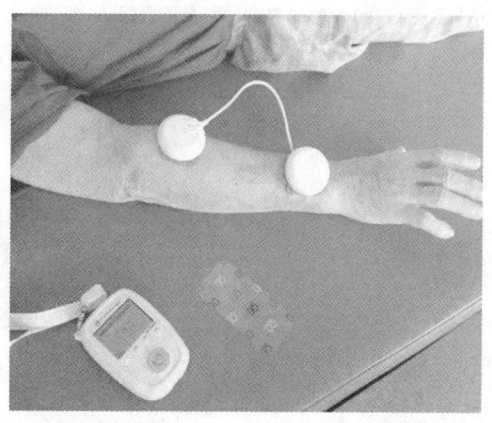
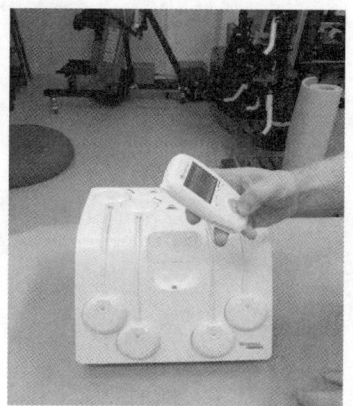

图附 2.12　应用 Chattanooga 无线电刺激仪对患者进行治疗

2 康复门诊部

塔尔图大学医院的康复门诊部与运动医学中心都位于医院的同一座建筑内,占有医院的两层楼面。康复门诊部为心脏、神经系统、骨科及外伤患者提供现代化的日间康复治疗服务,其中心脏疾病的康复获得了国际认可。

门诊康复部门拥有齐全的康复治疗设施,包括运动康复、水疗、按摩、针灸、电疗、光疗、超声波、蜡疗、局部泥疗等(图附 2.13 至图附 2.14),其中局部泥疗应用的是爱沙尼亚本国的一种特殊治疗泥,据介绍效果很好。

图附 2.13 门诊部的治疗师对患者进行一对一的水疗康复训练

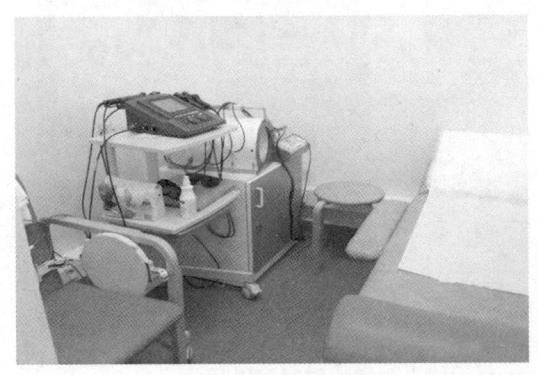 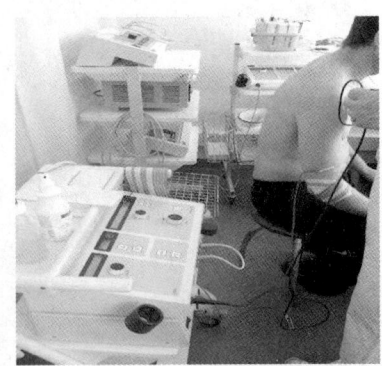

图附 2.14 门诊部理疗室一角

3 运动医学中心

该医院的运动医学是国际知名的特色优势学科。该部门主要为业余运动员和专业运动员提供医疗体检、营养咨询、体能评估、运动测试,包括与体育相关的健康障碍和创伤诊断、物理康复治疗等服务,并利用高端设备开展足部生物力学、支持性运动感觉系统等方面的研究。门诊部主任陪同笔者参观了相关设施。该中心拥有各种先进的运动功能评估与康复设备(图附2.15至图附2.16)。

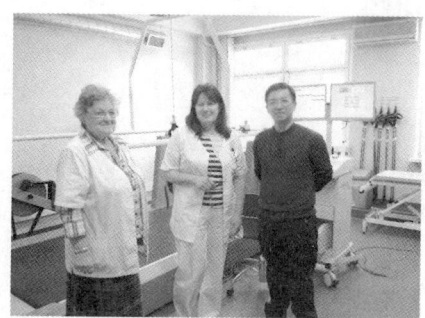 

图附2.15 门诊部运动康复训练设施

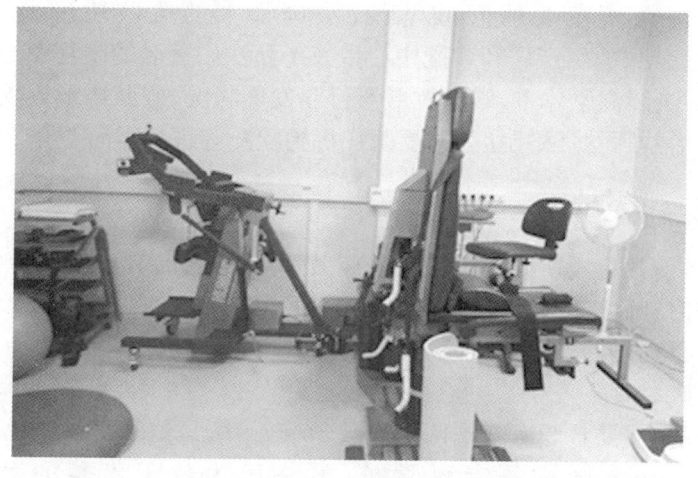

图附2.16 运动医学中心的等速检查与康复训练设备

4 几点感受

由于访问塔尔图大学医院康复中心时间仓促,因此了解不够深入,但笔者却有几点较深的感受。首先,尽管爱沙尼亚的生活水平属于欧盟国家的中等,但其康复服务及康复医疗保障水平较高,据 Aet Lukmann 博士介绍,该国的康复治疗服务全部由医保承担,患者基本无需承担费用。其次,该医院康复住院部医患比很高,该住院部有各类医护人员 20 余人,但仅有 30 多位患者住院,医患比超过 2∶3;此外,该医院的康复设备先进,基本上世界上最新的理疗与运动康复设备都有购置,如最新的等速检查与康复训练设备、站立式情景互动平衡训练设备、无线电刺激设备等。

附录 2.3　法国假肢学校和企业考察报告

1　引言

在中国假肢矫形器协会的联系与帮助下,法国假肢矫形器行业协会(UFOP)会长单位、法国最大的假肢矫形器企业——Proteor 康复技术公司愿意在上海理工大学新康复工程专业(方向)建设方面予以积极支持与合作。在这种背景下,Proteor 公司邀请我校相关人员前往法国考察假肢矫形器人才培养和假肢矫形器行业发展状况。笔者随上海理工大学考察团一行 3 人,于 2006 年 9 月 4 日至 9 日在法国进行了短期考察。在考察的几天时间里,分别参观了法国两所主要的假肢学校、法国最大的假肢矫形器产品企业 PROTEOR 公司的生产厂和装配中心以及 1 所法国著名的康复中心。这里就考察情况对法国健康体系、假肢矫形器行业发展状况、假肢矫形器人才教育体系、假肢矫形器师的资格制度、康复医疗机构状况等进行了简要介绍。

2　假肢学校考察情况

法国目前共有六所假肢学校培养假肢矫形器人才,其中两所为中技,两所培养技工和技师(高职、技校并存),其余两所培养假肢矫形器师(大专),这里介绍对两所培养假肢矫形器师的学校的参观考察情况。

2.1　学校基本情况

这次我们主要参观考察了两所假肢学校,一所是位于瓦朗斯(Valence)市的私立 Montplaisir 高等专科学校,另一所为位于巴黎的公立 Lycee d'Alembert 假肢矫形器学校。

我们分别对上述两所假肢学校进行了近 1 天的参观考察,得到了许多有用的信息,这里比较两所学校的教育方式如表附 2.1。

表附 2.1

序号	项目	Montplaisir 学校	Lycee d'Alembert 学校
1	性质	私立	公立
2	经费来源	政府投资为主	政府投资为主
3	学生总数	1 600	1 200
4	假肢矫形器专业每班学生数	20～30	20～30
5	专业种类	假肢矫形器、足部矫形、医学影像等	假肢矫形器、足部矫形、制鞋
6	教育层次	大专 3 年	大专 3 年、高职 2 年、中技
7	培养目标	假肢矫形器师	假肢矫形器师、技师、技工
8	实训、实验设施	假肢矫形器制作车间、假肢 CAD 教学实验室、材料仓库、步态分析系统	假肢矫形器制作车间、残肢三维扫描取模系统、假肢 CAD 教学实验室、材料仓库
9	假肢教研室教师情况	不详	9 人（全部获得国家假肢师资格）

2.2 教育状况与特点

1. 重视实践教学，实训、实验设备投入大

我们参观的两所假肢学校尽管培养学生的层次有所不同，且一家为私立，一家为公立，但从教学质量与内容上看都具有相似点，即均十分重视学生动手能力的培养，强化实践环节。我们在参观过程中发现，学校建立了比一般假肢装配中心还要完善的制作车间、先进的 CAD 实验室和材料仓库，平均每个学生至少有一个工作台，而且学生在实习时态度十分认真。我们看到巴黎 Lycee d'Alembert 学校的学生在本校车间实习时都一丝不苟地动手实际制作装配矫形器、假肢接受腔，并自己创作产品，培养创新能力。

在强化实践教学环节的过程中，学校十分重视对该专业实验设备和材料的资金投入，在配备完备的制作车间设施和提供实训耗材的同时，还购置了先进的实验设备。如巴黎的 Lycee d'Alembert 学校配有假肢 CAD 实验室，有 20 多个工作站，还有残端三维自动摄像成型系统。Montplaisir 学校正在建设的一个康复实验室，其步态分析系统投资 30 多万欧元。

2. 小班化教育，保证教育质量

目前法国的假肢矫形器师只有约 450 名，而两所假肢学校每年毕业的学生 50~60 人,该专业的毕业生呈现供不应求的局面。虽然如此,学校并没有扩大招生,而是各学校把每届招生人素控制在 20~30 人。当我们问其不扩招的原因时,他们回答说师资和设备有限,为了保证教学质量,必须限制学生数量。从我们看到的情景,不但假肢矫形器专业的学生实行小班化教学,而且其他专业的学生数也基本保持在 30 人左右,少数专业甚至更少,可见法国高等教育是以保证教学质量为根本的。

3. 足部矫形专业受到重视

在发展中国家还在为培养假肢矫形器专业人才作准备或刚刚开始的时候,西方发达国家已在把此专业进一步细分,以适应人们对卫生保健日益提高的需要,而足部矫形专业的建立就是其中典型的一例。我们参观的两所学校和 Proteor 公司都设立了足部矫形专业和产品业务,专门针对脚部残缺、畸形制作矫形鞋或矫形鞋垫,或出于对保健的需要,为正常人群制作个性化的鞋和鞋垫产品。目前足部矫形专业的学生每届在 15~20 人,两所假肢学校均建立了完整的足部矫形实验实习设施。可以预计,这一专业和产业具有广阔的前景。

4. 公立、私立同等待遇,政府支持行业人才培养

我们参观的两所假肢矫形器学校,一所为公立,一所为私立,但他们的经费来源都主要是政府拨款,而且享受的待遇是相同的。法国高校的学习几乎是免费的,对于培养费用昂贵的假肢矫形器专业更是微不足道。公立的巴黎 Lycee d'Alembert 假肢矫形器学校的学生每年交费约 200 欧元,而即使是私立的 Montplaisir 假肢矫形器学校的学生,每年交费也只是约 1 000 欧元。我们看来,相对当地的收入(平均约 2 000 欧元/月),这点费用似乎只是象征性的。

政府不仅大力支持高等教育经费,同时还根据行业变化,不断调整高校专业设置,以适应市场需求来培养人才。学校设立假肢矫形器专业就是政府规划的结果。法国假肢矫形器行业协会向国家教育管理部门提出假肢矫形器师培养申请后,政府教育部门选择合适的学校设立此专业并拨款。

5. 传统实训与先进技术并行的教学

我们在假肢学校参观时印象最深刻的是学校完整的实验实习设施,包括病人门诊、休息室、取模间、制模间、修模间、热塑成型间、假肢装配间、康复训练间等,这些设施完全可以与专业的假肢装配中心媲美,事实上,其规模和设备的档次比一般的装配中心更高。除这些基本的假肢矫形器制作实训设施外,学校还配备了先进的教学、实验设备,如 Montplaisir 假肢矫形器学校的步态分析系统就价值 30 多万欧元。该校还投资数十万欧元建立了先进的假肢

矫形器 CAD 实验室,此外其先进的电子黑板多媒体教室、人体解剖与影像实验室也是国内少见的。Lycee d'Alembert 假肢矫形器学校除有 CAD 实验室外,还配有人体扫描三维成像系统,可以直接对人体取型。可见,法国的假肢矫形器人才培养在软件、硬件上都已相当先进。

6. 越来越重视医学基础教学

假肢矫形器专业是一种典型的医工结合型人才培养专业。法国假肢学校的假肢矫形器专业十分重视医学基础课教学,并且在近几年大大增加了医学基础课程的总学时,由原来的只在前 2 年设医学基础课改为 3 年全部开设医学课程。现在医学总课时达到 400～500 学时,医学课程成为该专业的主要课程之一。他们开设的医学课程包括解剖学、生理学、病理学、康复医学等。据他们介绍,增加医学基础课是出于专科学生将来就业的知识需要,因为假肢矫形器师越来越成为与病人直接接触的测量、装配、训练工作的医务人员,而产品的制作则大部分由下一层次的技师和技工承担。

7. 与行业合作紧密——实习与进修

假肢学校与假肢矫形器行业建立了密切的合作关系,不但行业关心学校教材建设,提供教学内容指导,而且企业提供学生的在校企业实习,假肢矫形器专业的学生每年都要到装配中心及康复中心实习,一般时间安排是:一年级 1 个月、二年级 2 个月、三年级 2～3 个月,总共约半年的实习时间。另一方面,企业也根据需要派在职的员工到假肢学校进修学习,培养自己的假肢矫形器师。在职培训由企业向学校支付培养费。这种模式就是在法国十分受重视的半工半读教育模式。

此外,学校在实验室和实训车间建设方面也是与假肢矫形器企业合作建设的,学校从企业定制或直接购买设备或整个工作间。

8. 就业方向——技术与管理兼顾

假肢矫形器专业毕业生除了主要面向假肢装配中心、假肢零部件生产厂和康复中心之外,还有很大一部分到政府的医保局从事假肢矫形器医疗保险技术管理,以及到装配中心、假肢部件生产厂从事车间管理工作。另外,法国立法规定每个假肢矫形器装配中心必须配备具有资格的假肢矫形器师,而假肢矫形器师必须具有指定学校的毕业文凭,这为该专业学生就业提供了有力的保障。

9. 强化师资实践能力——双师型教师与教师外聘

法国假肢学校对师资队伍建设十分重视,在巴黎 Lycee d'Alembert 假肢矫形器学校,其尽管为 20～30 人的小班化教学,但教研室共配备了 9 名专职教师,更为重要的是,这些专职教师均具有国际认证的假肢矫形器师

(CPO)资格。这是典型法国职业高等教育的双师型教育模式。此外,学校还大量聘请企业和康复医院的假肢矫形器师和医生为学生讲课。这些与实际工作关系密切的师资队伍结合完善的实训实验设施保证了应用型人才的教育质量。

3 假肢行业和企业考察情况

3.1 假肢行业发展概况

法国作为一个发达国家,其在康复工程技术领域取得了令人瞩目的成就。现法国假肢矫形器装配行业总产值约 1.53 亿欧元,其中 Proteor 公司约占 20%。全法国共有 160 多家假肢矫形器装配中心(Proteor 公司 36 家)、126 家假肢零部件生产厂。2005 年全法国共装配假肢矫形器 13.6 万件,其中 Proteor 公司为 2.6 万件。在这些产品中下肢假肢占 9.6%,上肢假肢占 2.0%,下肢矫形器占 25.6%,上肢矫形器占 8.2%,脊柱矫形器占 53.7%。这些产品平均装配单价约 1 000 欧元,其中下肢假肢约 2 366 欧元、上肢假肢约 1 360 元。

Proteor 公司作为法国最大的假肢矫形器产品制造和安装服务商,从其业务架构可以了解法国典型的假肢矫形器行业的运作情况,这里描述如图附 2.17。

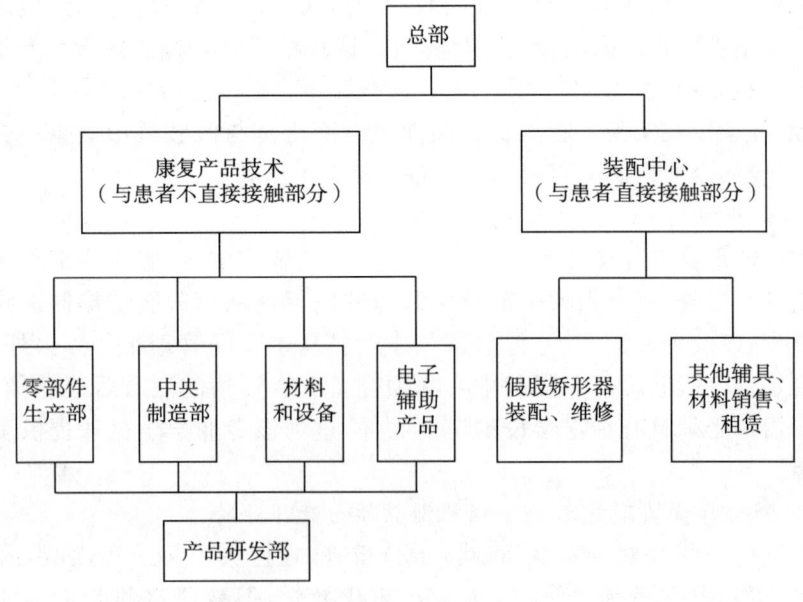

图附 2.17 法国 Proteor 公司业务框架

3.2 康复医院及其装配中心概况

法国康复医院也和其他医疗机构一样,分为公立、私立和非营利私立三种。私立和公立医院享受国家同等待遇,至少在医疗保险方面是相同的,病人可自主选择。法国的康复医院具有相当先进的康复医疗技术和条件。

这次法方还为我们安排参观了一所巴黎附近的 La Renaissance 康复中心。该康复中心位于环境幽雅的 Villiers St-Denis 郊外山林之中,门口主楼为一古城堡建筑,建于 1930 年,原为一疗养院,上世纪 70 年代改为康复医院。此康复中心占地 48 亩,有床位 450 张,其中假肢矫形器部有 140 张床位,是全法国规模最大、最先进的康复中心之一。中心有三个医疗点,其中一个在巴黎市区。该康复医院设有康复中心(包括假肢矫形康复部、呼吸系统康复部、老年人护理部等),以及一个与康复中心分开独立核算的假肢矫形器装配中心。

参观该康复医院后,我们对如下几方面留下了深刻印象:

(1) 随着生活、饮食习惯的改变,与之相关的疾病迅速增加,非交通因素的截肢者的比重越来越高。从该康复中心的病人数据来看,90% 以上均为糖尿病、呼吸/血管系统疾病引起的截肢。

(2) 法国的康复医疗条件十分优越。从所参观的康复中心看,其有职工 650 名,但住院病人只有 450 名,差不多医患比为 1.5∶1。此外由于法国医疗保险已覆盖假肢矫形器,故其康复治疗几乎是免费的。

(3) 假肢矫形器师的工作与康复医疗结合越来越紧密。我们参观康复医院发现假肢矫形器师已成为康复医疗小组的重要成员。该假肢矫形器装配中心共 12 名职业假肢师(CPO),每年装配假肢矫形器 3 000 多件,年产值 300 多万欧元。现在他们还正在建设面积达 1 000 多 m^2 的新假肢矫形器装配中心,可见假肢矫形器业务发展迅速。

3.3 行业和企业发展特点

1. 独特的行业协会体系

法国假肢矫形器行业共设立了假肢矫形器协会(UFOP)、假肢零部件协会、足部矫形协会、康复辅具协会等多个协会,这些协会主要负责本行业国际交流对话、政府对话和行业协调等。这种按产品或所提供的服务类型来建立行业协会的形式在世界上也是有其特色的。这样细分协会的做法进一步强化了行业协调的专业优势。

2. 产品制造集中化,装配服务网络化

法国最大的假肢矫形器产品生产商 Proteor 公司拥有两大业务部门,即与病人直接接触的装配中心、与病人非直接接触的生产厂,其业务以假肢矫形器为主,也开发或销售其他康复器具,如声控设备、助听器、轮椅等。装配中心直接服务病人,主要工作是测量、制作、装配一般的矫形器和假肢接受腔和对病人进行康复训练等。这种装配中心遍布法国各地,目前 Proteor 公司拥有 36 家装配中心,全法国共有 160 多家,形成了一个覆盖全国的装配服务网络。装配中心并不制作所有的矫形器或假肢接受腔,特别是一些装备较弱的装配中心,其大部分矫形器和假肢采用"中央制造"(Central Fabrication)模式,见图附 2.18,即装配中心测量患者数据,通过互联网向 Proteor 设在 Dijon 市 Surre 生产厂内的中央制造车间进行设计和制作。

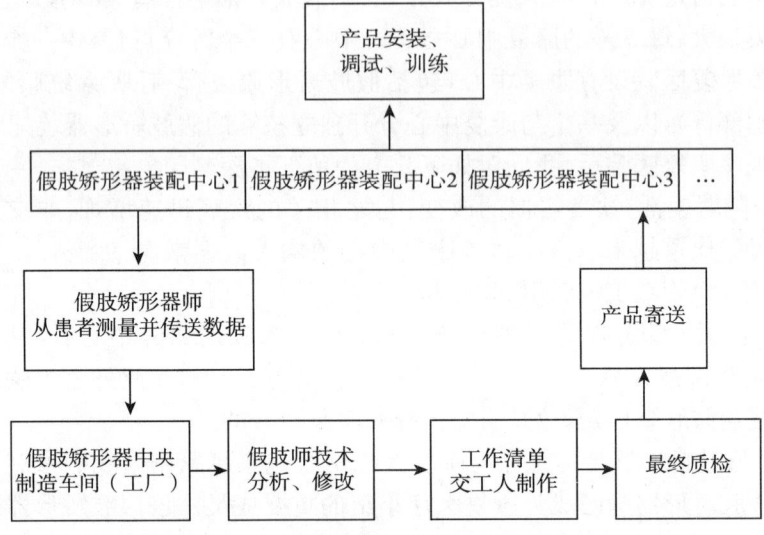

图附 2.18　假肢矫形器"中央制造"流程图

　　Proteor 公司 Surre 厂的中央制造中心每天接 40～50 个订单,2005 年生产了 3 090 件假肢、3 231 件矫形器、4 321 个专用座式矫形器,生产周期分别为 10 天、7.5 天和 1.3 天。

　　这种集中制造的运作模式无疑对中国假肢行业的发展具有很好的借鉴意义。

　　3. 广泛应用 CAD/CAM 技术

　　无论在 Proteor 公司还是在假肢学校参观,我们都深刻感受到法国假肢矫形器 CAD/CAM 技术的广泛应用,在 Proteor 公司 Surre 厂中有先进的 CAD/CAM 系统,可直接对病人进行激光扫描取模,形成三维阳模计算机图形,经过假肢师的修整和重设计,专用软件自动生成数控程序传给数控加工中心进行阳模加工。这样不但省去了在病人身上取模的麻烦,而且节省了时间和材料费用。装配中心的人工或自动扫描测量数据也可通过远程传送进行 CAM 加工,从而实现远程 CAD/CAM 制作。Proteor 矫形鞋垫的制作也是完全采用 CAD/CAM 系统,这一系统还包括一套脚底力分布测量装置,通过采集力分布数据自动生成鞋垫三维 CAD 图形,供数控鞋垫加工中心制作。在假肢学校和康复中心我们都看到了假肢矫形器、鞋底的 CAD 系统,其 CAD 数据传送到生产厂进行 CAM 制作。

4. 个性化产品成为发展趋势

值得我们注意的是,法国的残疾人产品不但把假肢、矫形器等传统产品进行个性化制作与安装,而且现在已把这种理念扩展到了轮椅车、矫形座椅以及普通的日常座椅、鞋、鞋垫等,随着 CAD/CAM 技术和网络制造的发展,人们生活水平的提高,这一趋势将更加明显。

5. 发达的医疗保险制度

我们考察的结果发现,法国的假肢矫形器等康复器械行业的发展很大程度上得益于法国社会完善而且几乎全民覆盖的医疗保险制度,这一点与我国假肢矫形器行业的整体素质低下和大部分残疾人无能力安装假肢、矫形器形成了明显的对比。

法国每年为卫生和民政部门进行财政预算和拨款。法国实行全民医保制度,只要有居留权,无需国籍就可以得到医保。在法国私立和公立医疗机构享有同等医保医疗待遇,医保机构与私立或公立医疗机构签订合同,病人有权自由选择签约医院诊治。

法国医保一般采用先支付后报销的方式,但为了照顾残疾人,假肢矫形器安装可以直接由医保全额支付。患者安装的假肢矫形器必须在医保产品目录内才可由医保承担费用,否则全部由患者自己承担。假肢矫形器的医保产品清单和价格由行业协会和医保机构进行谈判协商制定,由独立机构——卫生健康委员会进行鉴定和审核。卫生健康委员会由来自医院、企业和高校等单位的 800 多名专家组成。

正是有了全民覆盖的医疗保障制度和对残疾人用品的特殊医保政策,法国假肢矫形器生产、装配、材料等产业链得以有一个具有保障的市场环境,从而健康、快速地发展起来,并造福于残疾人员。

6. 严格的假肢师(CPO)职业资格制度

为了保证假肢矫形器制作质量与患者使用安全,法国建立了严格假肢矫形器师资格认证制度,并且规定每个假肢中心必须配备至少一名假肢师。这套制度主要特点是:

(1) CPO 纳入国家卫生健康系统的职业资格系列,与医生、护士相同,因此在医院或康复中心与医务人员的地位相同。

(2) 规定了 CPO 的能力要求和文凭要求,如必须具有国家承认的假肢学校的大专文凭才能参加资格考试,并规定了国家承认文凭的学校、教学大纲、教学内容等。

(3) 规定了工作内容,如测量、取模、制作、安装、评价、维护等。

(4) 规定了制作产品的种类,如上/下肢假肢、上/下肢矫形器等。

(5) 规定了职业道德内容,严禁商业推销行为、严禁无处方情况下接受患者等。

(6) 规定了假肢矫形器师接待患者的工作环境,如电子自动室内恒温等。

(7) 其他规定,如必须建立及保存完整的病人档案、对病人的知情权等。

7. 完善的患者档案

法国的假肢装配中心,假肢师需要建立患者一整套完整的档案,包括医生处方、门诊资料、测量数据、医保资料、产品资料、产品制作过程资料、最终质检资料以及装配、调试、训练、修改、维护等,并在装配中心的专用档案室永久保存。在参观 Proteor 假肢装配中心时,我们对其认真细致的病人档案及其规范管理印象深刻。

8. 开展残疾人用品的租赁业务

设备租赁是世界潮流趋势,包括医疗器械在内的各种装备早在上世纪七十年代的西方发达国家就已盛行起来,但一些价格不高的残疾人用品的租赁还很少见。这次,我们在参观假肢矫形器装配中心时,发现他们还开展康复用品的租赁业务,从几百欧元一张的护理床到几欧元一把的手杖都可租赁,特别是家庭护理设备的租赁业务增长迅速。这一方面扩大了公司的业务,另一方面,这种模式给残疾人带来的便利也是显而易见的。

9. 建立行业与医生的联系渠道

在假肢安装技术方面,截肢的外科手术质量对假肢安装至关重要,国内由于外科手术医生对假肢技术及其发展了解不多,很多仍使用传统的截肢方法,造成非理想残肢占总截肢者的比重高达 60%。法国假肢矫形器行业每年定期举行研讨会,邀请假肢矫形器师、外科医生和康复医生参加,这是一个假肢行业与外科医生很好的沟通渠道。

10. 企业重视与大学、研究机构合作研发

法国的假肢企业十分重视与大学和科研机构的合作,共同开发新产品。如 Proteor 公司 Surre 研发部与巴黎工程师学院等高校开展了材料、机械、电子等一系列的研究项目,包括截肢市场研究、共建生物力学(步态分析)实验室等。

11. 企业积极关心学校人才培养

法国假肢矫形器行业协会（UFOP）会长、Proteor 公司总裁 Michel Pierron 先生告诉我们，他们协会正在考虑推动一个全国乃至全欧盟的假肢矫形专业统一教材的编写，并以企业作为教学大纲的制定者，以改变传统上以学校制定教学内容的做法。作为企业的协调组织和利益代表，假肢矫形器专业的设定也是他们主动向教育部门建议的。这种企业主动关心学校人才的培养的情况着实让我们印象深刻。这种理念必定对培养社会适用人才起到重要作用，也是值得我国教育学习的模式。

4 考察小结

4.1 收获与体会

通过这次对法国假肢学校和企业的访问，我们主要有如下几点收获与体会：

（1）了解了法国康复工程（主要是假肢矫形器）人才培养模式，特别是学校的实践教学方法与设施，对我们办学有一定的参考意义。

（2）了解了法国的医疗保险体制、假肢矫形器行业、企业状况以及企业与学校的关系，为我们在国内建立与企业的合作关系提供了参考。

（3）了解了法国的假肢矫形器师（CPO）的资格认证制度，这为我们下一步推动国内 CPO 制度的完善，促进康复工程技术专业学生就业保障机制的建立提供了很好借鉴素材。

（4）法国 UFOP 行业协会会长同意为我们联系 ISPO（国际假肢矫形器师协会），以获得他们将完成的专业统一教材，这对我们教材建设具有十分重要的作用。

（5）与两所假肢学校建立了交流的渠道，为今后开展进一步的交流与合作打好了基础。

（6）了解了法国对高职高专人才培养的重视与质量保证模式，坚定了我们对专科办学的前景的信心、明晰了办学模式与定位。

4.2 建议与思考

在我校开设康复工程技术专业以后，为适应我国教育与人才市场特点，保证教学质量与学生就业，这里对我校逐步开展工作提出如下思考：

（1）与残联、假肢矫形器协会一起推动在发达省市地区提供肢残病人医保制度的建立。

（2）推动我国建立更严格、规范的假肢矫形器师资格认证制度。

（3）推动制定假肢矫形器行业管理国家法规，保证行业人才要求。

（4）根据我国、我校实际情况，在现阶段实训设施无法达到国外水平、招生规模较大、师资不足的情况下，不应立即把培养目标定位在具有假肢矫形器师能力的培养，而应适当扩展教学内容，以适应多渠道的就业需要。但要着手逐年加强实训条件，在3～5届后达到或接近外国学生实训水平。

（5）通过交流，法国对我们开始在研究生、本科和专科同时培养康复工程人才的教育模式表示赞赏，并希望法国也这样做，因此我们应认识到自己康复工程人才的培养特色，积极探索"研、本、专培养同步发展，高、中、低多层次并行教育"之路。

（6）为适应该专业实践能力要求高的的特点，着手培养具有假肢矫形器师资格的教师，有计划地派遣教师参加有关培训与考试，以适应国内外同类学校对教师的实践能力要求。

参 考 文 献

1. ISO 9999:2011 Assistive products for persons with disability-Classification and terminology[EB/OL]. http://www.iso.org/iso/iso_catalogue/catalogue_tc/catalogue_detail.htm?csnumber=50982
2. 中华人民共和国国家统计局.2006年第二次全国残疾人抽样调查主要数据公报[R],2006.
3. 喻洪流,沈力行,钱省三.国内外康复工程教育发展状况研究[J].中国临床康复,2006,10(13):161-163.
4. 欧海宁.美国康复医疗现状与思考[J].中华物理医学与康复,2011,33(6):459-463.
5. National Commission on Orthotic and Prosthetic Education and the Commission on Accreditation of Allied Health Education Programs. 2013 Annual Listing of Programs Accredited by the National Commission on Orthotic and Prosthetic Education and the Commission on Accreditation of Allied Health Education Programs[R]. US, 2013.
6. 2012 Annual Report: The American Board for Certification in Orthotics, Prosthetics and Pedorthics[R]. US, 2013.
7. Murray C J L, Abraham J, Ali M K, et al.Burden of Diseases, Injuries, and Risk Factors[J]// The State of US Health, 1990—2010, JAMA, 2013,310(6):591-608.
8. Pruitt L J. A Disability History of the United States[J]. Journal of the History of Medicine and Allied Sciences, 2013: jrt020.
9. Brault M W. Americans with disabilities: 2010[R]. US Department of Commerce, Economics and Statistics Administration, US Census Bureau, 2012.
10. Leahy J A, Lane J P. Knowledge from research and practice on the barriers and carriers to successful technology transfer for assistive technology devices [J]. Assistive Technology Outcomes and Benefits, 2010,6(1):73-86.
11. Bell S M, Cihak D F, Judge S. A preliminary study: Do alternative certi-

fication route programs develop the necessary skills and knowledge in assistive technology[J]. International Journal of Special Education, 2010, 25(3):110-118.

12. American Occupational Therapy Association. Association policies: Definition of occupational therapy practice for state regulation (Policy 5.3.1)[J]. American Journal of Occupational Therapy, 1993,47(1):117-1121.

13. Freburger J K, Holmes G M. Physical therapy use by community-based older people[J]. Physical therapy, 2005,85(1):19-33.

14. Edward N. Brand Jr., Andrew M. Pope. Enabling America: Assessing the role of rehabilitation science and engineering[M]. Washington: National Academies Press, 1997.

15. Watson A H, Ito M, Smith R O, et al. Effect of assistive technology in a public school setting [J]. The American Journal of Occupational Therapy, 2010,64(1):18-29.

16. Ministry of Health, Labour and Welfare, Japan (http://www.mhlw.go.jp/).

17. Ohnabe H. Current trends in rehabilitation engineering in Japan[J]. Assist Technol. 2006 Fall; 18(2):220-32.

18. ATA, Association for Technical Aids (http://www.techno-aids.or.jp/)(Japanese Only).

19. JSPO, Japanese Society for Prosthetics and Orthotics (http://www.kmw.ac.jp/ispo/).

20. JOPA, Japanese Orthotics and Prosthetics Association (http://www.j-opa.or.jp/)(Japanese Only).

21. JAPO, Japanese Academy for Prothestists and Orthotists (http://www.japo.jp/)(Japanese Only).

22. Japan Assistive Products Association (http://www.jaspa.gr.jp/) (Japanese Only).

23. Japanese Association of Home Care and Rehabilitation Manufacturers (JHM) (http://www.jhm.jp/) (Japanese Only).

24. Japan Robot Association (http://www.jara.jp/e/).

25. 日本車椅子シーティング協会 (http://www.j-aws.jp/).

26. 日本電動車椅子サッカー協会 (http://www.web-jpfa.jp/).

27. 日本エレベーター協会 (http://www.n-elekyo.or.jp/).

28. Japan Hygiene Products Industry Association. Japan Hygiene Products Industry Association. Annual Report[R]. Tokyo：2013.
29. Japan Hearing Aids Association. Japan Hearing Aids Association Annual Report[R]. Tokyo：2013.
30. Japan Trade and Industry. Trends in the Market for the Robot Industry in 2012[R]. Tokyo：2013.
31. 温婷.日本残疾人康复经费研究保障[D].北京:首都经济贸易大学,2013.
32. 田中理.日本与辅助器具相关的法律制度及供给系统[J].中国康复理论与实践,2007(8).
33. European Assistive Technology Information Network（http：//www.eastin.eu/）.
34. Statistisches Bundesamt. Wirtschaftsstatistik 2010/Spectaris.
35. 德国高科技工业协会.德国光学、医疗及机电技术数据统计[R].Berlin：2013.
36. 德国联邦统计局统计数据（http：//www.bvmed.de/publikationen/Aufsaetze/article/2013-03-branchendarstellung-medtech-2013.html）.
37. Henke K，Troppens S，Braeseke G，et al. Innovationsimpulse der Gesundheitswirtschaft—Auswirkungen auf Krankheitskosten, Wettbewerbsfähigkeit und Beschäftigung[R]. Berlin：IEGUS, 2011.
38. 医生报(Ärzteblatt)（http：//www.aerzteblatt.de/）.
39. 职业查找（http://berufenet.arbeitsagentur.de）.
40. 德国联邦教育与研究（http://www.gesundheitsforschung-bmbf.de/index.php）.
41. Anon. UK powered wheelchairs and mobility scooters—An industry overview[R]. Stockon-on-Tees：Plimsoll Publishing Ltd, 2010.
42. Anon. Equipment for the disabled market report 2009[R]. Teddington：Keynote Ltd, 2009.
43. Department of Health，UK. Transforming community equipment services briefing[R]. London：2010.
44. Department of Health，UK. Transforming community equipment services briefing[R]. London：February 2010.
45. York Health Economics Consortium. Orthotic service in the NHS：Improving service provision[R]. London：BHTA, 2009.
46. Motability（http://www.motability.co.uk/）.

47. Department of Health, UK(https://www.gov.uk/government/organisations/department-of-health).

48. NHS England (http://www.england.nhs.uk/).

49. British Association of Prosthetists and Orthotists (BAPO) (www.bapo.com).

50. British Red Cross (www.redcross.org.uk/).

51. Carers and disability benefits (https://www.gov.uk/browse/benefits/disability).

52. CBCPO. About The Canadian Board for Certification of Prosthetists and Orthotists[EB/OL]. [2014-05-12]. http://www.cbcpo.ca/about.html.

53. CADA. Canadian Assistive Devices Association[EB/OL]. http://www.cadaonline.ca/.

54. Swedish Trade Council. Disability and Assistive Devices Fact Pack[R]. Swedish: Swedish Trade Council, 2007.

55. Ed Biden, D.Phil. FCSME. Assessment of the Assistive Devices Industry in Canada[R]. Ottawa: Assistive Devices Industry Office in Canada. 2006.

56. ADP. Assistive Devices Programs [EB/OL]. http://www.blindcanadians.ca/issues/technology/assistive devices programs, 2011.

57. M B Silver-Thorn. A Rehabilitation Engineering Course for Biomedical Engineers[J]. IEEE Transactions on Education, 2002,45(4):299-206.

58. Nahid Norouzi-Gheidari, Philippe S Archambault, Joyce Fung. Effects of robot-assisted therapy on stroke rehabilitation in upper limbs: Systematic review and meta-analysis of the literature[J]. JRRD, 2012,49(4):479-496.

59. Louise Demers, Rhoda Weiss-Lambrou, Bernadette Ska. The Quebec User Evaluation of Satisfaction with Assistive Technology (QUEST 2.0): Anoverview and recent progress[J]. Technology and Disability, 2002(14):101-105.

60. Rabadi MH, Galgano M, Lynch D, et al. A pilot study of activity-based therapy in the arm motor recovery post stroke: a randomized controlled trial. Clin Rehabil[J]. 2008,22(12):10-82.

61. Masiero S, Celia A, Rosati G, et al. Robotic-assisted rehabilitation of the upper limb after acute stroke[J]. Arch Phys Med Rehabil, 2007,88(2):142-49.

62. Krebs HI, Hogan N, Aisen ML, et al. Robot-aided neurorehabilitation [J]. IEEE Trans Rehabil Eng. 1998,6(1):75 – 87.
63. Lang CE, MacDonald JR, Gnip C. Counting repetitions: an observational study of outpatient therapy for people with hemiparesis post-stroke[J]. J Neurol Phys Ther. 2007,31(1):3 – 10.
64. Hidler J, Nichols D, Pelliccio M, et al. Advances in the understanding and treatment of stroke impairment using robotic devices[J]. Top Stroke Rehabil. 2005,12(2):22 – 35.
65. Aids and Equipment Action Alliance (2011), Policy Issues Statement 2011—2013.
66. Australian Bureau of Statistics (ABS). Disability, Ageing and Carers, Australia 2009[R]. Canberra: Cat. no. 4430.0, ABS, 2010.
67. Australian Bureau of Statistics. Estimates of Industry Multifactor Productivity, Australia: Detailed Productivity Estimates [R]. Canberra: Cat. no. 5260.0.55.002, ABS, 2013.
68. Submission from Physical Disability Australia to Medical and Disability Aids and Equipment Pricing Investigation, 30 September 2013.
69. Haringey Council. Report of the Scrutiny Review of Intermediate Care Services[R]. Haringey: 2006.
70. Australian Government, Department of Health. Introduction to Aged Care Assessment Program[R]. Canberra: 2009.
71. Allied Health in Rehabilitation Consultative Committee. Guidelines for Allied Health: Resources required for the provision of Quality Rehabilitation Services-Version 10 July 2007[R]. Sydney: 2007.
72. Australasian Faculty of Rehabilitation Medicine & The Royal Australasian College of Physicians. Standards for the provision of Inpatient Adult Rehabilitation Medicine Services In Public and Private Hospitals[R]. Sydney: 2011.
73. Productivity Commission of Australian Government. Trends in Aged Care Services: Some Implications[EB/OL]. [2014 – 05 – 09]. http://www.pc.gov.au/_data/assets/pdf_file/0006/83382/01—preliminaries.pdf.
74. AIHW. Australian Hospital Statistics 2006—2007[R]. Canberra: Australian Institute of Health & Welfare, 2008.
75. Egar, K. Rehabilitation-sensitive DRG analysis South Australia[R]. Wollongong: Centre for Health Service Development, University of

Wollongong. 2009.

76. Productivity Commission (2011). Caring for older Australians[EB/OL]. [2013-08-06]. http://www.pc.gov.au/_data/assets/pdf_file/0004/110929/aged-care-volume1.pdf.

77. Rogers A, Kirk S, Gately C, et al. Established users and the making of telecare work in long term condition management: Implications for health policy[J]. Social Science & Medicine, 72(7): 1077-1084.

78. SIVA——意大利辅助技术协会(http://portale.siva.it/).

79. 意大利残障人协会(http://www.handylex.org/).

80. 老人用个性化机器人伙伴[R/OL]. (2013-09-04) [2014-01-09]. http://langtechnews.hivefire.com/articles/share/328501/.

81. Asso Ausili. Riflessioni sulla evoluzione del mercato degli ausili tecnologici Dicembre 2010[EB/OL]. [2014-06-08] http://www.westinfo.eu/it/disabilita-meno-leggi-e-piu-tecnologia/evoluzione-del-mercato-degli-ausili-techologici-vaccari-2/.

82. 生物医疗协会(http://www.assobiomedica.it/it/index.html).

83. Storelli S, Tosello D. Prospettive nell'assistenza Protesica e mercato degli ausili[R]. Venice: Osservatorio Biomedicale Veneto, 2009.

84. 意大利展览(2014年5月)(http://www.senaf.it/Expo-Sanita/107).

85. 矫形技师课程[EB/OL]. [2013-12-19]. http://corsi.unibo.it/Laurea/TecnicheOrtopediche/Pagine/default.aspx.

86. 意大利矫形技师认证法规[EB/OL]. [2013-12-19]. http://www.trovanorme.salute.gov.it/dettaglioAtto?id=10868&articolo=1.

87. Tecnico ortopedico[EB/OL]. [2014-03-01]. http://www.jobtel.it/tecnico-ortopedico/.

88. Ministero della salute. Piano d'indirizzo per la Riabilitazione[EB/OL] [2014-03-07]. http://www.governo.it/backoffice/allegati/60192-6299.pdf.

89. ISTAT. Italy in Figures[R]. Roma: 2009.

90. Petrone N, Malimpensa L, Storelli S. Sviluppi normative degli ausili per disabili[C]//Universita degli studi di Padova Diparimento Ingegneria Meccanica.

91. Banca Dati Dispositivi Medici. Manuale Utente Profilo Fabbricante DM [R]//Servizio di sviluppo in outsourcing del SIS-N. Rome: Ministero

della Salute,2013.

92. Giannoni-Mazzi M. Cost Sharing in EU health care systems:Italy[R]. Perugia:University of Perugia,2003.

93. 刘贯学,刘学民.最新实用医疗保险政策问答[M].北京:经济科学出版社,1999.

94. 李世绰.国外卫生考察报告专集第1卷[R].北京:人民卫生出版社,1997.

95. Italian Health Ministry. Rehabilitation National Plan[J]//EUR.J.PHYS. REHABIL MED,2011,(47):621-638.

96. S.I.M.F.E.R.,Guidelines for rehabilitation services in Italy[J]. EUR.J. PHYS.,2005,(41):95-109.

97. ISTAT. A cura del Sistema di Informazione Statistica sulla Disabilita [R]// Le prestazioni pensionistiche delle persone con disabilità. Rome. ISTAT,2011.

98. Iloxia OY,Helsinki(http://www.iloxia.com/Medical%20devices.html).

99. Örebro University(http://www.oru.se/English/).

100. Swedish Healthcare. Management Training Will Improve Geriatric Care. [2014-03-07]. http://swedishhealthcare.se/tag/elderlycare/.

101. Jönköping University(http://hj.se/en.html).

102. 李媛.瑞典韦克舍康复中心学习体会[C/OL]. [2013-05-27]. http://www.chinaqking.com/yc/2012/224222.html.

103. Statistics Sweden [2014-02-09]. http://www.scb.se/en_/www.scb.se/en_/.

104. Handisam(http://www.handisam.se/).

105. Vardhandboken(http://www.vardhandboken.se/In-English/).

106. Hi(http://www.mynewsdesk.com/se/hjalpmedelsinstitutet).

107. HAREC—Disability and Rehabilitation Research Centre [EB/OL]. http://www.med.lu.se/english/hv/harec.

108. Healthcare Technologies Resource Guide:A Reference for U.S. Exporters to World Markets[R]. Washington:U.S. Department of Commercial International Trade Administration (2011—2012 Edition),2013.

109. 瑞典残疾研究(http://www.socialstyrelsen.se/).

110. Ghatnekar O, Persson U, Glader E et al. Cost of stroke in Sweden:An incidence estimate[J]. International Journal of Technology Assessment in Health Care,2004,(20)3:3475-3480.

111. Developing strategies for the future of P&O university education[C],Prosthetic & Orthotic Educators Meeting,2002.
112. Anell A,Glenngard A,Merkur S. Sweden Health system review:Health Systems in Transition[G]//European Observatory on Health Systems and Policies,2012.
113. 杨卓欣.放眼看中医——港澳台地区及海外中医药概览[M].北京:中国中医药出版社,2010.
114. 瑞士医疗保险介绍[2012-05-17]. http://www.ynpxrz.com/n298967c1416.aspx.
115. 瑞士老年人和残疾人保险(www.avs-ai.info).
116. 瑞士社会福利[2012-05-17]. http://www.ynpxrz.com/n298922c1416.aspx.
117. Christen A,Hänggi P,Kraft C, et al. Sistema sanitario svizzero 2013 Il mercato ospedaliero in trasformazione[R]. Credit Suisse Group AG e/o Aziende a Esso Collegate,2013.
118. 瑞士残障人统计(http://www.proinfirmis.ch/it/media/scheda/persone-con-handicap-in-svizzera.html).
119. Jahresbericht 2012. SAHB/FSCMA,2012.
120. ACTIVE CARE 公司(http://www.activecommunication.ch/pages/activecommunication/startseite.php).
121. Swiss Confederation. Switzerland's population 2012[R]. Neuchatel:Swiss Confederation,2013.
122. Confederation Suisse. Taschenstatistik der Kranken-und Unfallversicherung[R]. Suisse:Confederation Suisse,2012.
123. Orthopädieschuhmacherin/Orthopädieschuhmacher mit eidgenössischem Fähigkeitszeugnis (EFZ), Das Bundesamt für Berufsbildung und Technologie (BBT), im Einvernehmen mit dem Staatssekretariat für Wirtschaft (SECO),2010.
124. Direttive 2013 Prestazioni d'aiuto alle persone in situazione di handicap (PAH),2013.
125. Medtech Switzerland. Swiss Medtech Report[R]. Bern:Medtech Switzerland,2010.
126. 上海市残联.残疾人辅助器具分析与探讨[R]. 上海:2012.
127. 黄全庆.瑞士社会福利发展与体制分析[J].朝阳学报,2010,15:141-158.

128. Academic Network of European Disability Networks—country reports (http://www.disability-europe.net/).
129. 中国残疾人联合会:2007年中国残疾人事业发展统计公报[ER/OL]. http://www.cdpf.org.cn/sytj/content/2008-05/12/content_30316226.htm.
130. 靳尔刚.康复器具行业发展走向[R/OL][2014-03-02]. http://www.bcsa.edu.cn/news.php?id=1723.
131. 喻洪流,石萍.康复器械技术及路线图规划[R].上海:上海理工大学,2013.
132. 德国联邦共同委员会(Gemeinsamer Bundesausschuss)辅助器具研究(http://www.g-ba.de).
133. 德联邦医疗器械技术协会(BVmd)(http://bvmed.de).
134. 德国高科技工业协会(SPECTARIS).德国光学、医疗及机电技术数据统计[R]. Berlin:2013.
135. SPECTARIS (http://www.spectaris.de).
136. BVmed.2013至2014年度报告(http://www.bvmed.de).
137. 2013年BVmed.行业介绍(http://www.bvmed.de).
138. Otto Bock 公司介绍(http://www.ottobock.de).
139. Meyra Ortopedia 公司网页(http://www.Ortopedia-Meyra.de).
140. Lifta 公司网页(http://www.lifta.de).
141. Alber 公司首页(http://www.alber.de).
142. Geccomed 公司首页(http://www.geccomed.de).
143. 联邦劳动代理处(http://berufenet.arbeitsagentur.de).
144. 联邦医疗卫生新闻报道(http://www.gbe-bund.de).
145. 联邦卫生部(BMG)康复专题(http://www.bmg.bund.de).
146. BBW Adolf Aich GmbH(职业教育学校——高扶持需求学生的教育)(http://www.bbw-rv.de).
147. 德国养老保险和职业促进学校(http://www.deutsche-rentenversicherung.de).
148. REHADAT 医疗与职业康复机构(阶段Ⅱ机构)(http://www.rehadat-bildung.de).
149. 德国联邦统计局.医疗卫生——预防或康复机构基本信息,专科系列12,编号6.1.2[R]. Berlin:2013.
150. 联邦医疗卫生新闻报道医疗保障(Gesundheitsversorgung)专题(http://www.gbe-bund.de).

151. 根据 GKV-Spitzenverband 2014 年 7 月 27 日公布的"保险公司名单"整理.
152. 德国《社会法法典》(SGB). (http://www.sozialgesetzbuch-sgb.de).
153. BARMER GEK. 2013 年治疗与康复器具报告[R]. Berlin:2014.
154. 德国联邦卫生部(BMG) (http://www.bmg.bund.de).
155. 喻洪流.国内外康复工程技术教育发展概况[J].世界康复工程与器械,2011,1(1):38-41.
156. 胡鑫,喻洪流,王振平,等.脑卒中上肢康复训练机器人的研究进展与展望[J].世界康复工程与器械,2014,4(3):23-28.
157. 胡鑫,喻洪流,李继才,等.外骨骼式动力矫形器的研究现状与发展[J].世界康复工程与器械,2012,2(2):14-17.
158. 顾余辉,陈爽,喻洪流.智能轮椅的研究现状与趋势[J].世界康复工程与器械,2014,4(1):51-54.
159. 李盼盼,喻洪流,赵胜楠.人体上肢假肢技术发展状况[J].中国康复医学杂志,2011,7:665-668.
160. 卢博睿,喻洪流,朱沪生,等.居家无障碍环境控制人机交互技术的发展概况[J].世界康复工程与器械,2013,3(3):62-65.
161. 喻洪流.瑞典卡罗琳斯卡学院康复中心随访略记[J].世界康复工程与器械,2014,4(3):34-36.
162. 喻洪流.爱沙尼亚塔尔图大学康复中心随访略记[J].世界康复工程与器械,2014,4(2):34-36.
163. 王娟娟.加拿大之行的见闻及思考[EB/OL]. [2011-02-11]. http://www.chinadp.net.cn/culture_/cultureart/tougao/2011-02/11-7243.html.
164. 广州科安贸易有限公司.加拿大康复医院印象记[EB/OL]. [2011-03-13]. http://www.skyluckchina.com/cn/newsdetail_26.htm.
165. 尹丹莉.养老保险制度的国际比较及其借鉴[J].现代财经,2002(12):11-14.
166. 养老保险制度的国际比较[EB/OL]. http://wenku.baidu.com/link?url=NfnWLjJtoDKzWbrjTAgufF_5qpLGlsvUbV_RsMN05aa80G9I3aI0jbQIkdyX-hsohSq3p6XHS19wlYOYOmhtDLSJcJURvBtYo2Vcp7fcNWW.
167. 美国社会保险介绍[EB/OL]. [2008-09-08]. http://www.cnpension.net/index_lm/2008-09-08/539304.html.
168. 美国老人保险知多少[EB/OL]. [2013-10-14]. http://www.hzins.com/study/detal-71597.html.
169. 美国医疗保险面面观[EB/OL]. [2007-03-22]. http://china.findlaw.cn/info/minshang/baoxian/43245.html.

170. 朱坤,栗成强.残疾人辅助器具筹资的国际经验与启示[J].中国康复理论与实践,2011(11):1090-1092.

171. 肖菊英,郑俭.美国康复法及其对我国的启示[J].中国康复理论与实践,2011(5):478-480.

172. 黄可,马廷灿,黄健.日本NEDO先进制造研究项目概要[J/OL].科学新闻杂志,[2008-05-09]. http://news.sciencenet.cn/html/shownews.aspx? id=206343

173. 孙国凤.从2010年日本国际康复辅具展览会(HCR2010)看日本社会福利现状[EB/OL].[2010-11-23]. http://kffj.mca.gov.cn/article/tsfw/201011/20101100115787.shtml.

174. 孙国凤.日本康复辅具业界简介[EB/OL].[2011-10-13]. http://kffj.mca.gov.cn/article/tsfw/201110/20111000186638.shtml.

175. 老年产业如何应对老龄化[EB/OL]. http://wenku.baidu.com/link? url=Kv0zMXcAmeMBXj6Urmlp7FEFEZnZ1MNCWEK9_elhGAWx1mWyutUwkbsEABUTic_DWmV_HLaA2epEJvk_3cSud6IZmXyhUh9alKivvGJszm.

176. 刘菲,密忠祥,崔志茹,等.英国医疗康复机构设置特点及参考意义[J].中国医院,2012(6):21-23.

177. 张永强.英国残疾人康复服务综述[J].北京劳动保障职业学院学报,2011(3):27-29.

178. 解涛.英国应对人口老龄化的经验及对中国的启示[J].焦点战略新探,2012:32-36.

179. 中国国际贸易促进委员会驻加拿大代表处.加拿大生命科学产业概览[EB/OL].[2011-07-06]. http://ccn.mofcom.gov.cn/spbg/show.php? id=12019.

180. 智能机器人助力患者康复计划[EB/OL].[2012-03-28]. http://www.cnbeta.com/articles/179455.htm.

181. 加拿大的医疗体系[EB/OL].[2012-05-03]. http://www.rbc.com/chinese/canada/before/finances/healthcare.html.

182. 李茜.对澳大利亚社区康复的初步印象[J].中国临床康复,2003(13).

183. 林伟.澳大利亚康复考察体会[J].中国康复医学杂志,1998(5).

184. 瑞典病. http://wenku.baidu.com/link? url=VgSzMiOmVAEwDH0wf-hiZRaRbK1NR64WJ0k_P1zRZ6KtA0jqJ4Pd16mlloHOPikmkK7ctKAz-kupEa-RFfM5YUlx2m5HvMDrhOu7h-lnI5Rre.

185. 黎念青.瑞士医疗卫生体制特征及其启示[J/OL].社会保障制度,2005(2).[2005-03-18]. http://www.china-insurance.com/news-center/newslist.asp?id=68597.
186. 意大利医疗保险及其制度[EB/OL].[2013-03-21]. http://www.yn-pxrz.com/n301393c1416.aspx.